Cilly Helfrich

»Es ist ein Aschensommer in der Welt«

Cilly Helfrich

»Es ist ein Aschensommer in der Welt«

Rose Ausländer

Biographie

BELTZ
Quadriga

Bildnachweis
Bukowina Institut: Vor- und Nachsatz, S. 18, 19, 26, 29
Rose Ausländer-Dokumentationszentrum:
Umschlagfoto, S. 21, 46, 59, 66, 82, 96, 102, 104, 113, 120, 122, 139, 154, 158, 162, 165, 181, 197, 209, 217, 229, 237, 264, 299, 341
Suhrkamp Verlag: S. 162
Raimund Hoghe: S. 343
S. Fischer Verlag: S. 290

Vor- und Nachsatz: Kirlibaba, Rebenska-Klause; Kirlibababach – unweit der Mündung in die goldene Bistritz, © Bukowina-Institut, Augsburg

Lektorat: Claus Koch
Herstellung: Iris Müller
Umschlaggestaltung: Dieter Vollendorf, München
Umschlagphoto: Rose Ausländer in Czernowitz 1931 © Rose-Ausländer-Gesellschaft e.V., Üxheim
Satz: Satz- und Reprotechnik GmbH, Hemsbach
Druck und Bindung: Druckhaus »Thomas Müntzer« GmbH, Bad Langensalza
Printed in Germany
ISBN 3-88679-270-6

Inhalt

Vorwort

Meine Begegnung mit Rose Ausländer

»Bücher, die die Welt verändern«, gibt es, hört und liest man immer wieder.

Aber was heißt das, »die Welt verändern«? Wie vollzieht sich diese Veränderung und in welche Richtung, wohin führt sie?

Auch meine Welt, mein Leben wurde verändert, verändert durch ein Buch – ihr Buch *Mein Venedig versinkt nicht.*

Das Wort

(...)
und wir wohnen
im Wort

Und das Wort ist
unser Traum
und der Traum ist
unser Leben

Was mich an ihren Gedichten fesselte, war jedoch weit mehr als eine gemeinsame Liebe, ein gemeinsamer *Traum* von dieser Stadt.

Ich fand Worte, die mich faszinieren, begleiten, gefangennehmen, auffangen, weitertragen, mich verwandeln, mich träumen und wieder zurückbringen zu ihren *Worten* und zu ihren *Träumen.*

Was

Was
soll ich euch schenken
außer den Lichtblumen
und Trauerblättern
meiner Worte

Ich gehöre meinen Worten
die euch gehören

Erst Jahre später begriff ich wirklich, was ihre *Worte* in mir auslösten. So war ich in ihren Gedichten also nicht nur ihr, der Lyrikerin, der Frau Rose Ausländer auf der Spur, sondern auch mir selber. Vielleicht war ich darum so tief berührt gewesen, ohne es schon begreifen zu können.

Doch was wußte ich von ihren *Lichtblumen und Trauerblättern*, von ihrem Leben, von ihr?

Stab

Ein Gedicht
beginnt nicht
hört nicht auf
Spiegel aus Luft
Stab der verwandelt

I Das bewältigte Wort

Diese Zeile aus dem Gedicht *Immer neu* möchte ich diesem Buch voranstellen, weil ich glaube, daß sie bezeichnend für das Leben und Schreiben von Rose Ausländer ist.

Ihr Leben ist getragen durch das *Wort*. Ihr Leben hängt buchstäblich vom *Wort* ab, wird von ihm gehalten.

Durch Schreiben erhält sie sich am Leben – *Schreiben ist Leben. Überleben.*

Als ich einen Rezitationsabend von Gedichten Nelly Sachs' miterlebte, wurde mir diese Aussage in ihrer ganzen Tiefe bewußt. Der Sprecher las eine Briefstelle von Nelly Sachs vor, in der sie schrieb, daß sie erstickt wäre, hätte sie nicht schreiben können.

Da erst begriff ich, fühlte ich wirklich, was das heißt: *Schreiben ist Leben. Überleben. Schreiben* ist Atmen für sie – ein lebensnotwendiges Muß!

Ihr *Lebensstrom*, der ihre Freuden wie Schrecken aufnimmt, muß sich im Schreiben ausdrücken, muß das Erfahrene, das Erlebte, das Erfühlte *bewältigen*, da sie sonst, wie Nelly Sachs es beschreibt, zu ersticken droht.

Ich schreibe aus einem inneren Zwang für mich, aber ich publiziere für interessierte Leser.[1]

Der Satz *Schreiben ist Leben. Überleben.* beinhaltet daher weit mehr als den bloßen Ausdruck einer inneren kreativen Kraft, die alle Künstler auszeichnet, enthält weit mehr als das Sicherinnern, das Immer-wieder-neu-Aufarbeitenmüssen der Greuel und Leiden, denen sie während der Naziherrschaft ausgesetzt ist, denn *Schreiben* ist die ihr einzig gemäße Form des Lebenkönnens überhaupt, ja wird sogar in ihrer letzten Schaffensperiode zum Lebensersatz schlechthin. Das *Wort* ist für Rose Ausländer das einzig wirklich Sichere in ihrem Leben, ist das sie Tragende. Um so schwerer und verzweifelter empfindet sie daher die Phasen des Nichtschreibenkönnens. Wie kein anderer Lyriker lebt sie so vollkommen im *Wort*, daß sie dadurch oft das Leben und die wirklichen Menschen vergißt.

Der *innere Zwang*, schreiben zu müssen, spiegelt sich in ihrer Lebensweise. Ohne wirkliches Zuhause, mit kaum einer Habe zieht sie nach dem Verlust ihrer Heimat Bukowina von einer Bleibe zur nächsten, sitzt auf gepackten Koffern, bleibt ständig auf der Flucht. Rose Ausländer flieht ins *Wort*, lebt die Aufgabe, die Gabe, die sie hier in diesem Leben zu erfüllen hat, die ihr aufgegeben ist.

In einem Brief an Peter Jokostra vom 20.1.1966 schreibt sie:

Aber mein eigentlichstes, zentrales Interesse ist doch das lyrische Erlebnis. Ein Wort, eine Wortkonstellation, eine Verskonstellation, kein anderes Medium öffnet so die Türen zur Welt, zum Leben, zu den Menschen, manchmal sogar zu mir selber. Ein erregendes Spiel – kein Spiel: Weltwerdung, Menschwerdung, Ichwerdung – das klingt scheusslich expressionistisch, ich müßte es anders sagen – ich kann es aber gar nicht sagen. Mein ›Plan‹ ist zu sagen, was sich in mir als poetische Wirklichkeit abspielt.

Schreiben ist für Rose ein Akt der Selbstbesinnung, die einzige Möglichkeit der Selbstgewißheit.

Im Königreich der Luft / atmet die Poesie / (...) / wir brauchen keine Beweise / daß wir leben

Oft genug erfährt sie im Lauf ihres Lebens, daß die realen wie erhofften Bausteine ihrer Existenz in die Brüche gehen, sie sich danach selbst *in Stücke zersplittert* vorfindet und nur in der *Mutter Sprache* wieder zusammengesetzt werden kann, worin ihre einzige Chance des *Überleben(s)* besteht, sich schreibend einen *Raum* zu schaffen, in dem sie noch *atmen*, sprich leben kann, der ihr *Rettung* bietet.

Raum II

Noch ist Raum
für ein Gedicht

Noch ist das Gedicht
ein Raum

wo man atmen kann

Zuflucht

Ich nehme Zuflucht
zur Flucht

Immer ist sie mir
eine Atemspanne
voraus

Ich reise ihr nach
im Astralschiff

Zwischen zwei Fjorden
auf der Spitze des Wasserlichts
hält sie
einen Augenblick inne
und singt

Die Gedichte *Raum II* und *Zuflucht* sind für mich eng miteinander verknüpft, da *Zuflucht* den Prozeß des *Zuflucht*nehmens beschreibt, während *Raum II* den Zustand nach der *Flucht* in Worte faßt.

Ich nehme Zuflucht / zur Flucht – in dieser Zeile wird ein ganz bewußt vom *Ich* ergriffener Bewegungsprozeß beschrieben: *Ich nehme, Ich* selbst ergreife die Initiative, um aus einem Zustand, der mir unerträglich geworden ist, zu entfliehen, in der Hoffnung, *Zuflucht* nehmen zu können an einem beschützenden Ort, der diese Gefahrenmomente ausschließt bzw. nicht in den *Raum* hereinläßt. Verknüpfe ich diese Gedanken mit Roses Botschaft aus *Raum II*, so glaube ich, daß *die Flucht* ihr *Zuflucht* gewährt.

Da aber der Ort der *Zuflucht das Gedicht* für sie ist, muß der Bewegungsprozeß des Fliehens das Schreiben sein – *Ich* fliehe ins Schreiben, weil mir (dem *Ich*) das Schreiben *Zuflucht* bietet. Das Schreiben öffnet für Rose einen *Raum / wo man atmen kann, wo man* leben kann – *Schreiben ist Leben. Überleben.*

Immer neu

Immer neu
Blüte
Gras
Gedankenflucht
das bewältigte Wort

In diesem Gedicht stellt Rose selbst die *Gedankenflucht / das bewältigte Wort* als kennzeichnende Weggefährten ihres Lebens vor:

Gedankenflucht – Ich nehme Zuflucht / zur Flucht – auch hier beschreibt sie ihre Möglichkeit, ihre einzige Möglichkeit des *Überleben(s).*

Schreiben ist für Rose Ausländer eine Bewegung des Fliehens, des Fliehens vor Zuständen, die ihr sonst den *Atem* rauben würden. Im Schreiben flieht sie zu ihren ureigensten *Gedanken,* in ihr tiefstes Inneres und findet dort ihren *Raum, wo man atmen kann.*

Nur in ihrem tiefsten Inneren ist sie wirklich zu Hause, nur von dort aus vermag sie ihr Leben, ihre Realitäten, gleichgültig wie schrecklich und furchtbar sie auch sind, zu verarbeiten und zu *bewältigen.*

Am Ende ihres Schreibprozesses, der ein Leben lang stattfindet, finden wir den Menschen Rose Ausländer, eine starke Frau, die sich vollkommen in ihr *Wort* verwandelt hat. Sie schließt ihr lyrisches Werk bewußt ab mit den Worten:

Gib auf

Der Traum
lebt
mein Leben
zu Ende

II Die Bukowina – Landschaft, die mich erfand

Die Bukowina ist die Landschaft, in der Rose Ausländer geboren ist – *die Landschaft, die mich erfand*, die einst das *Buchenland* genannt wurde und die sie mit ihren Worten zeichnet.

Doch was uns ihre Augenworte erzählen, können wir heute nicht mehr finden, denn die Bukowina der Rose Ausländer wurde auf der Landkarte zusammen mit vielen Menschen, die dort lebten, ausradiert. »Die Landschaft, aus der ich – auf welchen Umwegen! Aber gibt es das denn: Umwege? – die Landschaft, aus der ich zu Ihnen komme, dürfte den meisten von Ihnen unbekannt sein. Es ist die Landschaft, in der ein nicht unbeträchtlicher Teil jener chassidischen Geschichten zu Hause war, die Martin Buber uns allen auf Deutsch wiedererzählt hat. Es war, wenn ich diese topographische Skizze noch um einiges ergänzen darf, das mir, von sehr weit her, jetzt vor Augen tritt, – es war eine Gegend, in der Menschen und Bücher lebten«.[1]

Dieses Zitat des Lyrikers Paul Celan, der wie Rose Ausländer aus der Bukowina stammt, ist oft erwähnt worden, mangels anderer Kenntnisse über diese Landschaft.

Da die Herkunft eines Menschen und die Wurzeln seiner Dichtung sich nicht in simplen geographischen Hinweisen erschöpfen, sondern durch spezielle politische Erfahrungen sowie literarische Traditionen geprägt sind, möchte ich mich zunächst dieser »unbekannten Landschaft«[2] zuwenden:

Bukowina II

Landschaft die mich
erfand

wasserarmig
waldhaarig
die Heidelbeerhügel
honigschwarz

Viersprachig verbrüderte
Lieder
in entzweiter Zeit

Aufgelöst
strömen die Jahre
ans verflossene Ufer

Die Bukowina wird mit verschiedenen Namen vorgestellt: »Halb-Asien«[3], *Niemandsland*[4], »Eine versunkene Welt«[5] und »Utopie«[6].

Die Namen helfen zu ahnen, welchen Einfluß diese Landschaft, dieses »Woher komme ich« auf die dort schreibenden Menschen ausübt.

Die Bukowina ist dem Uhrzeigersinn nach umschlossen von Bessarabien, der Moldau, Siebenbürgen und Galizien. Sie ist ein geographisches Oval, in dem die vielfältigsten und reizvollsten Landschaften eng nebeneinanderliegen: Im Norden und Osten erstrecken sich Hügelketten und weitläufige Ebenen, im Süden und Westen thront der Gebirgskamm der siebenbürgischen Waldkarpaten, und im Innern wechseln sich das Vorgebirge und das Hügelland ab. Das Buchenland ist ein Land der Berge und Täler, der Buchenwälder, Wiesen und Flüsse. Alle Flüsse der Bukowina fließen nach Südosten der Donau zu. Nur der Dnjester, der ebenso wie der Pruth in den polnisch-galizischen Karpaten entspringt, mündet ins Schwarze Meer. Der Pruth ist der größte und die Goldene Bistritz der meistgerühmte Fluß dieser Landschaft.

Die landschaftliche Gliederung findet auch in der Geschichte der Bukowina ihren Niederschlag. Die von Nordwest nach Südost verlaufende geographische Offenheit entlang den Karpaten begünstigte den Durchgang zwischen Mittel- und Osteuropa in friedlicher wie kriegerischer Hinsicht. Als geistige Lebensform ist die Bukowina ein Grenzland, das gebietsmäßig zu klein ist, um eine bodenständige Kultur hervorzubringen, und daher stets den von außen her kommenden Einflüssen ausgesetzt ist. Die kulturelle Entwicklung ist daher mit dem historischen Schicksal dieser Landschaft aufs engste verbunden. Sie ist ein Gebiet des Übergangs und der Begegnung östlicher und westlicher Welten. Ihre gegenseitige Beeinflussung läßt in historischer Sicht deutlich zwei Perioden erkennen. Dieses geschichtsträchtige Land, dessen Hauptstadt Czernowitz ist, gehört als nördlichster Teil des Fürstentums Moldau über 250 Jahre lang dem Osmanischen Reich an.

Der Vertrag von Konstantinopel bringt 1775 den Anschluß an Österreich, das nach der Teilung Polens dieses Gebiet zur Abrundung seines Territoriums im Donau-Karpaten-Vorland fordert.

Bis zum Anschluß an Österreich überwiegt der morgenländische Kultureinfluß, den die spätmittelalterlichen Klöster der Bukowina mit ihrer faszinierenden Schönheit bezeugen. Danach wird das kulturelle Leben vom abendländischen Geist geprägt. Von nun an folgt die kulturelle Entwicklung ganz dem Geistesleben West- und Mitteleuropas. Sie macht alle Stufen und Entwicklungsphasen derselben mit und nimmt deren Stilarten und Variationen auf. Den Höhepunkt dieser raschen Entwicklung bildet 1875 die Gründung der Universität mit drei Fakultäten in Czernowitz. Jetzt hat sich die Bukowina endgültig dem westlichen Kulturkreis angeschlossen.

Rose Ausländer beschreibt selbst in *Erinnerungen an eine Stadt* diesen Teil der Geschichte der Bukowina:

Die Bukowina, auch ›Buchenland‹ genannt – von den Nordostkarpaten breitet sie sich hin über die waldreichen Berge und Hügel des Karpaten-Vorlandes, zur podolischen Steppentafel im Norden, zur bessarabischen im Osten. Ende des 14. Jahrhunderts findet sich die erste urkundliche Erwähnung als ›Buchenland‹. Der Süden ist altes rumänisches Stammland unter moldauischen Fürsten.

1514 kommt die Bukowina für ein Vierteljahrtausend unter türkische Oberhoheit, 1775 fällt sie an die Habsburger Doppelmonarchie, die sie später zum selbständigen Kronland macht.

Die damalige österreichische Verwaltung unter Kaiser Joseph II., der als der »Aufklärer« in die Geschichte eingeht, ist fortschrittlich liberal, verglichen mit der Gewaltherrschaft in den benachbarten Staaten Rußland und der Moldau.

Das berühmte »Toleranzpatent«[7] Josephs II. ermöglicht, daß Protestanten, Griechisch-Orthodoxe und Juden einwandern dürfen, die bis dahin im katholischen Österreich Maria Theresias, der

Mutter Josephs II., nicht gelitten waren. Er hingegen gewährt freie Religionsausübung und juristische Gleichstellung, um die benötigten Siedler ins Land zu ziehen. Zudem sichert er den Einwanderern jede Entfaltung zu, während in Rußland und der Moldau Juden z.B. nicht in Städten siedeln und keinen Grundbesitz erwerben dürfen. Sie erhalten dort bis zum Ersten Weltkrieg keine Bürgerrechte und sind hoher Besteuerung und häufigen Pogromen ausgesetzt. So erklärt es sich, daß viele Juden, diesen Vorteilen folgend, nach Galizien und in die Bukowina übersiedeln.

Aus den 1775 in der Bukowina ansässigen 500 jüdischen Familien werden durch diese Einwanderungspolitik innerhalb eines Jahrhunderts 150000 in der Bukowina lebende Juden, die zum größten Teil in den Städten leben. Allein Czernowitz ist nach Angaben des Czernowitzer Gelehrten Raimund Kaindl um das Jahr 1916 fast zur Hälfte von jüdischen Bürgern bewohnt. Wobei zu bemerken ist, daß diese Haupt- und einzige Großstadt in der Zwischenkriegszeit die Hunderttausendgrenze weit überschreitet. Besondere Ironie der Geschichte ist hierbei der Umstand, daß die Juden im Zuge der von den Habsburgern in Gang gesetzten Germanisierung der Bukowina ihre engagiertesten Verfechter werden.[8]

»Ausgerechnet mit den wenig geachteten Juden erreichten die Habsburger ihr Ziel, im Osten der Monarchie ein deutsches Bollwerk zu errichten.«[9]

Bis zu ihrem Untergang im Faschismus ist die Bukowina über anderthalb Jahrhunderte von einem bunten, vielschichtigen Völkergemisch bestimmt: Ukrainer, Rumänen, Juden, Deutsche, Polen, Ungarn, Huzulen, Lipowianer, Tschechen, Slowaken, Armenier und »Zigeuner« leben hier mehr oder weniger friedlich miteinander.[10]

Bukowina III

(...)
Vier Sprachen
Viersprachenlieder

Menschen
die sich verstehn

Bukowina IV

Grüner Walddiamant
Laubwälder im Norden
voll jubelnder Vögel

Im Süden
nördliche Kühle
Fichten Dreiecksgebirge

Vierliederland

(…)

Seit der Zerstörung des Zweiten Tempels in Jerusalem (70 n. Chr.) wandert die Tochter Zion als Ewiger Ahasver ruhelos über die Erde, und selten haben die Juden seither die Gelegenheit bekommen, sich gesellschaftlich so produktiv betätigen zu können wie in der Bukowina. Hier werden sie bald angesehene Bauern, Handwerker und ordentliche Händler, für die es allesamt selbstverständlich ist, soweit es in ihrer ökonomischen und gesellschaftlichen Macht liegt, die Kultur in der Bukowina aufzubauen.

Bukowina III

Grüne Mutter
Bukowina
Schmetterlinge im Haar

Trink
sagt die Sonne
rote Melonenmilch
weiße Kukuruzmilch
ich machte sie süß

(…)

Ein wichtiges Lebensziel der Menschen in der Bukowina ist es, Förderer der Künste zu sein und kulturelle Veranstaltungen durch zahlreiches Erscheinen zu ehren.

In ihrem Prosatext *Erinnerungen an eine Stadt* schildert Rose Ausländer diesen Lebensgrundsatz:

So entstand bei einem intellektuell orientierten Teil der Bevölkerung ein auch in der Vorkriegszeit ungewöhnlicher Lebensstil:

Weltfremdheit und Nichtbeachtung der umdüsterten Realität als Ausdruck des Lebens in einer als ›wesentlichere Wirklichkeit‹ empfundenen Welt der Ideen und Ideale. Bildhauer, Maler, Musiker, Dichter lebten, wenn sie keinem anderen Beruf nachgingen, von der Bewunderung ihrer Freunde und Mitbürger, die ihre Werke kauften, ihre Konzerte und Lesungen besuchten. Man empfand es als Pflicht, Künstler und Dichter zu unterstützen und zu fördern. Man schätzte nicht nur, was durch Verlage bekannt gemacht, durch hohe Auflagen berühmt geworden war: es war der ernste Respekt vor dem Schaffenden und seinen Werken, noch ehe sie veröffentlicht wurden. Als der großartige jiddische Fabeldichter Elieser Steinbarg starb, (...), war die Trauer grenzenlos.

Im Laufe meiner Recherchen entstanden an diesem so euphorischen Traumparadies für Künstler einige Zweifel.

In Artikeln aus Czernowitzer Zeitungen las ich immer wieder von Auswanderungen junger Bukowiner Künstler in den 20er Jahren. Itzig Manger, ein jiddisch schreibender Balladendichter, wandert mit 27 Jahren nach Warschau aus. Auch Bernhard Reder, ein junger Bildhauer, geht aus Czernowitz weg nach Prag.

Was mich jedoch am meisten betroffen machte, waren Artikel über Elieser Steinbarg (auch Steinberg geschrieben):

»Elieser Steinberg, der sieben Jahre in Czernowitz weilte und hier vergeblich versuchte, festen Fuß zu fassen, ist einer der feinsten neuzeitlichen Fabeldichter.«[11]

Oder in einem weiteren Artikel über ihn, der die Mappe Steinbarg/Kolnik bespricht, die seine Fabeln zusammen mit Holzschnitten von Arthur Kolnik enthält, steht:

»Es ist eine Czernowitzer Mappe, auf dem steinigen Boden dieser Stadt, allen Hemmnissen trotzend, entstanden.«[12]

Eine andere Rezensentin bespricht die Mappe mit folgenden Worten: »Dieser Mann, dieser Elieser Steinberg, für den unsere Stadt keinen Platz hatte – er ist schon unterwegs nach Brasilien

Abb. 1 Elieser Steinbarg

(1928) –, kann sehen!«[13] Hat Rose Ausländer dies nicht sehen wollen, als sie ihre *Erinnerungen an eine Stadt* schreibt?

Auch in der Bukowina leben Künstler, die keine Unterstützung finden und deshalb gezwungen sind, von dort wegzugehen. Vor allem jiddisch Schreibende haben es sehr schwer, da die Bukowiner Autoren um die Jahrhundertwende »sich und ihre Produkte unzweifelhaft als Teil der ›deutschen Literatur‹ – evtl. weiter spezifiziert durch ›in Österreich‹ bzw. ›in der Bukowina‹«[14] verstehen.

Daher streben die Juden eine sprachlich-kulturelle Angleichung an das Deutsche an und nehmen dafür die Opposition mit anderen Gruppen der Bevölkerung (z.B. den jiddisch Sprechenden) in Kauf. Kurt Rein, der dieses Phänomen untersuchte, betont, daß hinter den Dichtern Paul Celan und Rose Ausländer eine fast 200jährige deutsche Sprach- und Literaturtradition in dieser ehemals östlichsten Provinz deutsch-österreichischer Kultur steht. Denn ohne dieses Wissen würden diese Dichter »als vom Himmel gefallene ›Exoten‹ oder – in Celans Worten – als ›herkunftslose einsame Steppenwölfe‹«[15] bestaunt. Diese jahrhundertealte deutsche Sprachtradition wird durch den Umstand, daß die Bukowina als Kronland bis 1919

Wien direkt unterstellt ist, noch begünstigt. Damit ist sie auch und gerade der deutschsprachigen Verwaltung unterstellt, und das Deutsche kann im Unterschied zu Siebenbürgen oder dem Banat, wo Ungarisch als Verwaltungssprache herrscht, ungehindert als Hauptsprache weiterleben.[16]

Der Umstand, daß es sich bei der Bukowiner Dichtung um deutsche Literatur handelt, läßt die Mißachtung z.B. der jiddisch Schreibenden erklären.

Nach dem Ende des Ersten Weltkrieges entscheidet sich die Bukowina für den Anschluß an Rumänien, auf Grund der Bestimmungen des Friedensvertrages von Saint-Germain. Fortan ist es eine rumänische Provinz, deren Landessprache bis 1924 Rumänisch und Deutsch ist. Auch als nach 1924 die offizielle Landessprache ausschließlich Rumänisch ist, wird weiterhin Deutsch gesprochen. Noch lange nach dem Zusammenbruch der Habsburger Monarchie und ihrer Überführung (1919) in rumänische Verwaltungshoheit bezeichnen die Juden der Bukowina diese Zeit als »das goldene Zeitalter«[17].

Für den größten Teil der Juden ist Deutsch die Lieblingssprache. Mit der deutschen Sprache verbinden sie ihre in der Bukowina neu konstituierte Identität.

Alles, was ihr geistig-kulturelles Erbe ausmacht, ist vom Bildungsglanz der deutschen Sprache durchflutet, den unterschiedlichsten und heterogensten Bewegungen des Landes, die in einem derartig bunten ethnischen Gemisch selbstverständlich sind, wollen sie zum allgemeinverständlichen Wort verhelfen.

In diesem Völkerkessel bedeutet die Sprache von Anfang an mehr als ein bloßes Verständigungsmittel. Sie umschließt inmitten anderer Volksgruppen zugleich eine Erlebnis- und Geistesgemeinschaft.

Daß jede Sprache eine andere Weise des Zugriffs auf die Wirklichkeit vermittelt und darum ein anderes Weltverständnis erzeugt, wird Rose Ausländer hier früh bewußt.

Daß Worte die Wirklichkeit immer schon auf die eine oder andere Weise auslegen, sie alles mitenthalten, womit frühere Generationen sie aus ihren Erfahrungen und Gewohnheiten befrachtet haben, und sie daher kaum übersetzbar einen ganz speziellen Sinn mitliefern, ist den Bewohnern der östlichen Provinzen vertraut.

Manès Sperber, der aus einem galizischen »Städel« am Pruth stammt, beschreibt in seinen Kindheitserinnerungen das verführerische Aroma, das den Worten der verschiedenen Sprachen entströmt, wenn er sich als Kind »immerfort zurechtfinden mußte zwischen dem Ukrainischen und Polnischen, dem Jiddischen, Hebräischen und Deutschen. (...) Wasser, Woda, Majim bedeuten das gleiche, ebenso wie aqua, eau und water. Aber ich ahnte recht bald, daß in jedem dieser Worte etwas schwang, das vielleicht nicht wirklich in ihm steckte, aber von ihm angerufen, mitgenannt wurde. Das slawische Woda ist noch heute für mich eine Flüssigkeit, die man aus dem Brunnen schöpft, das hebräische Majim sprudelt aus einer Quelle, das deutsche Wasser kommt aus dem Wasserhahn.«[18]

Wer diese vermischte Sprachluft lang genug eingeatmet hat, entwickelt eine besondere Sensibilität für den Gehalt von Worten und für die besondere Atmosphäre, die ihnen anhaftet.

Roses Sprachgefühl wurzelt in dieser Erfahrung der Grenzbewohner, die nicht fraglos wie Menschen im Landesinneren in eine Muttersprache hineinwachsen, sondern inmitten des Fremdartigen ein reflektiertes Verhältnis zum Wort entwickeln und sich bewußt einer Sprachheimat zuordnen.

Mutterland

Mein Vaterland ist tot
sie haben es begraben
im Feuer

Ich lebe
in meinem Mutterland
Wort

Dieses Phänomen gilt um so stärker, als sich nach der rumänischen Romanisierungspolitik 1919 die Judenfrage wieder verschärft und sie nun auch gesellschaftliche Nachteile in Kauf nehmen müssen.

Je mehr sich ihre soziale Lage verschlechtert, um so stärker gehen die deutschsprachigen, emanzipierten Juden der Bukowina ins innere, das heißt sprachliche Exil, »und ihre intellektuellen Repräsentanten, die Dichter, suchten ihre Identität in der Poesie.«[19]

Mit dem Ausbruch des Zweiten Weltkrieges wird die Atmosphäre des Zusammenlebens verschiedener Volksgruppen in der Bukowina jäh beendet.

Viele Schriftsteller ostjüdischer Herkunft haben diese existentielle Beziehung zur Sprache durch ihr Werk bezeugt, als sie nach Vertreibung oder Emigration die geistige Heimat im Wort aufgeben mußten. Rose Ausländer erinnert sich in ihrer Sprachkraft an die wirklichkeitsspendende Macht der Worte.

Das Heimweh nach der *Landschaft die mich / erfand* zieht sich als Grundton durch ihre Verse, und viele ihrer Gedichte spiegeln ihr Verhältnis zur deutschen Sprache als ihrer eigentlichsten geistigen Heimat. Und so verwundert es nicht allzusehr, daß sie im nachhinein diese zum Teil auch verklärt.

Finden I

Suche finde das Wort
das nicht verlorengeht

Gib es allen
denen es gehört

Czernowitz – ihre Heimatstadt

Friedliche Hügelstadt
von Buchenwäldern umschlossen

Weiden entlang dem Pruth
Flöße und Schwimmer
Maifliederfülle

um die Laternen
tanzen Maikäfer
ihren Tod

Vier Sprachen
verständigen sich
verwöhnen die Luft

Bis Bomben fielen
atmete glücklich
die Stadt

Rose Ausländer, die im Mai Geborene, liebt diese Stadt. Mit ihr verbindet sie all die *Maifliederfülle* ihrer Kindheit.

Warum schreibe ich? Vielleicht weil ich in Czernowitz zur Welt kam, weil die Welt in Czernowitz zu mir kam. Jene besondere Landschaft. Die besonderen Menschen. Märchen und Mythen lagen in der Luft, man atmete sie ein. Das viersprachige Czernowitz war eine musische Stadt, die viele Künstler, Dichter, Kunst- und Literatur- und Philosophieliebhaber beherbergte.

Um den Glanz dieser Stadt zu erleben, dürfen wir uns nicht nach dem heutigen Czernowitz (jetzt: Tschernowzy) begeben, denn dort erwartet uns die »Gründliche Vernichtung«[20].

Johannes Groschupf, der Czernowitz besuchte, berichtet von seinem Eindruck:

»Enttäuscht werden die Touristen, die nach dem Glanz der habsburgischen Stadt suchen. Zwar stehen wir in der Innenstadt unversehens in kleinwienerischen Hinterhöfen, aber nun gackern hier ukrainische Hühner. Vergeblich suchen wir die vielgerühmten Kaffeehäuser, in denen einhundert Zeitungen und Zeitschriften ausla-

Abb. 2 Ansicht aus dem alten Czernowitz

gen, heute treffen sich die Czernowitzer Männer in düsteren Kellerkneipen, um Domino zu spielen.

Auf der Herrengasse gehen nicht mehr elegante Damen mit ihren Hündchen spazieren, sondern ganz gewöhnliche Hausfrauen stehen um Fleisch und Wurst an. Nur der Efeu rankt sich weiterhin um die schönen Fassaden der Jahrhundertwende.«[21]

Tauchen wir daher lieber mit Hilfe der Erzählungen und der alten Berichte in unserer Phantasie in das Czernowitz ein, das Rose Ausländer mit all ihren Sinnen wahrnimmt.

Czernowitz wird durch den Pruth geprägt, durch die *Silberne Pruthsprache*. Seine lehmigen Fluten strömen breit und träge unterhalb der Hügelstadt vorbei, die anmutig und beherrschend zugleich auf jenen Ausläufern der Karpaten liegt, die der asiatischen Weite zugerichtet sind. Das Flußbett verläuft östlich der waldkarpatischen Gebirgszüge am Rande der lößgelben podolischen Tiefebene bis zum Schwarzen Meer – wie eine Grenzscheide zwischen Abend- und Morgenland.

Vom Flußtal, dessen weidenumsäumte Ufer den Bewohnern der Grenzstadt immer etwas unheimlich sind, führen sie doch *Buchen-Weidengespräche*, steigt der Weg von der Pruthbrücke aus steil zur Stadt hoch. Im Osten hinter dem Fluß beginnt die endlose bessarabische Steppe. Um so beeindruckender erscheint daher die oben liegende Stadt, deren mitteleuropäisches Stadtbild von der Silhouette des Erzbischöflichen Palastes und der orthodoxen Kathedrale bestimmt wird.

Bei einer damaligen Stadterkundung lohnte es, sich die Mühe zu machen, hinauf auf die Habsburgerhöhe, den privaten Göbelspark oder den öffentlichen Schillerpark zu steigen. Der Blick von hier oben auf die Stadt, die bis hinunter zum Pruth zu fließen scheint, entschädigte für alle Anstrengung.

Von diesen Punkten aus erlebte man sie als einen großen Hügel inmitten der Bukowina, deren Türme, Zwiebeldächer und Kuppeln unterschiedlichster Ausprägung den Betrachter ins Märchen des alten Kaiserreichs versetzten:

»Nahe der Erzbischöflichen Residenz die schlichte Evangelische Kirche der Deutschen, in der Armeniergasse die armenische Pfarrkirche, in der Homuzakigasse die dreitürmige Paraskiewa-Kirche, die (...) mächtige, kupfergedeckte (...) Kuppel des jüdischen Tempels (mit seinen) (...) kleinen, minarettartigen Türmchen, (...) (schließlich) die katholische Herz-Jesu-Kirche, (und) am Austriaplatz die Jesuitenkirche.«[22]

Beim Genießen dieses Ausblicks fällt es schwer zu glauben, daß die russische Grenze gerade 30 Kilometer entfernt liegt, Wien dagegen nur durch eine mehr als 800 km lange Bahnfahrt zu erreichen ist. Und trotzdem fühlen sich die meisten Einwohner von Czernowitz wie in einer Vorstadt Wiens, denn dieser Vorposten des Habsburgischen Reiches und einer österreichisch-deutschen Kultur ist eindeutig westlich orientiert.

Wien ist Maßstab. Wien ist unbestrittenes Vorbild. Wien ist immer – Ziel.

Die Czernowitzer nennen ihre Stadt deshalb auch mit liebevollem Stolz »Klein-Wien«. Die unverwechselbare Atmosphäre des kaiserlichen Österreichs liegt über ihr, die sich kuppelgekrönt inmitten reicher Obst- und Weingärten auf der fruchtbaren Terrasse über dem Pruth ausbreitet.

Auf alten Photos erkennt man an Straßen, Gassen, Plätzen und öffentlichen Gebäuden die Nähe zur österreichischen Hauptstadt.[23] Czernowitz ist der Brennpunkt aller kulturellen Bewegungen dieser Gegend. Es ist eine Stadt, in der es allgemein mehr gilt, in Büchern zu lesen und die Erkenntnis über die Welt voranzutreiben, als möglichst schnell einen Beruf zu erlernen, um einem geregelten Tagwerk nachgehen zu können.

Czernowitz ist eine Stadt des geschäftigen Müßiggangs, *eine Stadt von Schwärmern und Anhängern. Es geht ihnen mit Schopenhauers Worten ›um das Interesse des Denkens, nicht um das Denken des Interesses‹.*

Man las viel, nicht nur Zeitungen, Zeitschriften, Sekundärliteratur und Unterhaltungslektüre, sondern gute, beste Literatur. Man diskutierte mit Feuereifer, musizierte und sang. Das Stadttheater war immer gut besucht, bei Gastspielen ausverkauft. Ein beträchtlicher Teil der Jugend, geistig aufgeschlossen, war von unersättlicher Wißbegier. Das Interesse vieler Intellektuellen galt nicht dem ehrgeizigen Planen einer einträglichen Karriere, nicht einem technisch höheren Lebensstandard, es ging ihnen vielmehr um erkenntnisreiche Einsichten, sei es auf Wegen der Wissenschaft, Philosophie, Politik oder durch das Erlebnis von Mystik, Kunst, Dichtung und Musik.

Die Bukowiner Juden werden Träger einer deutschsprachigen Kultur, die dann später ausgerechnet von den Deutschen zerstört wird.[24]

Das ändert sich auch nicht, nachdem Czernowitz nach 1919 offiziell eine rumänische Provinzstadt wird.

»(...) in Wirklichkeit mußte man sie als eine jüdische Stadt deutscher Sprache ansehen. Rund 50 000 jüdische Einwohner unter einer Gesamtbevölkerung von 110 000 Seelen bestimmten ihren Charak-

Abb. 3 Hauptgebäude der Universität von Czernowitz. Hier studierte Rose Ausländer im Sommersemester 1920 und Herbst/Wintersemester 1920/21 gemeinsam mit damals etwa 1000 Studenten

ter.«[25] Zwar stellen nach 1919 die Juden nicht mehr den Bürgermeister – ein äußeres Zeichen ihres Einflusses bis dahin –, so wie sie es von 1905 bis 1907 und von 1913 bis 1915 taten, doch wird das kulturelle Leben in Czernowitz weiterhin von ihnen bestimmt, trotz der antisemitischen Bemühungen der Rumänen, dieses zu untergraben.

Die besondere Atmosphäre drückt sich auch in den vielen Cafés der Stadt aus. Besonders beeindruckend ist das »Kaiser-Café« am Elisabethplatz. Dort liegen täglich 160 Zeitungen aus. Auch hier trifft man auf die merkwürdige Dialektik von Privatheit und Öffentlichkeit, von zurückgezogener Vertieftheit in das Eigene und dem Drang nach Mitteilung und Diskussion mit anderen. Das Einzigartige jener beinahe vollständig ausgestorbenen Kaffeehauskultur ist, daß keines ohne das andere sein kann. Nur beides zusammen bringt jene besondere Produktivität hervor, die uns in der vielfältigen Kaffeehausliteratur überliefert ist.

In Czernowitz ist das Kaffeehaus eine öffentliche Institution des kulturellen Lebens. Zu jeder Tageszeit kann man hier die empathischen Geister treffen, *man huldigte selbstlos und mit vehementer Begeisterung. (...) In dieser Atmosphäre war ein geistig interessierter Mensch geradezu ›gezwungen‹, sich mit philosophischen, literarischen oder Kunstproblemen auseinanderzusetzen oder sich auf einem dieser Gebiete selbst zu betätigen.*

Hier gab es Schopenhauerianer, Nietzsche-Anbeter, Spinozisten, Kantianer, Marxisten, Freudianer. Man schwärmte für Hölderlin, Rilke, Stephan George, Trakl, Else Lasker-Schüler, Thomas Mann, Hesse, Gottfried Benn, Bertolt Brecht.

Mit zwei Dichtern wird geradezu ein Kult getrieben: mit Rainer Maria Rilke und Karl Kraus. Es gibt keinen Ort in der Stadt, kein Kaffeehaus, in dem man nicht irgendeinen mit der »Fackel« in der Hand oder dem »Malte« am Tisch sitzen und lesen sieht. Es gibt niemanden, der sich nicht wünscht, mit Karl Kraus im »Café Griensteidl« am Michaelerplatz in Wien zu sitzen, um mit ihm über die neuesten gesellschaftlichen Verfallserscheinungen, die sich im Sprachverfall ankündigen, zu diskutieren.

Der Satz von Paul Celan aus seiner Bremer Rede: » (...) das zu Erreichende hieß Wien«[26] hat auch von hier aus für die Intellektuellen zwischen den Weltkriegen uneingeschränkte Bedeutung.

Wien ist der Horizont aller Träume.

Wenn der Besucher sich im Café umschaut, merkt er, daß die Kaffeehäuser nicht nur eine literarische Institution der Intellektuellen sind, sondern in ihnen auch der wichtigste Teil des Handels abgewickelt wird.

Man geht nicht ins Büro, sondern ins Kaffeehaus, um seine Geschäfte abzuwickeln. Daher sind die Kaffeehäuser und Frühstücksstuben auch gleichzeitig »Börsen, Maklerbüros, Wechselstuben, Magazine und oft auch Verkaufsräume.«[27]

Blättert der Besucher die ausliegenden Zeitungen durch, gleichgültig ob er die »Czernowitzer Allgemeine Zeitung«, die »Bukowina Post« oder die »Neue Illustrierte Zeitung« in die Hand nimmt, so fällt unmittelbar die Verbindung von Berichtendem und Leser und der beinahe durchgängig literarische Stil der Berichterstattung auf. Das jüdische Pressewesen besteht bis 1940 auf diesem hohen Niveau fort.[28]

Unter den Tageszeitungen ist auch das »Czernowitzer Morgenblatt« zu finden, dessen Redakteur der nach langen Wanderjahren durch Europa und die USA wieder heimgekehrte Margul-Sperber[29] ist. Er ist der größte Förderer der jungen Literatur in Czernowitz, und seinem Einfluß ist es zu verdanken, daß Rose Ausländer zum ersten Mal in den Czernowitzer Zeitungen mit Gedichtbeiträgen zu finden ist.

Beim Durchlesen der Zeitung »Der Tag« entdeckte ich ein bisher im Gesamtwerk nicht verzeichnetes Gedicht von ihr:

Aus dem Zyklus »New York«

Schuhe, Mäntel, Hüte,
dazwischen ein leeres Gesicht.
»Wie gehts«, »Ich danke«, »ich bitte« –
Dahinter steht groß das Nichts.

Die Augen: Glaskorallen.
Der Mund: Ein gemaltes Herz.
Die Hände: Gierige Krallen.
Das Lächeln: Nur ein Scherz.

Lichter von allen Seiten
rennen die Gassen einher.
Nur schlecht gekleidete Leiden
stören heftig den Verkehr.

Tuten, Rasseln, Kreischen –
so hört man, daß man lebt!
Man tanzt nach allen Geräuschen,
bis das höchste Haus erbebt!

Menschen: Automaten.
Laternen und Lichter: kalt.
Die ganze Stadt: ein Schatten
ohne Liebe und Sonne und Wald!

Rose Ausländer[30]

Jetzt ist verständlich, warum Rose Ausländer noch 1971 auf die Frage: *Warum schreibe ich?* diese Antwort gibt:

Vielleicht, weil ich in Czernowitz zur Welt kam, weil die Welt in Czernowitz zu mir kam. Jene besondere Landschaft. Die besonderen Menschen.

Auf der Phanasiereise in das Czernowitz von Rose Ausländer, in dieses versunkene Atlantis, konnte man ein wenig diese Luft einatmen, die voller altjüdischer Erzähltradition, chassidischer Legenden, voll Rilke, voll Karl Kraus, voller Gespräche ist.

In diesem Czernowitz, weitab von der Welt, inmitten der Welt, geprägt von dem »ungewöhnlichen Lebensstil«, der es ausmacht, hat in der Vorkriegszeit niemand geglaubt, daß der Antisemitismus des »Dritten Reiches« je hierherkommen würde. Zwar leidet man mit den Juden im faschistischen Deutschland mit, aber der Lebensstil aus *Weltfremdheit und Nichtbeachtung der umdüsterten Realität als Ausdruck des Lebens in einer als ›wesentlichere Wirklichkeit‹ empfundenen Welt der Ideen und Ideale* hält bis zum endgültigen Untergang 1941 an.

Von nun an ist Czernowitz *Eine versunkene Stadt. Eine versunkene Welt.*

Czernowitz
›Geschichte in der Nußschale‹

Gestufte Stadt
im grünen Reifrock
Der Amsel unverfälschtes
Vokabular

Der Spiegelkarpfen
in Pfeffer versulzt
schwieg in fünf Sprachen

Die Zigeunerin
las unser Schicksal
in den Karten

Schwarz-gelb
Die Kinder der Monarchie
träumten deutsche Kultur

Legenden um den Baal-Schem
Aus Sadagora: die Wunder

Nach dem roten Schachspiel
wechseln die Farben

Der Walache erwacht –
schläft wieder ein
Ein Siebenmeilenstiefel
steht vor seinem Bett –
flieht

Im Ghetto:
Gott hat abgedankt

Erneutes Fahnenspiel:
Der Hammer schlägt
Flucht entzwei
Die Sichel mäht die
Zeit zu Heu

Sadagora – der »kleine Vatikan«[31]

Der Vater

Am Hof des Wunderrabbi von Sadagora
lernte der Vater die schwierigen Geheimnisse
Seine Ohrlocken läuteten Legenden
in den Händen hielt er den hebräischen Wald

Bäume aus heiligen Buchstaben streckten Wurzeln
von Sadagora bis Czernowitz

(…)

Rose Ausländer atmet in ihrer Kindheit und Jugend nicht nur die weltoffene, liberal-jüdische und vor allem kulturelle Luft von Czernowitz, sondern auch der Atem einer ganz anderen Welt fließt ihr zu – einer Welt, die nur etwa 8 Kilometer von Czernowitz entfernt liegt: Es ist Sadagora, die Heimatstadt ihres Vaters. Hier im »kleine(n) Vatikan« erlebt der Betrachter das merkwürdige Gegenstück zu der Kulturmetropole Czernowitz.

Sadagora wird von einer strengen jüdischen Orthodoxie, dem Chassidismus sowie der jüdischen Mystik des Ostjudentums ge

prägt. Während man sich in Czernowitz mit den höchsten Blüten der Literatur beschäftigt, hält in Sadagora die seit 1841 vom Wunderrabbi Israel Friedman aus Ruschin gegründete Dynastie Friedman mittelalterlichen Hof.

Seit 1769 haben sich schon Chassidim, Mitglieder der jüdischen Frommenbewegung, in Sadagora angesiedelt, als der 1841 aus Rußland geflohene Zaddik – der Gerechte[32] – (Israel Friedmann, der Ruschiner) beschließt, sich ebenfalls hier niederzulassen.

Chassidim, das auf hebräisch »fromm« bedeutet, ist eine religiöse, demokratische und zugleich mystische Erneuerungsbewegung der Kabbala, die in der Ukraine und Polen um 1750 entsteht und in ihrer Verinnerlichung des Glaubensgehaltes dem Pietismus vergleichbar ist. Wichtig für die Wirkung dieser Erweckungsabsicht ist, daß der einzelne im Chassidismus ernst genommen wird. Er ist Mitschöpfer, unverzichtbar für den Bestand des Guten in der täglich neu herzustellenden Welt.

Respekt

Ich habe keinen Respekt
vor dem Wort Gott

Habe großen Respekt
vor dem Wort
das mich erschuf
damit ich Gott helfe
die Welt zu erschaffen

Bald schon macht sich Sadagora unabhängig von der jüdischen Hauptgemeinde in Czernowitz. Da 1910 80% der Gesamtbevölkerung von Sadagora jüdische Chassidim sind, sind sie in der Lage, eine starke und in sich geschlossene Gemeinde aufzubauen.

Die jüdische Erneuerungsbewegung des Chassidismus geht in erster Linie auf »Israel ben Elisier BA' ALSCHEM TOW« zurück, der, nachdem er sich sieben Jahre im Karpatengebirge auf seine Tätigkeit vorbereitet hat, durch ein Wunder in seinem 36. Lebensjahr seine Lehrtätigkeit aufnimmt und sich schließlich in Miedzyboz niederläßt:

(...)
Von Sadagora nach Czernowitz und
zurück zum Heiligen Hof gingen die Wunder
nisteten sich ein im Gefühl
(...)

Martin Buber erklärt »Israel ben Elisier BA' ALSCHEM TOW(s)« Beinamen:

Wörtlich bedeutet er »Meister des guten Namens, (...) eine Bezeichnung, die zweierlei vereinigt, das mächtige Wissen um den Gottesnamen, wie es den früheren wundertätigen ›Baalschems‹ zugeschrieben wurde, und den Besitz des ›guten Namens‹ im menschlichen Sinne, des Volksvertrauens.«[33]

Die chassidische Erneuerungsbewegung richtet sich daher vor allem gegen die erstarrte Ritualität der orthodox-rabbinischen Tradition und lehrt eine Neuerweckung auf allen Stufen des Seins, von den Höhen der Ekstase bis in die Niederungen des alltäglichen, äußeren Lebens hinein: »Der Impuls, der vom BA' ALSCHEM auf das Judentum Osteuropas ausging, kann vor allem als der Durchbruch eines neuen religiösen Gefühls betrachtet werden, das durch das Element der inneren Freiheit bestimmt war. Im Mittelpunkt der Religiosität stand mehr als die weltentrückte Gottheit, die der Welt und jedem einzelnen Wesen innewohnende Gottesherrlichkeit. Die richtige Inbrunst und Freudigkeit. Seelentrübnis ist in jedem Falle, selbst wenn sie aus einer reuigen Gesinnung entspringt, ein Hemmnis des Aufstiegs. Die spezielle Art, Gott zu dienen, steht prinzipiell im Zeichen der Freiheit. Man soll Gott auf alle Arten dienen, die wichtigsten sind Gebet, Gedanken und richtiger Umgang mit Menschen.«[34]

Der Engel in dir

Der Engel in dir
freut sich über dein
Licht

weint über deine Finsternis

Aus seinen Flügeln rauschen
Liebesworte
Gedichte Liebkosungen

Er bewacht
deinen Weg

Lenk deinen Schritt
engelwärts

Die prächtige Hofhaltung des Zaddiks von Sadagora steht dabei in keinem Widerspruch zu dieser Lehre. Sie ist vielmehr Ausdruck des freudigen und festlichen Charakters, den die Verehrung Gottes und des in der Geschichte fortdauernden Bundes mit ihm ausmalt.

Sadagorer Chassid

Achtzigjähriger Greis
Sein Bart betete weiß
auf der Brust

Auf seinem Kaftan
erholten sich Engel
von der Anstrengung weltlicher Flüge
Die Sabbatkrone
das Stramel
war sein einziger Schmuck

Die Lider gesenkt
sein Blick von Schleiern umsponnen
wohnte im Bethaus

Montag und Donnerstag Fasten:
leicht sei der Leib
seine Speise: Preisen
Sichwiegen im Rythmus der
Bibelgebete und anderer
heiliger Worte

Wenig Worte –
die Scheinwelt sei nicht besprochen
nicht betastet mit fettem Interesse
Erscheinungen sind Schemen
dem Wesen (nicht ausgesprochen der Name!)
diene dein Geist

In der doppelgerollten Thora
liegen Licht und Lied
spricht die Geschichte des Volks
Sieh die Geliebte:
im goldgestickten Samtgewand und
krönenden Kopfschmuck
dürfen deine Lippen sie küssen
darfst du sie halten im Arm
und tanzen mit ihr tanzen
zur Ehre des Herrn
Tanzte der Sadagorer Chassid
mit den andern Chassidim

Die Atmosphäre, die in den kleinen Betstuben rings um den Palast herrscht, kennzeichnet am besten ein Zitat von Martin Buber, der in neuer Zeit den Chassidismus wiederbelebt.

Das Zitat bezieht sich zwar auf die Zeit des BA' ALSCHEM und nicht auf die des Zaddiks von Sadagora, hat aber für diese immer noch Geltung:

»Es ist etwas Zartes und Ehrwürdiges, etwas Heimliches und Paradiesisches um die Atmosphäre des ›Stübels‹, in dem der chassidische Rabbi, der ›Zaddik‹, ›der Bewährte‹, der Heilige, der Mittler zwischen Gott und Mensch, mit weisem und lächelndem Mund das Mysterium und das Märchen austeilt (...) in engen Gassen und dumpfen Kammern ging sie (die chassidische Legende, die Lehre) von ungelenken Lippen zu bange lauschenden Ohren, ein Stammeln gebar sie und ein Stammeln trug sie weiter – von Geschlecht zu Geschlecht.«[35]

Unschwer ist zu ahnen, daß im Gegensatz zur Kabbalistik der Chassidismus keine Gelehrtenbewegung ist, sondern seine Begründer und späteren Meister Männer des Volkes sind. Dementsprechend faßt er auch breite Wurzeln im Volk.[36]

»Die chassidische Lebensanschauung entbehrt aller Sentimentalität, es ist eine ebenso kräftige wie gemütstiefe Mystik, die das Jenseits durchaus ins Diesseits herübernimmt und dieses von jenem gestaltet werden läßt wie den Körper von der Seele; eine durchaus ursprüngliche, volkstümliche und lebenswarme Erneuerung des Neuplatonismus, eine zugleich höchst gotterfüllte und höchst realistische Anleitung zur Ekstase.«[37]

Wenn

Wenn wir aufstehen
von allen Übeln
ohne Fäulnisgeruch
im Osterwort des Baal-Schem

wenn nicht unsere Übel auferstehn
und wir den unsterblichen
Bruder Kain begraben

wenn Moses wieder das Angstmeer
glättet
und wir Verschiedenen
auferstehen
unser Brot backen
in der Sonnenoase
Schlaf aus dem
Sternquell schöpfen

wenn wir einkehren
in unser zukünftiges Erbe
im Osterwort des Baal-Schem

wenn

feiern wir Passah
das auferstandene Fest

Wenn der Besucher seinen Blick genauer durch Sadagora streifen läßt, zeigt es sich ihm auch noch von einer völlig anderen, fast anrüchigen Seite:
»Eine Gauner- und Ganovenweise
Gesungen zu Paris Empres Pontoise
von Paul Celan
Aus Czernowitz Bei Sadagora«[38]
Sadagora beherbergt also nicht nur diese mystische, chassidische Tradition, es gilt auch »als Zentrum des Pferdehandels und -schmuggels, und seine Bewohner (...) genossen daher in der Bukowina einen denkbar schlechten Ruf: sie galten als Gauner, Roßtäu-

scher und Betrüger: Geschmuggelt wurden vor allem die berühmten ›Orlow-Trapper‹ aus dem russischen Reich, die über die großen Pferde-Wochen in Sadagora ihren Weg bis nach Galizien, Ungarn und nach Österreich fanden.«[39]

Auf diese Tradition greift Celan später zurück, wenn er im Gedichtband »Niemandsrose« »Eine Gauner- und Ganovenweise« darbietet. Schon in der Eingangsstrophe rückt er beide Erinnerungslinien, die die Sadagora ausmachen, zusammen, wenn er schreibt:

»Damals, als es noch Galgen gab,
da, nicht wahr, gab es
ein Oben.«

Denn in Sadagora gibt es die »Galgen« für die, die in der »Mizraingaß« – der Name erinnert an das Geschehen und den Auszug aus Ägypten – leben müssen, und das »Oben« für die, die in der »Rebbengaß« leben, die Chassidim, die im Bund mit dem »Oben«, im Bund mit der Dynastie Friedmann und ihrem Glanz und der Pracht zu Ehren Gottes in den »Stübeln« leben. Zu ihnen kommen »Tausende Bewohner aus Rußland, der Ukraine, Ostgalizien und Bessarabien (...), die oft monatelang in einer der zahlreichen Herbergen in der Nähe des Palastes wohnen, bis sie endlich für eine kurze Audienz vorgelassen werden.«[40]

»Czernowitz Bei Sadagora« – die von Celan frei gesetzte Reihenfolge, die das geographisch weit kleinere Sadagora zur bedeutsamen, übergeordneten Ortsangabe von Czernowitz macht, kennzeichnet den Stellenwert markant, den diese Tradition sowohl für Celan als auch für Rose Ausländer hat, deren *Wurzeln von Sadagora bis Czernowitz* reichen.

1914 zerstören die zaristischen Truppen den Palast des Wunderrabbis von Sadagora, und die »Ruine«, nach Walter Benjamin »Allegorie der Moderne«[41], wird zum immerwährenden Zeichen des Schreckens, der Apokalypse, die die Bukowina 1941 erleben wird.

Diese Landschaft, hätte sie im Unglück nicht das Glück gehabt, durch die in deutscher Sprache wiedererzählten Geschichten der Chassidim von Martin Buber wiederbelebt zu werden, wäre schon längst im Vergessen untergegangen, da heute nicht einmal »Ruinen«

Erinnerungen wachrufen können. Sie lebt nur noch in den Worten derer, die dem Vernichtungsgeschehen entkamen und von ihr berichten.

»Hundert Jahre nachdem der Zaddik aus dem ukrainischen Ruschin 1841 in Sadagora bei Czernowitz für sich und den Chassidismus eine zweite Heimat gefunden hatte, wurden 1941 seine Urenkel aus der Heimat vertrieben. Rabbi Ahron und Rabbi Mordechai Friedmann, an der Spitze ihrer letzten Getreuen, die Thora-Rollen in den Armen, treten den Leidensweg nach Osten an, von dem sie niemals wieder zurückkehren werden. So endete das Leben der ›Menschen und Bücher‹ in einer Landschaft, die anderthalb Jahrhunderte eine Heimstätte jüdisch-deutscher Symbiose gewesen war.«[42]

Der Besucher muß nun den Ort seiner Phantasie verlassen. Leider kann er dorthin im wirklichen Leben nicht mehr reisen.

Der Karpatenriese

Noch geht in den Karpaten der
Riese um der uns Gipfel schenkte
Serpentinen kreisen um unsre
verwaiste Begeisterung

(...)

Noch geht der Riese um in uns
vielleicht hat er uns noch ein bißchen lieb
und bringt uns in den Ferien
die Karpaten in einem
Sack auf dem Rücken

III »Wer bin ich«

Wer bin ich

Wenn ich verzweifelt bin
schreib ich Gedichte

Bin ich fröhlich
schreiben sich Gedichte
in mich

Wer bin ich
wenn ich nicht
schreibe

Ja, *Wer* ist Rose Ausländer?

Rose Ausländer ist eine Frau, die ihr Leben unter die Maxime *Schreiben war Leben. Überleben* stellt und ihr Schreiben als *inneren Zwang* versteht:

A (Ausländer): Das Wort ›Wirklichkeit‹ fasse ich nicht so eng auf, denn die sogenannte Wirklichkeit gibt es eigentlich gar nicht: Es gibt das, was ich unter ›Leben‹ verstehe. Hinter dem Wort ›Wirklichkeit‹, so meine ich, steht das Leben.[1]

Sie muß und kann daher in ihrem Schreiben, in ihren Gedichten aufgefunden, erkannt und verstanden werden. Ihre Gedichte zeichnen ihr *Leben* nach, erwecken es gleichsam zum Leben:

Aus der Eigenart und Intensität einer Erfahrung, eines Einfalls, ergibt sich die äußere und innere Form des Textes.

Oft habe ich mich gefragt, was dieses Schreiben eigentlich sei, und habe mir verschiedene Antworten gegeben. Bei der kürzesten bin ich geblieben: Schreiben ist ein Trieb. Der Dichter, der Schriftsteller muß essen, sich bewegen, ruhen, denken, fühlen und schreiben – schreiben, was seine Gedanken und Einbildungskraft ihm vorschreiben. Warum ich schreibe? Ich weiß nicht.

Selten hat ein Lyriker bzw. eine Lyrikerin mit einer derartigen Genauigkeit, Wahrhaftigkeit und Ausdrücklichkeit die Erfahrungen und deren gesellschaftliche Umstände, die sein bzw. ihr Leben prägen, für den Leser in Gedichten erfahrbar gemacht, so wie sie es tut. Viele ihrer Gedichte erschließen sich dem Leser durch biographische Ereignisse, ein andermal wird ihr *Leben* durch das, was sie dichtet, erklärbar.

Ich schreibe aus meiner persönlichen Erfahrung heraus.[2]

»Man begegnet nicht selten der Vorstellung, daß die Reifung einer ›genialen Begabung‹ ein selbsttätiger, ›innerer‹ Prozeß sei, der sich gleichsam in Isolation vom menschlichen Schicksal des betreffenden Individuums vollziehe. Sie ist verbunden mit der anderen, daß das Schaffen großer Kunstwerke unabhängig sei von der sozialen Existenz ihres Schöpfers, also von seinem Werdegang und seinem Erleben als Mensch unter Menschen. Dementsprechend nehmen Mozart-Biographen oft an, das Verständnis für den Künstler Mozart und so auch für seine Kunst lasse sich von dem Verständnis für den Menschen Mozart trennen. Diese Trennung ist künstlich, irreführend und unnötig. Der heutige Stand unseres Wissens erlaubt es zwar noch nicht, die Zusammenhänge zwischen der sozialen Existenz und den Werken eines Künstlers wie mit einem Seziermesser offenzulegen, aber man kann sie mit der Sonde ausloten.«[3]

Diesen Erklärungsansatz, den Norbert Elias in bezug auf Mozart verwendet, gilt meiner Ansicht nach auch für die Lyrik von Rose Ausländer. Ihr Leben und ihre Gedichte sind aufs engste miteinander verknüpft, und erst das Wissen um diese Wechselwirkung ermöglicht, ihre Lyrik in ihrer ganzen Tiefe zu erschließen.

Geburtstag im Mai

Geburtstag im Mai
Flieder verführt mich
zum Schwur
ich bin ein Atem
im Mai

Die blauen Adernflüsse
wer nimmt ihre Mündung wahr

Welchen Anteil
haben die Sterne
an meinem Traum

Im Maiglöckchenraum
dem störrischen Stier
geweiht

Der Widerspruch
steckt mir als Angel
im Blut

Rose Ausländer – *ein Atem / im Mai* – wird am 11. Mai 1901 als Rosalie Beatrice Scherzer in Czernowitz geboren.

Noch in dem Buch *»Neue Literatur der Frauen. Deutschsprachige Autorinnen der Gegenwart«*[4], das 1980 erschien, wird ihr Geburtsdatum mit 1907 angegeben. Auch die Daten 1912 oder 1918 tauchen in verschiedenen Publikationen auf:

»Ein Verwirrspiel, das sie selbst nach Kräften förderte, denn alle diese Geburtsjahre beruhen auf ihren eigenen Angaben. Warum tat sie das? Aus weiblicher Eitelkeit, wie gelegentlich vermutet wurde? War es die bestürzende Erfahrung, daß der alternde Mensch, besonders der alte Künstler, in einer auf Jugendlichkeit fixierten Gesellschaft nur wenig zählt? Versuchte sie, ein Stück ihres Lebens, die frühen Amerika-Jahre von 1921 bis 1930, zu verschweigen? Jedenfalls blieb sie durch das ständige Ändern ihres Geburtsdatums längere Zeit 50 Jahre alt, und ihr erster Amerikaaufenthalt war bis Anfang 1980 nur wenigen Eingeweihten bekannt.«[5] Die wirklichen Gründe bleiben uns verschlossen, und doch können wir sie aus ihren Worten erahnen:

Ich wehre mich innerlich gegen den hektischen Literaturbetrieb, gegen die an den Schriftsteller gestellte quantitative Forderung, jährlich ein Buch zu produzieren, publizieren. Dabei stellt sich auch das Problem der rasend wechselnden Stilphasen, der schnellen Geschmacksänderungen. Der alternde, der alte Schriftsteller hat natürlich einen gefestigteren Charakter, als der junge, eine festere (vielleicht) starrere Ichgeschlossenheit, er (oder sie) kann oder will sich nicht der Augenblicksmode anpassen.[6]

Ob sie lieber ihr Geburtsdatum statt ihrer Lyrik der *Augenblicksmode* angleichen will – wir wissen es nicht. Fest steht, daß die Abschrift ihrer Geburtsurkunde eindeutig den 11. Mai 1901 als Geburtstag angibt. Rosalie Beatrice Scherzer erblickt also am 11. Mai 1901 in der *Morariugasse* 5A, wie mir erst vor einem Jahr ihr noch lebender Bruder erzählte, das Licht der Welt. Am 18. Mai 1901 wird sie auf die Namen Rosalie Beatrice getauft, später erhält sie zusätzlich den jüdischen Vornamen Ruth.

Erfahrung III

Morariugasse
hier wohnen wir

Wagenräder begleiten
die Wiegenlieder meiner Mutter

Gassenkinder brüllen und
zerren sich an den Haaren

Eine Prozession zieht vorüber
Regen fällt auf die Fahnen
dann wölbt sich ein Regenbogen
über ein Lächeln

Öffne die Fenster
zur Wirbelwelt
der Morariugasse

hier wohnen wir – der Vater Süssie, alias Sigmund Scherzer, geboren in Sadagora, seine Ehefrau Etie Rifke Scherzer, geborene Binder, die aus Czernowitz stammt, sowie Rosalie Beatrice, die das zweite Kind ist. Das erste Kind ihrer Eltern, ein Sohn, stirbt mit eineinhalb Jahren. Ihr Bruder Maximilian Scherzer kommt 1906 zur Welt.

Der Umstand, daß Rosalie die Nachfolge des toten Bruders antritt, spiegelt sich mit Sicherheit in ihrem familiären Platz. Der »erwünschte« Stammhalter stirbt. Die Trauer um dessen Verlust soll durch die Geburt eines neuen Kindes gelindert werden. Doch anstelle eines erneuten Sohnes wird die Tochter Rosalie geboren, die

Abb. 4 Rose Ausländer im Alter von 3 Jahren mit ihren Eltern in Czernowitz

schon allein durch ihr anderes Geschlecht seine Lücke nicht schließen kann. Trotzdem läßt der erlittene Verlust die Eltern übertrieben ängstlich auf die Tochter blicken, auch wenn sie emotional wohl eher das Ersatzkind, der Lückenbüßer, das im tiefsten Herzen nicht gemeinte Kind ist, sondern Trost für den leeren Platz spenden soll. Diesen ihr vom Schicksal zugewiesenen Platz gestaltet Rose Ausländer im Laufe ihres Lebens aus.

In dem Gedicht *Der Vater* wird dieser, der um 1872 in Sadagora geboren ist, beschrieben. Ihr Großvater schickt seinen Sohn an den *Hof* des dort ansässigen *Wunderrabbis*, der uns ja in *Sadagora* begegnete. Von ihm soll er erzogen werden, um später eine religiöse Laufbahn einzuschlagen.

Der Vater

Am Hof des Wunderrabbi von Sadagora
lernte der Vater die schwierigen Geheimnisse
Seine Ohrlocken läuteten Legenden
in den Händen hielt er den hebräischen Wald

Bäume aus heiligen Buchstaben streckten Wurzeln
von Sadagora bis Czernowitz
Der Jordan mündete damals in den Pruth –
magische Melodien im Wasser
Der Vater sang sie lernte und sang das
Erbe der Ahnen verwuchs mit
Wald und Gewässern

Hinter den Weiden neben der Mühle
stand die geträumte Leiter
an den Himmel gelehnt
Jakob nahm auf den Kampf mit den Engeln
immer siegte sein Wille

Von Sadagora nach Czernowitz und
zurück zum Heiligen Hof gingen die Wunder
nisteten sich ein im Gefühl
Der Knabe erlernte den Himmel kannte die
Ausmaße der Engel ihre Distanzen und Zahl
war bewandert im Labyrinth der Kabbala

Einmal wollte der Siebzehnjährige
die andere Seite sehn
ging in die weltliche Stadt
verliebte sich in sie
blieb an ihr haften

Der Knabe erlernte den Himmel kannte die / Ausmaße der Engel ihre Distanzen und Zahl / war bewandert im Labyrinth der Kabbala und gibt dieses Wissen, in dem sich kabbalistische Gelehrsamkeit und die Natur- und Gottesnähe des Chassida vereinigen, an seine Tochter später weiter, und dort *nisteten (sie) sich ein (in ihrem) Gefühl.* Auf seinem Einfluß vor allem beruht ihr Glaube an die Macht der *heiligen Buchstaben*, durch ihn ist ihre jüdisch-chassidische Tradition verankert.

Das Eine

Allüberall
das Eine
mit sternhaftem Ernst
an zahllose Wesen und Dinge
verteilt
in zahllose Gewänder gehüllt

Deinen Glauben ans Eine
kann keine Erfahrung vernichten
du bleibst
der Hüter des Wunders

Du – Vater oder Mensch – bleibst *der Hüter des Wunders*, wenn dein Glaube an die allumfassende Einheit höher steht als deine Erfahrung. Im Alter von siebzehn Jahren geht ihr Vater nach Czernowitz, entscheidet sich gegen die Familientradition und baut dort eine weltliche Existenz auf. Er ergreift den Kaufmannsberuf und wird Prokurist in einer Import-Export-Firma.

Autobiographische Notizen:

Vater bis zum 17. Lebensjahr am Hof des Wunderrabbi von Sadagora erzogen und geschult.

Mit 17 war er bereits ein Gelehrter, eine Koryphäe und wurde von einem Rabbinerhof zum anderen geschickt, um mehr ›Gelehrsamkeit‹ aufzunehmen. Er sehnte sich aus dieser Ghettoatmosphäre hinaus in eine persönliche und geistige Freiheit, kam in die ›weltliche‹ Stadt Czernowitz, die als deutsches Kulturzentrum berühmt war, assimilierte sich, besuchte und absolvierte die Schulen, holte alles Versäumte an deutscher Schulung und Bildung nach, lernte und las enorm viel und wurde ein Kulturmensch deutscher Bildung.[7]

Obwohl Sigmund Scherzer sich also vom jüdisch-orthodoxen Denken abwendet und sich zum Freidenkertum bekennt, werden in seinem Haus die wichtigsten Regeln der jüdischen Tradition bewahrt: Es wird koscher gekocht, der Sabbat wird geheiligt, die meisten jüdischen Feiertage werden gefeiert, und sowohl die Bibel als auch die Kabbala und die chassidischen Erzählungen werden gelesen.

In dieser Tradition wurzeln viele Bilder, die sich in Rose Ausländers Gedichten finden.

Meine Eltern und Großeltern stammten aus der Bukowina (waren in der Bukowina) zur Welt gekommen und (patriotische Österreicher) gebildete, sehr belesene Menschen, sehr liberal denkende (und für alles Neue aufgeschlossene) Humanisten. Für mich gilt das Goethewort:

›Vom Vater hab ich die Statur, / des Lebens ernstes Führen, / vom Mütterchen die Frohnatur / und Lust zum Fabulieren.‹

Meine Mutter war das wunderbarste Wesen, dem ich je begegnet bin: nicht etwa, daß sie die ideale und aufopferungsvollste, verständnisvollste Mutter war – das sind ja die meisten Mütter – aber darüber hinaus als Mensch und intuitives Wesen – sie war eine seltene harmonische Mischung aus Weisheit, Zartheit, Güte, poetischem Feingefühl, Selbstlosigkeit und höchster Toleranz allen Menschen überhaupt allem gegenüber, sie liebte alle Menschen, die Tiere, die Blumen, überhaupt die Natur, sie fand für alles Übel eine Entschuldigung – also eine Jüdin, die eine Christin im wahrsten Sinne des Wortes war: eine Heilige. Dabei eine charmante Erzählerin mit viel Humor.

Mutterlicht

Mai
mein Monat
da habe ich
meine Mutter geboren

Sie sang JA
zu mir

Maikäfer
tanzen noch immer
um ihr Licht

Der kleine Säugling gebiert die *Mutter*, schenkt ihr neues Leben, beendet ihre Trauer um das tote Kind – eine große Aufgabe für jemanden, die doch selbst der Fürsorge bedarf.

Rosalie Beatrice Scherzer wächst also in einem Elternhaus auf, das sie willkommen heißt, willkommen allerdings als Verdrängung des eigenen Schmerzes. Es ist ein unorthodoxes, liberales, aber kaisertreues Elternhaus, das dennoch seine Verankerung im Judentum lebt. Dieses liberale Elternhaus bietet ihr eine Sphäre geistiger Aufgeschlossenheit und damit die Chance, ihre intellektuellen Fähigkeiten zu entwickeln. Auf der anderen Seite ermöglicht ihr dieses Elternhaus, durch die Wahrung der jüdischen Tradition ihre achtungsvolle Scheu vor dem Wort, aus diesem religiösen Ursprung, zu erfahren. Ihre jüdischen Vorfahren werteten das Wort als machtgeladen und wahrheitsspendend, denn die Glaubenswelt des jüdischen Volkes besteht allein in der Überlieferung durch das Wort.

Diese fiktive Wirklichkeit ist die Autorität der Thora und das Festhalten an ihr, wenn auch mit Hilfe der Auslegung, die den wörtlichen Sinn des Gesetzes unangetastet läßt.

Sie zaubert dem Juden die Atmosphäre seines alten Landes vor, läßt ihn glauben, daß alle Generationen am Sinai gestanden haben. Aus dieser zeitüberbrückenden sakralen Kraft der Sprache, die Rose Ausländer durch die Eigentümlichkeit ihrer an die Wortsubstanz gebundenen Religion erfährt, wird ihre tiefe Bewunderung für die Dichter verständlich:

Das Wort

›Am Anfang
war das Wort
und das Wort
war beim Gott‹

Und Gott gab uns
das Wort
und wir wohnen
im Wort

Und das Wort ist
unser Traum
und der Traum ist
unser Leben

Diese Dichter vermögen in schöpferischer Freiheit mit dem Wort umzugehen und bauen aus der Sprache geistige Räume, die nach ihrer Meinung denen der Religionsstifter nicht nachstehen.

Dichterbildnis

Elieser Steinbarg

Es starb ein Schöpfer, und die Dinge sind,
was sie vor ihm gewesen: Dinge
(...)
Gott schuf die Welt. Er hat sie uns gegeben
als einen Acker roh und unbestellt.
Da kam der Dichter und erschuf das Leben,
und nun erst sahn und fühlten wir die Welt.
(...)

Für Rose Ausländer ist die Aufgabe des Dichters, der Welt Leben und Gestalt zu geben, *und nun erst sahn und fühlten wir die Welt.*

Die dem Menschen übergebene Welt ist zu Beginn demnach Chaos, ein Gebilde, das des Menschen, in diesem Fall des Dichters, zu seiner Erweckung bedarf. Die Schöpfung braucht, um vollendet zu werden, den Menschen. Diese Einschätzung der Welt und der Rolle des Dichters ist eng in Verbindung mit ihrer im Elternhaus gelebten jüdischen Tradition zu sehen und ermöglicht ihr damit, ihre jüdische Identität zu bilden.

Das Bewußtsein des Jüdischseins ist stark mit der Figur des Vaters verknüpft, deshalb rechtfertigt sich auch der Ausflug nach *Sadagora*. Ihr Verhältnis zu ihm ist in der frühen Kindheit von maßloser Liebe und Verehrung geprägt. Für die kleine Rosalie ist er nicht nur der *Herrlichste, sondern insgeheim, wie sie in ihrem Prosatext Warum?* verrät: *Papa, das war natürlich mein Vater, aber er war auch: der liebe Gott. Als mir einmal der liebe Gott im Traum erschien, mit langem weißem Bart natürlich, hatte er Papas Gesicht und seine blauschwarzen Augen.* Im gleichen Text erklärt sie auch ihre Liebe zu ihm: *Kein Wunder, wenn ich ihn so maßlos liebte: Verwandelte er mich nicht in einen Vogel, wenn er mich ganz leicht – als hätte ich keinen Körper, kein Gewicht und bestünde nur aus Federn und*

Flaum – federleicht in die Höhe hob, ganz hoch über seinen Kopf, er schwang mich auf und nieder und setzte mich mit einem großartigen Schwung behutsam auf den Fußboden. Das wiederholte er, so oft ich NOCH und WIEDER schrie und lachen konnte. Und wer konnte wie er für Simchas Thora die schönsten Fähnchen aus zweifarbigem Glanzpapier flechten, sie in zarte, oben gespaltene Holzstäbchen einsetzen und auf die hinausragende Holzspitze den verlockendsten roten Apfel stecken? Welcher Papa brachte am Purim seinen Kindern solche prächtigen Gragger, die sehr laut und dennoch melodisch kreischten, um Hamann, der das jüdische Volk vernichten wollte, seinen grausamen Plan aber mit dem Leben bezahlte, zu verhöhnen?

Diese enge Bindung an den Vater wird sie später, in abgewandelter Form, auf ihre Mutter übertragen, die in den ganz frühen Kindheitserinnerungen noch eine unbedeutende Rolle spielt.

Im Sommer ging meine Mutter oft mit mir dem Vater entgegen, wenn er vom Büro auf dem Weg nach Hause war. An einem strahlenden Junivorabend waren wir wieder in dieser Absicht aus dem Haus getreten. Als wir ein paar hundert Meter in die Richtung gegangen waren, aus der mein Vater kommen mußte, erspähte ich ihn, er bog eben beim Kreuzgarten in die Morariugasse ein. Ich riß mich von der Hand der Mutter los und stürzte mit ausgebreiteten Armen PAPA PAPA rufend blitzschnell auf ihn zu. Plötzlich tauchten zwei riesengroße Augen vor mir auf, leuchtende, kastanienbraune Augen. Dann lag ich auf dem Boden und sah, wie vier große Räder, erst zwei, nach einigen Sekunden wieder zwei, zu beiden Seiten meines Körpers, eng an mich gepreßt, sich langsam vorwärtsbewegten. Ich hörte den entsetzten Aufschrei des Vaters, der Mutter, mit Rufen, Pfiffen, Zischen, Gebrüll und Pferdegewieher vermengt. Ich lag ausgestreckt, mit offenen Augen, regungslos, unter einem langen, wie sich später herausstellte, mit Kohlen beladenen, von drei großen Pferden gezogenen Bauernwagen. Warum regen sich alle so auf, warum schreien sie so? dachte ich. Endlich hatten die Räder sich so weit wegbewegt, daß mein verzweifelt schluchzender Vater mich in seine Arme nehmen konnte.

Ich verlor das Bewußtsein. (...)

Als ich mich ein bißchen erholt hatte, stellten mir die Nachbarn, Verwandten, Bekannten, die uns besuchten, erbarmungslos die gleiche Frage: »WARUM? WARUM hast du dich von Mamas Hand losgerissen? WARUM bist du so wild in den Wagen hineingerannt? WARUM?« Diese Fragen erstaunten und erzürnten mich. »WARUM WARUM? Weil Papa ja dort, beim Kreuzgarten, gekommen ist und ich ihn erblickt habe und er mich gesehn hat und mir zuwinkte – ja, da mußte ich doch zu ihm laufen! Ich verstehe nicht, WARUM der Kutscher und die Pferde das nicht verstanden haben! Es ist doch nicht meine Schuld!« »Aber du tust es nicht wieder, nicht wahr?« fragte Mama ängstlich. »Ich weiß nicht, Mama, wirklich, ich weiß nicht.«

Erneut werden die Eltern mit einem möglichen Verlust konfrontiert. Der von ihr geschilderte Unfall von 1906 zeigt zudem auf eindringliche Weise ihre Liebe zum Vater. Aber auch die Zeilen *Wagenräder begleiten / die Wiegenlieder meiner Mutter* stehen dem Leser jetzt vor Augen.

1974 erhält Rose Ausländer von ihrem Jugendfreund Dr. Adolf Heitner eine Bildkarte von Nicalae Grigorescu[8] geschickt, die ein heubeladenes Fuhrwerk, von zwei Kühen gezogen, darstellt:

»Auch Du wirst, wie ich, bei diesem Bild, Heimatklänge der Jugend empfinden. Gibt es sympathischeres als diese schwarz-glänzende Schnauze? Und hörst Du nicht das Knarren der schlecht geölten Räder, das für Elieser Steinbarg Subjekt für eine Fabel darstellen würde?«[9]

Für sie verbinden sich sicher mit diesem »Knarren der schlecht geölten Räder« liebevolle Erinnerungen an den Vater.

Auch eine weitere Kindheitserinnerung, die Rose in dem Gedicht *Autobiographie in Flüssen* erzählt, wurde mir aus einem Brief von Dr. Heitner verständlich.

Auf vielen Flüssen
meine Jahre gefahren

Im Pruth die Kiesel
aus Perlmutt
krauses Wasser voll Tücken

Nicht geglückt das Ertrinken
man zog mich heraus
die Heimat versank
unter stürzender Brücke
(...)

Er bezieht sich in seinen Äußerungen wohl auf das Gedicht *Im Zelt*, hilft damit aber eine weitere Kindheitserinnerung Roses zu erschließen:

In den Rhein
werf ich die ausgegrabenen
Wurzeln des Pruth
da schwimmt mein Haus
die Welt auf dem Dach

»Das Bild des schwimmenden Hauses hat eine Erinnerung in mir wachgerufen, die auch vielleicht Dir vorgeschwebt hat. Es war wohl im Jahre 1911, als der Pruth weit aus seinem Ufer getreten war und das ganze Tal in ein brausendes Meer verwandelt hat. Von allen erhöhten Orten der Stadt konnte man die Überschwemmung betrachten, und Jung und Alt lief hin, stand stundenlang vor den abschüssigen Stellen der Synagogengasse, von wo aus man sehen konnte die Mühle, umgeben von Wasser, improvisierte Boote (Milters), aus den Angeln gehobene Türen, Menschen Menschen suchend, ganz Kaliczanke, die Wassergasse, das Eisenbahnnetz – alles stand unter Wasser und war für mich wie für andere ein seltenes Erlebnis. Damals sah ich auch Dächer, Holzdächer talabwärts treiben. – Vielleicht hat jenes Erlebnis aus der Vergangenheit dies Bild bei Dir hervorgebracht.«[10]

Beim Lesen dieses Briefes erinnerte ich mich an die vorigen Zeilen:

krauses Wasser voll Tücken

Vielleicht beziehen sie sich ja auch auf das von Dr. Heitner beschriebene Ereignis. Da Rose in den darauffolgenden Zeilen des vorhin zitierten Gedichtes von einer *Weile Wien* schreibt, die 1916 kriegsbedingt stattfindet, ist es sogar sehr wahrscheinlich.

Je mehr der Einfluß der Religion und der Mythen in ihrer Kindheit abnimmt und sich ihr Interesse der Philosophie und Literatur zuwendet, desto stärker wird der Einfluß der Mutter.

In ihrem Prosatext *Doppelleben* schildert Rose Erinnerungen an Erlebnisse, bei denen sie sich in verschiedene Dinge verwandelt, und hier zeigt sich deutlich, daß diese Erfahrungen, die Sehnsucht nach Verwandlung, nach Eindringen in eine andere Realität, mit der Mutter in Verbindung stehen:

An einem strahlenden Sommertag ging ich mit meiner Mutter zur Habsburghöhe, dem großartigen, hügeligen Waldpark. Als wir das Plateau erreichten, bot sich uns ein befremdendes Bild dar: Figuren, die wir hier nie zuvor gesehen hatten, standen in verschiedenen Körperhaltungen herum, als wären sie im Akt des Gehens und Sprechens plötzlich zu Stein erstarrt. Wir erschraken, meine Mutter drückte mich an sich, und noch ehe ich sie um Aufklärung bitten konnte, waren auch wir aneinandergelehnte Steinskulpturen. Zehn Jahre standen wir steintot auf dem Gipfel der Habsburghöhe. Rätselhaft wie die Verzauberung trat die Entzauberung ein. Mama machte die erste Bewegung mit der rechten Hand, die meine linke hielt. Wir sahen uns an, erstaunt und beglückt über die unerwartete Erlösung.

Rose Ausländer lernt sich also schon in ihrer Kindheit geistige Freiräume zu erschließen. Sie überläßt sich, sooft sie kann, dem widerstandslosen Traumreich ihrer Phantasie:

Ich führte damals ein Doppelleben. Tagsüber war ich schüchternes, empfindsames Kind. Aber nachts im Bett verlor ich meine Identität. Menschen, Tiere, Dinge bemächtigten sich meiner. Waren es Träume oder Halluzinationen im Halbschlaf? Viele Verwandlungen erlebte ich mit offenen Augen, meine Erinnerung an sie ist intakt.

Noch eine andere Verwandlung möchte ich zitieren, da sie die Bedeutung des *Flieders*, der in vielen ihrer Gedichte eine Rolle spielt, erschließt:

Eine andere Verwandlung wirkte lang in mir nach: Im Nachbargarten vor meinem Fenster duftete berückend ein Fliederbaum mit rötlich-violetten Dolden. Viele Büschel waren schon halb erblüht. Diesen Baum liebte ich fast so sehr wie meine Eltern. Es war mein schönstes Anderssein: seine Äste waren meine Arme, die Zweige mei-

ne Finger, die dunkellila Dolden meine vielen, vielen Augen. Sie staunten die Straße an, die hohen Fensterbäume, die beweglichen Menschenbäume. Ich sah auch mich, das kleine Mädchen mit der Schultasche auf dem Rücken, mochte es, wehte ihm meinen vollen Atem zu. Als ich die Augen aufschlug, stand ich als Fliederstrauß auf dem Tisch. Die Mutter trat an mein Bett, umarmte mich und sagte: gratuliere! Dann gab sie mir 9 leichte Schläge auf die Schultern, 8 für die verflossenen Jahre, die ich damals vollendet hatte, den neunten als Vorschuß aufs nächste Jahr. Der Vater küßte mich und überreichte mir eine babygroße, kukuruzblonde Puppe mit verschämt gesenkten Lidern, die sich weit öffneten, sobald ich die Puppe auf die rosigen Füßchen stelle. Und hier sind deine Lieblingsblumen, Mama deutete auf den üppigen Fliederstrauß, dann auf mich, denn ich war noch halb er, halb ich, konnte ihn von mir noch nicht unterscheiden. Das bin ja ich, Mama, erkennst du mich nicht? Er ist die ganze Nacht in mir gewachsen. Mama lächelte. Gut, das bist auch du, er ist schön, laß ihn weiter wachsen.

Und Rose läßt *ihn* in sich wachsen – kann in ihrer Phantasie so oft sie will dorthin reisen, kann ihre »Urbilder« in sich besuchen, die ihr Worte dieser *Maifliederfülle* schenken und dem Leser aus vielen ihrer Gedichte zuwachsen.

Beim Nachspüren des Gehörten erfährt man, daß Rosalie in einer sehr behütenden, sie verwöhnenden und liebenden, aber auch stark einengenden Umgebung aufwächst. Die Behütung geht sogar so weit, daß sie nicht mit den Kindern auf der Straße spielen darf, um sich nicht deren rohe Manieren und derben Dialekt anzueignen und um nicht irgendwelchen Gefahren ausgesetzt zu sein.

Ich denke
an die Eltern die mich verwöhnten
an Spielzeug und Kindergespielen
(...)

und

Kindheit II

Milch des Morgens
sickert durchs Fenster
die Gasse ruft die Kinder
ich will mit ihnen spielen
in meinem Königreich

Es darf nicht sein
Allein verwalte ich mein Reich:
das Puppengeschlecht
Steinbaugüter
den papiergeschnittenen Pruth
(...)

Das Elternhaus ist für sie eine Enklave der Geborgenheit gegenüber Forderungen der Welt. Aber vielleicht hat sie gerade diese Glashausatmosphäre, die sich aus dem Verlust des ersten Sohnes der Eltern erklären läßt, als belastend empfunden:

Ich darf nicht weinen
weil mein Amt so hart
behüte da und dort die Zeit
ein Pendel zwischen
Milch und Schatten

Unter dem Balkon
spielen Kinder
meine Untertanen

Einsamkeit und Traurigkeit springt aus diesen Zeilen – ein Kind, das sich nichts sehnlicher wünscht, als mit anderen Kindern zu spielen, ist gezwungen, sich in sein Traumreich zurückzuziehen und muß in seiner Phantasie die entbehrten *Kindergespielen* zu *Untertanen* erklären.

Rose hat sehr früh von ihren Eltern die Botschaft »Sei nicht zugehörig« als unbewußten Auftrag für ihr Leben erhalten. Als Kind lernt sie die Rolle des Außenseiters zu spielen, das als einsamer Beobachter den *spielen(den) Kinder(n)* vom *Balkon* aus zuschauen muß. Sie ist nicht eine der ihren, gehört nicht zur Gruppe der spielenden Kinder, ist eine Ausgeschlossene. Diese frühkindliche Botschaft wird fortan ihr Leben bestimmen – immer bleibt Rose eine Nichtzugehörige, eine »Ausländer(in)« im wahrsten Sinne des Wortes. Ohne *Kindergespielen* wird ein Kind um einen wichtigen Teil seiner Kindheit betrogen, um die Chance, mit anderen Kindern zu lachen, zu streiten und sich anschließend genauso herzlich wieder zu versöhnen, wie es aus tiefstem Herzen nur Kinder können.

Doch im Rückblick erklärt sie immer wieder, daß ihre Kindheit die einzige Zeit ist, in der sie glücklich war.

Vor vielen Geburtstagen
als unsere Eltern
den Engeln erlaubten
in unseren Kinderbetten zu schlafen –
ja, meine Lieben
da ging es uns gut

Da es sehr, sehr weh gut, wenn ein Erwachsener dieses einsame Kind in sich wieder erfühlen muß, verdrängt es Rose lieber.

»Vom 1. Sepember 1908 an besuchte das Mädchen die kommunale Mädchen-Volksschule in Czernowitz (Landhausgasse). Das Zeugnis für das Schuljahr 1910/11 – dritte Klasse – liegt noch vor. Demnach war sie ein braves (Betragen: 1), strebsames (Fleiß: 1) und kluges Kind – neun Fächer mit Note 1 und zwei Fächer mit Note 2. Von 1914 bis 1920 ging sie ins Mädchengymnasium, anfangs noch in Czernowitz.«[11]

Im Hause Scherzer unterrichtet sie zusätzlich ein Privatlehrer in Hebräisch und Jiddisch, denn untereinander sprechen sie nur Deutsch. In Czernowitz ist sie zwar ständig mit den verschiedenartigsten Sprachen und Kulturen konfrontiert,

(...)
Vier Sprachen
Viersprachenland
Menschen
die sich verstehn,

Abb. 5 Rose Ausländer im Alter von neun Jahren mit ihrem damals fünf Jahre alten Bruder Max Scherzer

aber besonders ihre Mutter achtet sorgfältig darauf, daß sie nichts von dem berühmten Bukowiner-Deutsch – einem Jargon, der durch die Vermischung dieser verschiedenen Sprachkulturen entstanden ist – in ihr Sprechen übernimmt. Das Sprachideal der Mutter ist an der Dichtung der Klassik orientiert, die für sie zum Medium ihrer selbsterworbenen Bildung wird.

Obwohl seit 1918 Rumänisch als Landessprache galt, blieb bis zum Ende des Zweiten Weltkrieges Deutsch die Mutter- und Kultursprache. Sie erlitt indessen schwere Durchbrüche und Verzerrungen. Durch die mannigfachen Spracheinflüsse, besonders vom Jiddischen (über ein Drittel der Bevölkerung war jüdisch), war ein Jargon entstanden, von dem die Gebildeten und sprachlich Anspruchsvollen – nach Wien horchend – sich distanzierten. Wir blieben Österreicher, unsere Hauptstadt war Wien, nicht Bukarest. Die Wiener – ach, wie sie das ›Buko-winer‹ Deutsch verspotteten! Wir litten an sprachlichen Minderwertigkeitsgefühlen.

Kein Wunder, daß ihre Mutter so bemüht ist, sie von diesem Einfluß abzuhalten. Noch 1981 nennt Rose Ausländer *Goethe* als ersten Dichter, der sie beeindruckte:

W (Wallmann): Welche Dichter und Schriftsteller der Vergangenheit und Gegenwart haben Sie wenn nicht beeinflußt, so doch beeindruckt und sind Ihnen heute noch wichtig?

A (Ausländer): Ich beginne mit Goethe – ich nenne vor allem Lyriker – Hölderlin, Else Lasker-Schüler, die ich für die bedeutendste deutsche Lyrikerin halte, dann Kafka, der mir sehr wichtig ist, dann Nelly Sachs, Paul Celan – er ist mir ebenfalls sehr wichtig. Und von den gegenwärtigen nenne ich Peter Huchel und Heinz Piontek – es gibt noch manche andere.[12]

Czernowitz mit seiner facettenreichen Sprachlichkeit übt daher auf die junge Rosalie einen enormen Einfluß aus: sowohl in der Abgrenzung zu dem *verspotteten ›Buko-winer‹ Deutsch, wie auch in der Auseinandersetzung dieses Viersprachenlandes.*

So kann Rose Ausländer in dem Prosatext *Erinnerungen an eine Stadt* auch ein positiv bereicherndes Moment des Bukowiner-Deutsch feststellen:

Es hatte eine besondere Physiognomie, sein eigenes Kolorit. Unter der Oberfläche des Sprechbaren lagen die tiefsten, weitverzweigten Wurzeln der verschiedenartigen Kulturen, die vielfach ineinandergriffen und dem Wortlaub, dem Laut- und Bildgefühl Saft und Kraft zuführten.

Czernowitz
›Geschichte in der Nußschale‹

Gestufte Stadt
im grünen Reifrock
Der Amsel unverfälschtes
Vokabular
Der Spiegelkarpfen
in Pfeffer versulzt
schwieg in fünf Sprachen
(...)

Dieses hier im Ausschnitt zitierte Gedicht, das in dem Abschnitt über *Czernowitz* schon einmal aufgegriffen wurde, wird jetzt in seiner Bedeutung verständlicher. In ihm wird deutlich, daß die Welt, wie sie in Czernowitz zu ihr kommt, von ihr als durch und durch sprachlich organisiert aufgefaßt wird. In jeder dieser Zeilen wird nicht nur jeweils ein Spezifikum der Stadt, sondern auch ein Aspekt der dort vorzufindenden Sprachlichkeit geschildert. Diese Sprachlichkeit von Czernowitz engt sie jedoch nicht auf die tatsächlich vorhandenen Sprachen ein, sondern schließt auch andere Sprachsysteme, z.B. die Sprache der Natur und der Tiere (Vögel), an: *Der Amsel unverfälschtes / Vokabular* oder wie in dem Gedicht *Bukowina III*:

Grüner Walddiamant
Laubwälder im Norden
voll jubelnder Vögel

Ihr Sprachkonzept, das hier in Czernowitz seine Wurzeln hat, ist universell angelegt: es umfaßt alle im Kosmos nebeneinander existierenden Sprachen und gründet sich auf der weltschöpferischen, göttlichen Sprachlichkeit überhaupt, wie wir in dem Gedicht *Das Wort* hörten.

Auffallend in ihren Gedichten, die von Czernowitz handeln, ist, daß sie nur von dem Vater, der Mutter, dem Chassidim sowie einer Zigeunerin belebt sind.

Die Zigeunerin
las unser Schicksal
in den Karten

oder:

Das Dorf Sonntag

Ich bringe meinen Lieblingsberg mit
den Rareu
und die Zigeunerin die mir einst
die Zukunft geschenkt hat

Die Zigeunerin steht als Identifikationsfigur für sie als Dichterin. Sie ist Metapher für den Zeichen lesenden, deutenden und wahr-sagenden Menschen und somit einem Dichter verwandt. Ihre Kunst des Kartenlesens oder Handlesens ist Sinnbild für die Möglichkeit, ein sprachliches Zeichensystem in ein anderes zu übertragen aufgrund der durchgängigen sprachlichen Einheit der Welt.

Schon in der Bukowina lernt Rosalie die Zigeuner als die Ärmsten des Landes kennen. Nur wenige können dort aus ihren Kreisen heraus zu Ansehen und zu gesichertem Einkommen gelangen. In der Regel ist es die Musik, die einen Zigeuner bekannt macht. Geige und Cymbal sind seine Wegbegleiter. Doch ihre Alltagsmusik ist das Knirschen der Räder und der Staub der Straßen, die sie durchziehen. Ruhelos finden sie keine Heimstätte, da ihr Wandertrieb zu mächtig ist. Sie leben trotz ihres griechisch-orthodoxen Glaubens in einer mystischen Zauberwelt, aus der heraus das Karten- und Handlesen direkter Ausdruck sind. Die Zigeuner geben der Bukowina die Musik, da viele der Volkslieder nur durch sie erhalten bleiben.

Die Zigeunerin wird für Rose Ausländer zum Sinnbild ihres ganzen Lebens:

Selbstporträt

Jüdische Zigeunerin
deutschsprachig
unter schwarzgelber Fahne
erzogen

Jüdische Zigeunerin – sie stellt sich in eine doppelte Schicksalsgemeinschaft, die aufgrund der doppelseitigen Außenseiterrolle eine Potenzierung erfährt, und erfüllt damit die Botschaft der Eltern »Sei nicht zugehörig« in vollendeter, d.h. zugleich traurigster Weise. Juden und Zigeuner sind beide Wanderer der Erde, entwurzelt und doch überall Wurzeln schlagend. Doch ihre Wanderschaft erfolgt aus einer grundsätzlich anderen Motivation: Die Wanderschaft der Juden ist eine unfreiwillig erzwungene, während sie bei den Zigeunern trotz Verfolgung immer eine selbstgewählte Lebensweise darstellt. Im »Dritten Reich« führt diese Schicksalsgemeinschaft sowohl die Juden wie die Zigeuner, die als »minderwertige Rasse« im nationalsozialistischen Sprachgebrauch gekennzeichnet werden, in die Konzentrationslager, wo sie geschändet und ermordet werden. Für die SS-Ärzte sind gerade Zigeuner Freiwild für jegliches medizinisches Experiment. Auf dem Hintergrund dieses von Menschenhand mitleidslos geplanten Völkermordes ist ihre *Jüdische Zigeunerin* zu verstehen.

Rose, die durch ihre frühkindliche Botschaft auf diese Doppelerfüllung hin programmiert ist, vermag sie auch nach dem Holocaust nicht aufzulösen. *Jüdische Zigeunerin* – Wanderin der Erde – wurde ihr damals in Czernowitz durch die *Karten* schon dieses Schicksal prophezeit?

Handanalyse

An der Mündung des Herzlaufs
voll der Mond
du liebst

Daneben kräftig gezogen
die Parallele
vertrau deinem Denken

Das große und kleine Dreieck
zähl deine Münzen
zähl dich dazu
Am Venusberg
Verästelungen
des Schmerzgestrüpps

Der Lebensstrom
ausholend nach außen
immer dünner
du siehst
wo er versiegt
Die Zigeunerin
Geh dem schwarzen Mann
aus dem Weg
Er wartet beim Fadenkreuz
hier

Aber wisse: du lebst!

Die Menschen, die in ihren Czernowitz-Gedichten leben, sind gleichzusetzen mit den Menschen, die in der *Morariugasse / hier wohnen wir* anzutreffen sind: der Vater und die damit verbundene jüdisch-chassidische Tradition, die Mutter, die ihr das *Mutterland / Wort* schenkt, und die in ihrem Herzen schon angelegte Dichterin. Doch bevor sie ihren Weg im *Wort* geht, ist dieser mit dem Bild der Mutter verknüpft:

Ich lebe
in meinem Mutterland
Wort

Das *Mutterland* ist für Rose die Sprache geworden, der Ort, der ihr Selbstfindung ermöglicht. Dieses *Wort*, worin sie leben kann, muß das Gedicht jedoch erst selbst erschaffen. Bis zu dem Zeitpunkt, wo sie diesen Weg selbständig gehen kann, bleibt ihre Sprach- und Heimatthematik eng an das Bild der Mutter geknüpft:

Meine Nachtigall

Meine Mutter war einmal ein Reh
Die goldbraunen Augen
die Anmut
blieben ihr aus der Rehzeit

Hier war sie
halb Engel halb Mensch –
die Mitte war Mutter
Als ich sie fragte was sie gern geworden wäre
sagte sie: eine Nachtigall

Jetzt ist sie eine Nachtigall
Nacht um Nacht höre ich sie
im Garten meines schlaflosen Traumes
Sie singt das Zion der Ahnen
sie singt das alte Österreich
sie singt die Berge und Buchenwälder
der Bukowina
Wiegenlieder
singt mir Nacht um Nacht
meine Nachtigall
im Garten meines schlaflosen Traumes

Die Mutter mit den *goldbraunen Augen* wird für sie später alle positiven Werte dieser verlorenen Heimat verkörpern. Sie steht daher als Ort, in dem sie Geborgenheit und Sicherheit erfährt, und repräsentiert die verlorene Einheit des ursprünglichen Welterlebnisses:

Vor vielen Geburtstagen
als die Erde noch rund war
(nicht eckig wie jetzt)

Abb. 6 Der jüdische Philosoph Constantin Brunner um 1920

IV Die Philosophie Constantin Brunners

Die Kindheit von Rose Ausländer, ihr Beschütztsein und Ausgeschlossensein von der Welt, wird durch den Ausbruch des Ersten Weltkrieges jäh beendet. Die Familie Scherzer flieht, nachdem Czernowitz von russischen Truppen besetzt wird, zuerst zu Verwandten nach Budapest, dann nach Wien:

Eine Weile Wien –
sang schwermütig die Donau
›Brüderlein fein‹
als der Vater auszog
Kartoffeln aufzutreiben
in Grinzing
und das Viertel Ankerbrot
duftete nach einem
Laib aus Sonne

Diese zwei Jahre, die die Familie von 1916–1918 in Wien verbringt, sind von materiellen Schwierigkeiten und Existenznöten bestimmt. In der ersten Emigrationszeit beginnt die damals 17jährige Rosalie mit ihren Schreibversuchen:

Mit siebzehn Jahren fing ich an, Notizen, Einfälle, Verse in ein Tagebuch einzutragen. Bald stand es für mich fest, daß Lyrik mein Lebenselement war. Jahrelang schrieb ich Gedichte, lyrische Prosa, rhythmische Texte, auch ein paar Märchen. Manches vertraute ich der Schublade an, den Rest schluckte der Papierkorb.

Die existenzielle Erfahrung des Flüchtlings ist für sie so prägnant, daß sie diese Eindrücke durch Schreiben aufzuarbeiten und damit zu verarbeiten sucht. Sie nimmt in dieser ersten Extremsituation ihres Lebens für sich die Heilkraft und die Kraft des gestalteten Wortes in Anspruch.[1]

Instinktiv beginnt sie unter dem Eindruck von Not und Verlust ihre dichterische Produktion, die fortan ihr Leben bestimmen wird. Mit Hilfe der Poesie wird sie die Schwere des Lebens, die ihr begegnen wird, jedoch immer bewältigen können. Immer wieder kann sie die Schranken der realen Welt mit Hilfe der Literatur überspringen, kann sie sich in den Zaubergarten der Kindheit und Dichtung retten.

Hier in Wien gestaltet sich ihre spätere Maxime *Schreiben war Leben. Überleben.* zum ersten Mal heraus.

Gute alte Zeit

Fotos
aus der ›guten alten Zeit‹

Dein Blick fliegt zurück

Wieder siehst du
die Windungen deiner Anfanggasse
das Wohnhaus in dem du
die ersten Silben lalltest

Du hörst Fiakerräder
Rufe aus Fenstern

Im Garten
singt morgens die Nachtigall

Bizarre Kräuter sprießen
auf Winterscheiben

Deine ersten Verse

Die gute alte Zeit
strömt wieder an dir vorüber
mündet in den Krieg

Bei *Fiakerrädern* und *Rufe aus Fenstern* tauchen die Bilder des Unfalls von 1906 vor Augen auf, und die *Nachtigall* ist ihre Mutter, wie schon entschlüsselt ist.

Bizarre Kräuter sprießen / auf Winterscheiben erinnert an die vorhin gehörte Heilkraft der Sprache, die auf die durch Not und Leid erkalteten *Winterscheiben* ihre *ersten Verse sprießen* läßt.

Zu den wegweisenden Bindungen, die Rose aus der Kindheit ins Leben hinübergeleiten, gehört ihre Beziehung zu den Dichtern und

Philosophen. Da sie die lebensbewältigende Kraft der Dichtung an sich selbst erlebte und erfuhr, daß eine Realität, die zu sehr schmerzt, durch ein Weggehen in Phantasie oder in geträumte Worte erträglich wird, beschließt sie, nachdem die Familie nach Ende des Ersten Weltkrieges wieder nach Czernowitz zurückkehrt, nach bestandener Reifeprüfung im Sommersemester 1920 an der Universität Czernowitz Literatur und Philosophie zu studieren.

Bereits Mitte 1919 gehört Rose dem »Ethischen Seminar« des Dr. Kettner in Czernowitz an. Auf der Namenliste der Schüler und Schülerinnen, die sich (1919–1922) an diesem Seminar in Czernowitz beteiligen, steht sie an zweiter Stelle. An erster Stelle wird Ignaz/Irving Ausländer, ihr späterer Mann, geführt[2].

Das Seminar ist ein Studienkreis, der sich insbesondere mit dem Werk des Philosophen Constantin Brunner befaßt, eines jüdischen Philosophen, der sich auf Baruch (Benedictus) Spinoza beruft. Zwangsläufig führt dies bei ihr zur Beschäftigung mit den Schriften Platons, Spinozas und vor allem Constantin Brunners. Diese Begegnung mit den Gedanken von Constantin Brunner wird zum entscheidenden Impuls für ihr Leben und Werk.

Constantin Brunner, der »Philosoph aus Altona«[3], wird am 28. August 1862 als Sohn einer jüdischen Familie geboren. Auf der Höhe seines Schaffens legt der Fünfundfünfzigjährige folgendes Bekenntnis ab:

»Jeder Mensch hat seinen besonderen Lebensgedanken, und den hat er schon als Kind, den hat das Kind im Herzen. So war mein Traum. Doch ich muß vorher noch sagen, wo ich ihn träumte. In der Hauptkirche meiner Vaterstadt Altona. (...)

In dieser Kirche also saß ich; es war an einem drückend heißen Sommertage. Ein näselnder Prediger sprach, die Gemeinde war stumpf und schläfrig, über mich aber kam es wunderbar, da alles sich verwandelte. Auf der Kanzel stand nicht mehr dieser Prediger, auf der Kanzel stand ich und predigte der Gemeinde, die in trunkener Begeisterung sich erhoben hatte und größer und größer anwuchs – die Mauern der Kirche rückten weiter und weiter hinaus – unabsehbar stand die Menschenmasse in der unabsehbaren Kirche, und ich sah und umfaßte sie doch ganz – es waren alle Menschen der Welt, kein einziger Mensch fehlte. Über ihnen war Feuer, das aus meinem Munde ging, und dieses Feuer war Gott. (...) Ich mag noch nicht dreizehn Jahre gewesen sein, als ich diesen Traum und diese Ekstase hatte.«

Mit 17 Jahren beschließen seine Eltern, ihn auf das Seminar für Theologie nach Köln zu schicken. Da aber seine Interessen viel weitgreifender sind, studiert er von 1879–1884 Geschichte, Literatur und Philosophie an den Universitäten Freiburg und später Berlin. Mit der Promotion zum Doktor der Philosophie beschließt er sein Studium.

Im Jahre 1891 beginnt Dr. Leo Wertheimer (wie Brunner mit bürgerlichem Namen heißt) seine freiberufliche Tätigkeit mit Arbeiten zur Literaturkritik und kulturkritischen Essays in verschiedenen Zeitschriften. 1892 gründet er zusammen mit Leo Berg die Hamburger Literaturzeitschrift »Der Zuschauer« und bedient sich als deren Herausgeber des Namens Constantin Brunner, den er später auch als bürgerlichen Namen legalisieren läßt. »Der Zuschauer« wird durch die freundschaftliche Mitarbeit von Richard Dehmel, Detlev von Liliencron und Otto Ernst unterstützt. Mit 33 Jahren gerät er in eine innere Krise, die er als geistige Verwandlung und Selbstfindung erlebt:

»Wie Vater sagt, kamen Melancholie und Unglück weniger aus Liebe und Trennung als aus der Leidenschaft für das Dichten. Er hatte lange geglaubt, ein Dichter zu sein, und sah dann doch, daß er Abschied nehmen mußte von diesem Traum, und das wurde ihm schwer. Aber all die Zerrissenheit und Trauer hätten doch nicht ganz in die Tiefe gereicht – ›Ich bin da doch nur Zuschauer gewesen, ich habe auch nicht umsonst die Zeitschrift ‚Zuschauer' genannt.«

Bis zu seinem vierzigsten Jahre wußte Vater nicht, wer er ist und was er sollte. Er wählte auch ziemlich blind Philosophie und Geschichte für sein Studium. (...) Dieser ganze Inhalt seiner Kraft, so lange aufgestaut, nur als Element in ihm vorhanden, muß doch manchmal schwer zu beherbergen und zu tragen gewesen sein. Aber dabei war auch immer der Traum.«[4]

Äußerlich zeigt sich die Wandlung durch die Heirat mit Rosalie

Müller, die aus erster Ehe die zwölfjährige Lotte mitbringt, die später von Brunner adoptiert wird, und innerlich durch die Entsagung hinsichtlich seines bisherigen Berufes als Literat und Literaturkritiker. Constantin Brunner gibt die Hamburger Literaturzeitung auf und geht nach Berlin, später Potsdam. Zwölf Jahre lang widmet er sich in *»strenger Meditation«*[5] der Ausarbeitung seines philosophischen Systems. 1908 erscheint sein großes Hauptwerk: »Lehre von den Geistigen und vom Volk«.

»Es war ein Wirken, das sich entschieden abseits von akademischer Tradition und Beengung stellte, auch mit einer solchen Wucht und Sprachbesessenheit daherkam, daß es sich schwerlich auf die Dauer in den strengen Rahmen einer fachlichen Spezialdisziplin eingepaßt hätte.«[6]

Dieses Buch begründet zugleich die allmähliche Entstehung eines Kreises von Freunden, Schülern und Anhängern, die in seinen Ideen Leitbild und Lebenshilfe finden. Die bedeutendsten Männer dieses Kreises, seine Freunde Gustav Landauer und Walter Rathenau, fallen beide politischen Morden zum Opfer. Auch aus diesen Herausforderungen erwächst sein leidenschaftliches Engagement: In seinem Haus steht die Türe niemals still. Freunde und Jünger, Ratsuchende und Verzweifelnde, Verehrer und Verehrerinnen reichen sich ständig die Klinke. Derselbe Mann, der mit »so rauschendem Prophetenwort zur Welt zu sprechen wußte, er sitzt durch drei, vier Jahrzehnte hindurch fest eingeschlossen wie eine Schnecke in seinem Haus. (...), nicht ein einziges Mal sehen wir ihn etwa als Vortragenden, als Lehrer, als Redner an die Öffentlichkeit treten. (...) Ein Wieland, der Schmied, dem die Sehnen seiner Füße zerschnitten wurden? Ein Rätsel –, aber doch eben wohl nichts anderes, als das uns wohlbekannte Gesetz alles Genialen: daß nichts geschenkt wird auf Erden, daß jegliche eminente Schöpferkraft, die ins Große geht, bezahlt werden muß mit Einbuße am Leben, an vitaler Behendigkeit, jener robusten Kraft zur Lebensbewältigung, zum Lebenskampf, über die jeder Normale so verschwenderisch verfügt.»[7]

Constantin Brunner gehört schon seit 1924 zu den klarsichtigen Warnern vor den Gefahren des Nationalsozialismus'. Es ist fast eine ironische Tragödie des Schicksals, daß er, der sich als engagierter

Verfechter der kulturellen Assimilation und Emanzipation der Juden einsetzt, selbst mit seiner Familie nach Holland fliehen muß, während in Deutschland seine Bücher verboten und vernichtet werden.

Am 27. August 1937 stirbt Constantin Brunner in Den Haag. Es ist der Vorabend seines 75. Geburtstages. Und mit ihm stirbt ein Mann, dessen Lehre eine »Relativitätstheorie« auf philosophischer Basis darstellt. Denn beide, sowohl Brunner wie Einstein, entwikkelten ihre Ideen unabhängig voneinander, aber nahezu zeitgleich. Einsteins Formel »Masse gleich Energie« kehrt in der »Bewegungslehre« von Brunner wieder:

26. Oktober 1926: »Gestern in der Philharmonie Beethovenkonzert (...) saßen wir Seitenbalkon, und etwa zehn Plätze von uns entfernt: Einstein. (...) Mich ergriff die Tatsache, die beiden Männer räumlich so dicht (nachher in der Garderobe ganz dicht) beieinander zu sehen, deren beider Originalität und geistige Energie an den Gedanken der Relativität gewandt ist. (...) ich (...) denke: daß Einstein der Empiriker zu dem Theoretiker Brunner sein könnte. Ich suchte das Äußere zu vergleichen, fragte mich, ob beide demselben Typus anzugehören schienen und fand Ähnlichkeit. Einstein wirkt auf den ersten Blick unbedingt künstlerisch, wie auch Vater. Man würde Einstein seinem Aussehen nach für einen Musiker halten; (...) ein kindlicher, weicher, schwärmerischer Blick. Die Haltung des etwas neurasthetischen Gesichts ist melancholisch und resigniert, das Lachen aber sehr voll und herzlich, Körperhaltung und Gang sind lässig, unbekümmert, kindlich, ohne Eitelkeit. Gütig, weich, harmlos, unpathetisch, nicht für Kampf gemacht sieht er aus. Vater wirkt ungleich großartiger, mächtiger, massiver; seine Haltung drückt königliches Selbstbewußtsein und zugleich Freiheit aus. Die Atmosphäre um ihn scheint unter seiner Herrschaft zu stehen.«[8]

Lotte Brunner, die in ihrem Tagebuch uns diese Informationen über Brunner überliefert, wird am 18. August 1942 ins Konzentrationslager Westerbork in Holland eingeliefert, einige Wochen später auch ihre dreiundachtzigjährige Mutter, die Frau Brunners.

Am 5. Dezember 1942 schreibt sie zum letzten Mal aus dem KZ Westerbork an einen Freund in Bukarest:

»Ich muß leider fürchten, sehr bald ganz ins Dunkle zu verschwinden, und beeile auch darum die Antwort. Sehr wahrscheinlich kann ich für meine Person auf Grund von allerlei Tatsachen und Dokumenten Befreiung erwirken, jedoch nicht für Mutter, und daß ich diese uralte und doch prächtig jugendliche Frau, die sich so ausgezeichnet hält, tapfer, geduldig, bescheiden, temperamentvoll, nicht allein in ein solches Schicksal werfen lasse, dies wirst Du begreifen. (...). Ich hätte doch kein Leben hier, wenn ich die Phantasie immer nur ins unbekannte Finstere schicken müßte (...).«[9]

Aber es ist Lotte nicht einmal vergönnt, mit der Mutter zusammen zu sterben. Man holt die alte Frau zuerst und bringt sie ins Vernichtungslager von Sobibor, wo sie am 26.3.1943 den Tod findet. Lotte Brunner wird am 27. April 1943 deportiert und schon 3 Tage später in Sobibor ermordet.

Ostern 1941 schreibt Lotte folgende Verse an den toten Vater:

»Vater, wozu sind wir königlich?
Wozu lehrtest Du Königswort,
Wenn doch der Mord
Allein regiert?
Was sag ich mir,
Was sag ich ihnen allen?
Ich poche an Deines Grabes Wand
Um Trost. – Sag ich:
Blickt in die Sonne,
So werden die Schatten hinter euch fallen?«[10]

Ich möchte jetzt näher auf die Gedankenwelt Constantin Brunners eingehen, wobei ich mich auf die Erkenntnisse Gerhard Reiters stütze, der die Bedeutung Brunners für die Lyrik Rose Ausländers als erster entdeckte.[11]

Spinoza II

Mein Heiliger
heißt Benedikt

Er hat
das Weltall
klargeschliffen

Unendlicher Kristall
aus dessen Herz
das Licht dringt

Die zentrale Grundidee, die Spinoza und Brunner gemeinsam ist, lautet: »Die Einheit ist der einzig wahrhaft denkbare Gedanke (...)« und »Das Denken ist die stärkste Leidenschaft«[14].

Beide glauben an die Idee des All-Einen, d.h. an die Einheit allen Seins. Spinoza nennt diese »Substanz« bzw. »Gott«, während Brunner sie als »das Denkende« bezeichnet:

Constantin Brunner

In Memoriam

Sein Schritt war leicht beschwingt und sein Gesicht
belebt von einem starken Innenlicht.

Wenn er erzählte, war der Raum erfüllt
von einem Glanz, durch seinen Mund enthüllt,

und eine Dichtung, von ihm gelesen,
ward geistbeseeltes, fleischgewordnes Wesen.

Er schritt in seiner ›Lehre‹ durch die Zeiten
mit Massen zeitenloser Ewigkeiten.

Er sah der Welt unendliche Gestalten
zu einem Garten sich zusammenfalten,

sah, was getrennt erschien, heimlich sich verbinden
und sich in Einem Wesen wiederfinden.

Und sah den Riß: den Geist entzweigerissen,
und sonderte das Licht von Finsternissen.

Doch seine Brüder sah er leben, leiden
und mochte sie nicht aus der ›Lehre‹ scheiden.

Er liebte sie, wie Christus seine Sünder
und wie ein Vater gute, böse Kinder.

Und ward geliebt von allen, die ihn kannten
und – in Verehrung – ihren Meister nannten.

Denn was er schuf in allen seinen Jahren,
ist Werk der Schöpfung und des Wunderbaren.

Er ist nicht tot, und seine Worte schweben
im Raum des Geistes über unserm Leben.

(...) seine Worte schweben / im Raum des Geistes über unserm Leben – diesen Worten von ihm, die für Rose Ausländer so wichtig sind, wollen wir jetzt folgen:

Für Brunner besteht ein enger Zusammenhang zwischen der »Richtigkeit« des Denkens und dem Leben des Menschen: »Alles hängt vom Denken; wir sind was wir denken und was wir nicht richtig denken, das werden wir verkehrt leben.«[15]

Brunner führt in seiner Lehre alle dinglichen Erscheinungen auf Bewegungsvorgänge zurück. »Bewegung« ist für ihn der *»oberste Fundamentalbegriff«*, der die »Einheit von höherer Erfahrung«[16] bedingt. Er glaubt daher: »Alles kann (...) aus der Bewegung erklärt werden.«[17] Deshalb sind für ihn alle Dinge prinzipiell als »Modifikationen der Bewegung ineinander umwandelbar« und hängen »ursächlich«[18] ab. Da diese Umwandlung sich ständig vollzieht – alles »ist in allen seinen Teilen in unaufhörlicher Zustandsveränderung begriffen«[19] –, ist jedes Ding identisch mit einem Vorgang. Alle Dinge stehen daher in einer Wechselwirkung: Sie wirken und lassen auf sich wirken. Seine Annahme, daß der Mensch und die Dinge daher nur sind, weil sie »in keinem Augenblick dasselbe sind«[20], führt, konsequent zu Ende gedacht, zur Zeitlosigkeit in der ewigen Dauer des gegenwärtigen Moments. Raum und Zeit werden in seiner Bewegungslehre, aus diesem Gedanken heraus begründet, als Scheinbegriffe entlarvt.

Für Brunner sind das Vorne und Hinten, Oben und Unten des Raumes, das Frühere und Spätere der Zeit nur »gleichartige Teile des Einen Raumes, der Einen Zeit«[21].

Hinter diesem Grundgesetz des inneren Zusammenhangs aller Erscheinungen steht für ihn das »Eine letzte wahrhaft Wesentliche«.[22]

Die gemeinsame Wurzel, auf welche die Verschiedenheit aller Dinge zurückgeführt werden kann, ist deshalb für ihn die *»Bewegung«*. Sie ist Ursache für die Wesensverwandtschaft alles Seienden und begründet damit den kosmischen Zusammenhang.[23]

Die »Bewegung macht das einheitliche Wesen aller verschiedenen und ineinander wandelbaren Erscheinungen der Welt aus, die deswegen verschieden erscheinen, weil die Bewegung eine verschieden geschwinde ist, und die deswegen sich ineinander umwandeln, weil die geschwinderen und langsameren Bewegungen ineinander übergehen.«[24] Diese ewigen Verwandlungen aller Dinge gründen in dem »Einen letzten wahrhaft Wesentlichen«. Dieses *»Eine«* ist für Brunner das Denken: »Die Bewegung ist das Denken, nicht daß sie es als ein Anderes in sich hat –: Sie ist in sich ganz und gar nichts anderes als Denken.«[25]

Brunner sieht das menschliche Denken eingereiht in »eine spezifisch endliche Manifestation der unendlich sich denkenden Bewegung.«[26] Aus dieser Annahme heraus betont sowohl Brunner als auch Spinoza, daß der menschliche Verstand keiner wesentlichen Erkenntnis fähig ist, sondern unfrei, da er an die Vorgänge im Körper gebunden ist und nur Bedeutung für die lebenspraktische Orientierung des Individuums besitzt. Dem intuitiven Wissen, das über die Verstandestätigkeit als dessen »Abrundung und Krönung«[27] hinausreicht, wird daher ein großer Stellenwert zugemessen.

Die »scientia intuitiva« besteht als »Urtatsache« im »Eingesenktsein unseres zeitlich relativen Bewußtseins in das zeitlich absolute Denken«.[28] Durch ihr »Gegründetsein im All-Einen«[29] hat die Intuition unmittelbaren Zugang zum Wesen der Dinge.

Wasser

›Lebloses Wasser das
alles Lebende
am Leben erhält‹

In dir sind
wir geschwommen
vor unserer Geburt

Du wirst regnen
auf unsern Staub

Wasser – seine Bewegung geht von oben nach unten, von unten nach oben. Seine Verwandlung ist sichtbar: *Wasser* wird zu Regen, zu Tau, zu Schnee, zu Eis und immer wieder zu *Wasser*. Diesen ständigen Verwandlungsprozeß zieht Brunner als Stütze für seine Bewegungslehre heran. Dabei bleibt nach Brunner die Summe aller existierenden Bewegungen ewig konstant. Die Form verschwindet in der Formlosigkeit wie der Fluß im Ozean, wie der Wassertropfen im Rinnsal, ohne daß damit ihre und seine Existenz beendet wäre. Die ewig fließende psychische Energie kann deshalb nie begrenzt werden, weder durch Geburt, Tod noch durch andere Erscheinungsformen.

Lebloses Wasser das / alles Lebende am Leben erhält – *Wasser*, diese zunächst *leblose* Urenergie lebt in allem *Lebenden* und erhält es *am Leben*. Deshalb steht als Sinnbild für diese Grenzenlosigkeit allen Seins und der ewigen Verwandlungsmöglichkeiten bei Brunner das *Wasser*:

»Das Wasser, ganz besonders das Meer erscheint mir die wunderbarste Versinnlichung der Bewegung, Verwandlung (...) der erhabenste Anblick der flüchtigen Erscheinungen, ewig sich verbindend, ewig unendlichfache Gestalten wechselnd, (...) das reichste Bild der ewigen Verwandlung des Einen.«[30]

Nach Brunners Vorstellung, die besagt, daß die Bewegung das Denken ist, ist alles Denken schon immer vorhanden, auch in uns selbst: »Ich muß von allen den anderen Dingen wissen, weil sie nicht die anderen, sondern meine Dinge sind, weil sie mich auferbauen, mir nützen oder schaden und mich bedrohen. Ich bin in aller Welt, und alle Welt ist in mir. Meine Dinglichkeit (...) setzt sich in jedem Augenblick neu zusammen aus den übrigen Dingen, mit denen sie verflochten bleibt in der allgemeinen Bewegung.«[31]

Auf jeden einzelnen Menschen bezogen, heißt das: Ich muß mich selbst erkennen lernen, muß mich ewig bewegen, muß fliehen wie der Fluß, nicht festhalten, muß ewig meinen Geist bemühen, ein Suchender sein, der nie müde werden und sich zur Ruhe setzen darf, um diese Bewegung, die ja Denken ist, zu leben. Denn nur im Fließen bin ich selbst ein Teil der kosmischen Einheit.

Wasser – Bewegung – Verwandlung – Denken: Der Mensch muß

nach dieser Vorstellung ein Leben lang an sich selbst arbeiten, er muß ein Leben lang eine Antwort suchen auf die Frage: Wer bin ich? Bewegung ist Denken – der Mensch hat zur Aufgabe, sich auf sich selbst zu besinnen. Aber gerade in dieser Besinnung erlebt er sich selbst als ein Geschehen, als ein Fließen, das nicht anzuhalten ist. Mittels der Sprache versucht er wohl das Fließende anzuhalten, aber es gelingt ihm nicht wirklich, denn sein Besinnen ist ein Sich-selbst-Vorstellen, das ständig im Werden begriffen ist.

Daher ist *Wasser* – Bewegung – Verwandlung – Denken ein unendlicher Prozeß.

Da sich das Denken im Reden erst bildet und Schreiben ein Reden mit sich selbst ist, ist Roses Schreiben die Teilhabe an diesem ewig kosmischen Zusammenspiel.

Kein Stein kein Baum

Du kein Stein
kennst seinen
feurigen Kern

Du kein Baum
mit seinen
verzweigten Stimmen
vertraut

Der Mensch
ist dem Menschen
ein Gott
sagte Spinoza

Du Mensch bist *Kein Stamm kein Baum* und kennst doch deren Geheimnisse, weil *Du* selbst Teil des kosmischen Zusammenhangs bist, deren Ursprung nach Brunners Lehre die Bewegung ist. *Der Mensch* weiß, obwohl er *Kein Stein* ist, um dessen Innerstes, um *seinen / feurigen Kern*. Rose Ausländer teilt hier Brunners Auffassung, daß es im Kosmos nichts Totes geben kann und »das Steinreich in unaufhörlicher Bewegung durch Wegfluten, Verbrennung ist und auf alle Art seinen Stoffwechsel so gut wie das Tierreich und das

Pflanzenreich hat. Alle drei Reiche sind untereinander verbunden in Einem Stoffwechsel.«[32]

Auf den Menschen übertragen, heißt das, daß sein Tod kein Ende ist, sondern nur Übergang von einer Bewegungsart in eine andere.

Stilleben II

Auf dem Tisch eine Schüssel mit prallen Früchten. Lebendiges Stilleben. Stilles Leben, das unmerklich abstirbt. Wir essen das lebendige Sterben, um am Leben zu bleiben. Das Leben bleibt bei uns. Es stirbt in ein anderes Leben, das sich in ein anderes Sterben einlebt. Wir essen das sterbliche Leben, das uns verzehrt.

Rose Ausländer hat Brunners Todesverständnis verinnerlicht, und sie glaubt, daß der Tod nur ein Übergang in eine neue Wirklichkeit darstellt:

Die Erste

Deine letzte Stunde
wird
die erste absolute sein

Verlaß dich auf das
nackte Nein
das sie bejaht

Der Mensch ist also selbst an diesen »Einen Stoffwechsel« angeschlossen, ist ein Teil dessen und kann, wenn er fließt, nicht aus ihm herausfallen. Deshalb ist es ihm auch möglich, die anderen »Stoffwechsel« zu verstehen:

Der *Mensch kennt* den *feurigen Kern* des Steines, weil er selbst diesen »Stoffwechsel« in sich trägt.

Feuer wird in vielen Religionen als die irdische Form des himmlischen Lichts angesehen. Auf das Gedicht *Kein Stein kein Baum* bezogen, heißt das: *Du Mensch kennst seinen feurigen Kern*, weil auch *Du* dieses himmlische Licht in dir trägst, denn auch hinter dir *Mensch* steht das »Eine letzte wahrhaft Wesentliche«.

Genauso verhält es sich mit der Pflanzenwelt: *Du Mensch* bist mit den *verzweigten Stimmen* des *Baum(es) vertraut*, kannst also seine Sprache verstehen und wahrnehmen, weil auch *Du* sie in dir vernimmst.

Hier teilt Rose Brunners Meinung, daß dieses »innerliche Denken«, das durch die *verzweigten Stimmen* symbolisiert wird, allen kosmischen Erscheinungen gemeinsam ist:

»Dies Alles ist wie du bist, dies Alles bist du! Alles, Alles wahrhaft Eines in einem Bewegungswandel! (...) weil Alles mit innerlichem Denken beseelt ist. Darum denkst auch du: weil alles dingliche Wesen denkt! Alles denkt – sein Denken ist sein Dasein, seine Bewegung.«[33]

Der Mensch erkennt und versteht das »innerliche Denken« aller Dinge, weil er selbst »nur Modifikation der einen Substanz«[34] ist, die Spinoza *»Gott«* nennt und Brunner »das Denkende«.

Aus diesen Gedanken heraus können wir ihr Gedicht *Respekt* noch deutlicher verstehen: *Habe großen Respekt / vor dem Wort / das mich erschuf*, weil ich, Mensch, von diesem »Einen letzten wahrhaft Wesentlichen« genauso erschaffen wurde wie alle anderen »Stoffwechsel« dieses Kosmos'.

Und

Und Wiesen gibt es noch
und Bäume und
Sonnenuntergänge
und
Meer
und Sterne
und das Wort
das Lied
und Menschen
und

Viele Aspekte ihrer Lyrik, die auf Brunners Gedankenwelt zurückgehen, habe ich nicht aufgeführt, aber anhand der ausgewählten Beispiele ist klargeworden, wie wichtig und beeinflussend ihre Begegnung mit diesem philosophischen Werk ist.

Hermann Hesse schreibt, daß »kein Mensch das beim andern sehen und verstehen (kann), was er nicht selbst erlebt hat«[35]. Ihre Begegnung mit Brunners Werk kann, so glaube ich, nur deshalb so nachhaltig und tief stattfinden, weil Rose ganz im Sinne Brunners diesen »besonderen Lebensgedanken« schon längst in sich trägt.

Die *silberne Pruthsprache* erlernt sie schon als Kind am Pruth sitzend – und was ist sie anderes als eine Sprache des Fließens, der Bewegung. Diese *Sprache* der spiegelnden Sonne im Wasserbett, die *Sprache* des *einen Himmel*, (s). (*Als gäbe es / einen Himmel / und eine aufblickende Erde*) lehrt sie der Fluß verstehen.

Sein Fließen, seine »Bewegung«, sein Nie-Stillstehen sind ihr von Kindesbeinen an vertraut.

Meer II

Ich weiß nicht wie es kam
daß alles was ich sehe und höre
zu Meer wird
(...)

All die Stunden, in denen sie seiner *Sprache* lauscht, an seinen Ufern badet und spielt, werden zu *Meer*, werden zu »Bewegung«, werden zu »Denken«:

Ich
eine ungenaue Gestalt aus Tropfen
deine authentische Tochter
Meer

Seine *Silberne Sprache* lehrt Rose, daß der Weg des Menschen das Denken ist, das unaufhörliche Sich-selbst-Denken, sich selbst denkend auf den Weg schicken, fließend sich finden *im Meer*.

Der Pruth bietet ihr seine »Bewegung« als Denkmodell an, längst bevor sie dieses Modell in Brunners Worten ausgesprochen findet: Bewegung – Verwandlung – Denken – das Grundprinzip unseres Lebens führt ihr die *silberne Pruthsprache* vor Augen.

Nur deshalb ist sie durch Brunners Philosopie in ihrem Innersten betroffen, weil er ihr das vor Augen stellt, was sie als »Lebensgedanken« seit ihrer Kindheit in sich trägt.

Abb. 7 Rose Ausländer im Alter von 20 Jahren

Brunner prägt das poetische Schreiben von Rose Ausländer bis in ihre Alterslyrik hinein. Aus ihr entwickelt sie ihre Sichtweise des Menschen innerhalb der Welt und des Kosmos':

Amor Dei

Er ist der Leib, in dessen Innenraum
wir ruhn und rollen ohne Unterlaß.
Er ist die Erde, und er ist der Baum
sein Mund, die Grille und das Gras.
Er ist der Wellenschaum, der Himmelssaum,
der Äther und der Dinge Ebenmaß.

Er ist der Geist, aus dem sich jedes Ding
mit Atem, Schauer, Licht und Leben regt,
der dein Entzücken, deine Pein
in seinen glanzgetränkten Augen trägt,
der deine Lust, dein Ja, dein Nein
in seine grenzenlose Liebe legt.

Kein Halt und Halten, keine Heimat hat
die Welt für mich und dich in ihrem Ring.
Wir sind Verzauberte in fremder Stadt,
uns ewig Wandelnde von Ding zu Ding,
bald grünend, bald verwelkend wie ein Blatt,
bald Larve, Raupe, bunter Schmetterling.

In seine Hände und in seine Huld
strömt aller Wandlung ewige Wiederkehr
und Scham und Schönheit, Süßigkeit und Schuld
zusammen wie die Flüsse in das Meer.
Und jeder Mythos, jeder dunkle Kult
bringt uns zur letzten Ruhestätte her.

Er gibt uns allen seine Liebe wie
ein Feuer, das, was er berührt, entbrennt.
Jeder Funken wird zur Melodie
auf seinem weitgespannten Instrument,
und alle einen sich zur Symphonie,
die, alles liebend, sich als Gott bekennt.

Das frühe Gedicht faßt diese Weltanschauung zusammen: *Amor Dei* meint die Liebe Gottes zu den Menschen wie auch die Liebe des Menschen zu Gott. Gott stellt die gesamte Erde *Er ist der Leib* mit der sich darauf befindlichen Natur dar. Darüber hinaus ist er der Schöpfer allen Lebens *Er ist der Geist* und hat dem Menschen seine Leidenschaften und die Selbständigkeit verliehen.

Er ist daher in allem, was existiert, wie auch alles einzelne in *Ihm* ist: *Jeder Funken wird zur Melodie / auf seinem weitgespannten Instrument, / und alle einen sich zur Symphonie, / die, alles liebend, sich als Gott bekennt.* Gott ist damit für Rose untrennbar mit dem Begriff der Liebe verbunden, die er an seine Schöpfung weitergegeben hat und die letztendlich das Ziel ist: »Alles kommt endlich in der Liebe an.«[36]

Der Mensch selbst bleibt für Rose Ausländer immer nur Teil der göttlichen Substanz: *Kein Halt und Halten, keine Heimat hat / die Welt für mich und dich in ihrem Ring. / Wir sind Verzauberte in fremder Stadt, / uns ewig Wandelnde von Ding zu Ding.*

Um so dringlicher wird es daher für den Menschen, seinen Standpunkt im Kosmos und seine Beziehung zur Welt ständig zu ergründen, denn die einzige Sicherheit, die ihm gewiß ist, ist das Prinzip der *aller Wandlung ewige(*n*) Wiederkehr.*

Ihr Schreiben ist daher ein sich ständiges Vergewissern, ein Suchen nach Halt.

Ihre Gedichte suchen, mit Hilfe der Theorien dieser Philosophen und der ihr von frühester Kindheit an vertrauten mythischen Traditionen des Judentums, diese ewigen Fragen des Menschen für sie selbst und den Leser auszusprechen, um dadurch an ihnen wachsen zu können. *Meine Absicht in der Dichtung ist das Immermenschliche, direkt oder indirekt, auf Introspektion, auf die Beziehung des Menschen zum Mitmenschen, zur Gesellschaft, zum Kosmos und zu sich selber auszusprechen. Es sind lauter offene (offenbleibende) Fragen – keine Antworten.*[37]

Ich kehre jetzt ins »Ethische Seminar« zurück.

Eli Rottner, selbst Seminarist im »Ethischen Seminar«, berichtet:

»Es folgte für uns eine Zeit intensiven, beglückenden Studiums der ›Lehre von den Geistigen und vom Volk‹. Wir lasen tagtäglich, nutzten Nacht- und Frühmorgenstunden, nutzten jede freie Zeit zur Lektüre des Werkes. Wir lasen meistens zusammen. Wurde zuweilen gesondert gelesen, so kehrten wir zum bereits Gelesenen zurück, um es gemeinsam zu wiederholen. Tag und Nacht, Wachen und Traum waren ausgefüllt vom Gelesenen. Wir lasen dieses philosophische Werk wie andere einen spannenden Roman lesen. Das Buch ›las sich von selbst‹, wir bedurften keines Kommentars, keiner Hilfe. Die Gedanken prägten sich derart ein, daß wir uns in diesem dicken, ca. 1100 Seiten zählenden Werk bald orientierten. Kamen wir auf dieses oder jenes im Buch behandelte Thema, auf diese oder jene Formulierung zurück, so war nötigenfalls die zur Kontrolle gesuchte Stelle rasch wieder aufgefunden. Das Buch fesselte uns, wir gewannen es lieb wie man einen Menschen liebgewinnt, – ja, weit mehr. Denn ein Mensch ist veränderlich und macht die Liebe zu ihm schwankend, ein Buch aber bleibt wie es ist, unveränderlich, erfreuend und belehrend. Ein Buch verhehlt nichts, es spricht, was es denkt, es kann nicht morgen nein sagen zu dem, wozu es heute ja sagt. Das Buch, das wir lasen, sprach zu uns über höchst Ernstes in der Sprache der Jugend, mit jugendlichem Temperament und mit einer Unumwundenheit, wie wir sie in anderen Büchern nicht gefunden hatten. Es sprach zu uns, wir hörten die Stimme des Sprechers. Wir fühlten mit ihm, wie in ihm die Gedanken brannten und so brannten sie auch in uns. Die Gedanken, die wir lasen, erschienen uns als das Wichtigste fürs Leben, wir lebten sie als das Wichtigste unseres Lebens.«[38]

Auch eine Postkarte an Rose Ausländer von Lothar Bickel dokumentiert diese Begeisterung: »Auch uns hier, die wir letztens wiederum schöne Stunden des gemeinsamen Sinnens und der philosophischen Andacht miteinander haben, tut es leid, daß Du nicht in unserer Mitte bist ›wie einst im Mai‹. Denkst Du noch zuweilen an jenen 8. Mai in der Straße Paleologu (wo das ›Ethische Seminar‹ war), wo wir, bei bereits angebrochenem Morgen, über den Phaidros und die künstlerische Inspiration sprachen?«[39]

An jenem 8. Mai 1902, an Lothar Bickels Geburtstag, sprechen Rose und die übrigen Seminaristen über »Phaidros« im »Ethischen Seminar«. Wichtig dabei ist, festzuhalten, daß es Lothar Bickel noch

22 Jahre später (die Postkarte stammt aus dem Jahre 1942) so in der Erinnerung ist, daß er Rose auf jedes Detail aufmerksam machen kann – Datum, Uhrzeit, Thema des Gesprächs.

Das Seminar wird, wie vorhin schon erwähnt, von dem Mittelschullehrer Dr. Friedrich Kettner geleitet, dessen Vorträge sehr bald schon regen Zulauf verzeichnen. »Von Zeitgenossen wird dieses geradezu phänomenale Interesse an der Philosophie mit dem enormen Nachholbedarf der jahrelang vom Krieg übel heimgesuchten Czernowitzer Bevölkerung erklärt, die sich offensichtlich auf Veranstaltungen aller Art erstreckte.«[40]

Ich glaube, daß Lotte Brunners Tagebuchnotiz vom 19. Mai 1915 eine zusätzliche Erklärung liefert: »Dies ist wirklich kein Krieg; das Wort ist zu sanft. Es ist eine furchtbare Zeit, die wir erleben, und fast möchte man sich schämen, Mensch zu sein.«[41]

Auf diese durch die Sinnlosigkeit des Krieges aufgeworfenen Fragen zum Wesen des Menschen und zu seiner Stellung in der Welt finden diese jungen Menschen in Brunners Werk Antworten.

»Schon binnen kurzer Zeit also gelang es Kettner, einen nicht unbeträchtlichen Teil der Czernowitzer Jugend, der bis dahin mehr den Idealen des Sozialismus' und des Zionismus' huldigte, in seinen Bann zu ziehen. Trotzdem hatte Kettner anfangs allergrößte Mühe, die Zweifel an den zionistisch beeinflußten Jugendlichen zu zerstreuen, denn Brunner, dessen Lehre im Mittelpunkt des Seminars stand, war ein entschiedener Verfechter der Assimilation.«[42]

Das 1919 gerade erschienene Buch »Der Judenhaß und die Juden« von Constantin Brunner setzt sich mit diesem Thema auseinander. Auch Rose Ausländer, die ja in dieser Zeit durch ihre erste Erfahrung des Verfolgtseins geprägt ist, steht wahrscheinlich eine gewisse Zeit dem Zionismus nahe.

Israel I

(...)
Wir pflanzen Zedern
Wir hoffen auf
Anfang

Eli Rottner verdeutlicht den inneren Kampf, den die jungen Zionisten mit sich ausfechten, bevor sie sich mit ganzem Herzen dem »Ethischen Seminar« anschließen:

»In unserem Zionismus hatten wir einen Stützpunkt (...) auf der Flucht vor dem Judenhaß. (...) Es ist hier nicht der Ort, und ich wäre auch heute nicht imstande, die quälenden Zweifel zu beschreiben, in die wir uns damals hineinversetzt fanden. Es sind Wochen vergangen, bis die Entscheidung gefallen war und wir unser seelisches Gleichgewicht wieder gefunden hatten. (...) So wurde uns das Ethische Seminar mit seinem Gründer Kettner zur einzigen konkurrenzlosen Organisation, der wir uns verbunden fühlten. Völliger Mangel an Obhut und Fürsorge von Seiten der berufenen jüdischen Instanzen erleichterte unseren folgenschweren Entschluß.«[43]

Rosalie, die aus Wien, aus der Emigration zurückgekehrt ist, stößt zu den jungen Leuten, die diesen inneren Wandel nachvollzogen.

Papiertempel

Mein Papiertempel
aus Palästina
wo ich ein Dattelbaum war

In meinem Geäst
sangen Vögel
die Hoheliedlandschaft

Metamorphosen durchwandert
das Lied verlernt

Ein paar Worte
blieben
Fremdwörter
Flügel Liebe Ruh

Ich schreibe sie
an die Tempelwand

In diesem Gedicht wird der *Papiertempel / aus Palästina*, der aus Lehrmeinungen und praxisfernen Ansichten errichtet ist, als nicht realisierbare Zukunftsidylle verworfen. Die durchwanderten *Metamorphosen* sind diejenigen Erfahrungen und Einflüsse, die zur Abkehr von der Idealvorstellung einer jüdischen Schutzgemeinschaft führten, die das Zion verkörpern sollte.

Eine dieser *Metamorphosen* ist für Rose Ausländer mit Sicherheit die Begegnung mit der Philosophie Brunners.

In ihrer ersten Zeit im Seminar lernt sie neben Leo Sonntag, der heute als Brunner-Übersetzer in Frankreich lebt, auch Lothar Bickel kennen, von dem die vorhin zitierte Postkarte stammt. Bickel gilt als geistiger Mittelpunkt der Schüler Kettners und allgemein als ein Vorbild im »leidenschaftlichen Streben nach der Wahrheit des Denkens.«[44]

Über das von ihm auf der Postkarte erwähnte Werk *»Phaidros«* verfaßt Rose Ausländer vermutlich für das philosophische Seminar, das Professor Siegel im Sommersemester 1920 an der Universität von Czernowitz über Plato abhält, einen Aufsatz, der sich mit diesem Werk Platos auseinandersetzt.

Es ist ein sehr beeindruckender philosophischer Aufsatz, wenn wir bedenken, daß Rose ihn mit 19 Jahren verfaßt.[45]

Daß Bickel sich, wie wir ja schon wissen, nach 22 Jahren noch an das Gespräch über den »Phaidros«-Aufsatz erinnert, liegt neben der Begeisterung mit Sicherheit auch an der Tatsache, daß Rose dort den Begriff des *Amor Dei* als *schöpferischen Trieb zur Wahrheit* ausführt. Sie entspricht damit dem von Brunner vorgestellten Ziel der Wahrheit des Lebens und des Denkens.

Das Gedicht *Amor Dei* aus den Jahren 1922/23 definiert diese Wahrheit als Einheit alles Seienden.

Gerade der zentrale Gedanke der Wahrheit ist es, der Brunner dazu führte, die Neigung der jungen Menschen zum Chassidismus zu bekämpfen. Dieses Verdikt des Meisters bleibt auch bei Rose Ausländer nicht ungehört, da sie z.B. im Jahre 1934 einen Aufsatz von Martin Buber als *störend* abqualifiziert, weil er versucht, den Chassidismus über den Spinozismus zu stellen.[46]

Brunner warnt die Jugendlichen aus der Bukowina brieflich immer wieder vor der »Gefahr des Chassidismus« und mahnt sie, von diesem Aberglauben abzulassen: »Helft einer dem anderen voran in der Sachlichkeit und Wahrheit, verschmäht alle unwesentliche Nahrung der Schwärmerei (...)«[47]

Durch die gelegentlichen Besuche Kettners bei Brunner in Potsdam erfährt dieser von der Existenz des »Ethischen Seminars« in Czernowitz und begrüßt zunächst das Wirken von Kettner, dessen theoretische Fähigkeiten er jedoch eher zurückhaltend kommentiert.

Lotte schreibt unter dem Datum vom 17. Juni 1920 in ihr Tagebuch: »Kettner nach fünf Jahren wieder hier, offenbar gereift und gefestigt. Bei eigentlich geringen Anlagen scheint er doch einen guten Weg zu gehen und voranzukommen, durch bloßen Ernst, Begeisterung und Willen zum Menschenfischen. Er hält in Czernowitz Vorträge über Spinozas und Vaters Gedanken, ist Doktor und wird gewiß einmal, vielleicht bald, dozieren. Vater freut sich über die gute Entwicklung, die er genommen hat.«[48]

Dieser »Wille zum Menschenfischen« bleibt nicht unumstritten. In einer späteren Tagebuchaufzeichnung erwähnt sie Mädchenbriefe an Kettner, die ihr »verzückt, schwärmerisch aufgelöst bis zum Visionären« erscheinen. »Vater sucht K. von jedem Auftreten als Schriftsteller zurückzuhalten und weist ihn immer wieder darauf hin, daß seine Fähigkeiten lediglich auf dem Gebiet praktisch-pädagogischen Wirkens lägen.«[49]

Diese »praktisch-pädagogischen« Fähigkeiten besitzt Kettner tatsächlich, da auch Eli Rottners Schilderung über die schwärmerisch-ekstatische Atmosphäre im »Ethischen Seminar« dies bezeugt:

»Ich saß allein auf der ersten Bank, vor mir die deutsche Übersetzung der Ethik Spinozas und einer der Halbbände der Lehre Constantin Brunners (...). Für mich waren es heilige Schriften. Ich hatte die Ethik aufgeschlagen und mich unwillkürlich einem Gedanken ganz hingegeben, völlig in mir selbst versunken. Abstrakt ausgedrückt war es der Gedanke von der Einheit der Menschheit, in den ich mich zu jener Stunde (...) versenkt hatte. Aber dieser Gedanke kam da nicht in lediglich logisch abstrakter Form des Wissens, sondern vielmehr in intensivem, sich steigerndem Gefühl und getragen von der enormen Fülle der in jenen Tagen, Wochen, Monaten empfangenen Eindrücke, die es nun zum Überfließen brachten. Völlig unerwartet (...) überkam mich eine urgewaltige innere Erschütterung, die meinen ganzen Leib von innen wie ein Feuer auflöste. Es war, als ob alle allerkleinsten Bestandteile des Leibes sich voneinander gewaltsam gelöst hätten und in eine rasend schnelle, vibrierende Bewegung geraten wären und der Leib wie in sich brannte. Ein dünner Faden von Bewußtsein war mir geblieben, der mich mit dem, was wir Leben nennen, irgendwie noch verbunden hielt. Hier berichte ich darüber, da ich annehme, daß Ähnliches auch anderen widerfahren sei und da ich auf die Art Seelenstimmung, die bei manchen ernsten Teilnehmern des Ethischen Seminars herrschte, hinweisen möchte.»[50]

In diese Atmosphäre der »Seelenstimmung« bricht die Katastrophe über Rose Ausländer herein – der Tod ihres Vaters (1920).

Urplötzlich wird sie aus der glücklichen Geborgenheit einer »heilen« Familie herausgerissen – der Tod des geliebten Vaters hinterläßt eine große Lücke. Die noch kurz zuvor erlebte Hochstimmung im »Ethischen Seminar« reißt sie um so tiefer hinab in Bestürzung und Trauer:

Der Friedhof

Keinem Sturm gefällig, steht die Mauer
hoheitsvoll in heimatloser Trauer.
Herrisch trennt sich das einmal Gewesene
von dem Seienden, bis die erlesene
Wahl es zu den Andern ruft, den Grüften.

Vögel ziehen in verwaisten Lüften.
die überall zu Hause sind wie Tote.
Grabsteine wachsen weiß und ohne Note
mit starren Namen in die Einsamkeit. –
Und rastlos fällt der feine Staub der Zeit ...

Wie tief die Trauer um den Vater ist, erahnen wir, wenn wir bedenken, daß sie diesen Tod ihr ganzes Leben lang nie schreibend verarbeiten kann, denn zu tief sitzt der Schmerz. Da Rose ihre anderen Wunden schreibend zu heilen versucht, ist es wahrscheinlich, daß sie über seinen Tod nie wirklich hinwegkam.

Das Sterben des Vaters bedingt aber nicht nur das Auseinanderfallen des harmonischen Familienverbandes, sondern stürzt die Zurückgebliebenen (Ehefrau, Tochter, Sohn) in bitterste Not, da der Ernährer der Familie fehlt. In ihrer Verzweiflung, die Familie nicht mehr ernähren zu können, beschließt die Mutter, ihre älteste Tochter Rosalie zur Auswanderung in die Vereinigten Staaten zu überreden.

Bezeichnend ist hier, daß die Tochter weggeschickt wird und nicht der Sohn. Natürlich läßt sich das Argument, er sei mit sechzehn Jahren dazu zu jung gewesen, anführen, doch wird diese Überlegung durch die Altersangaben vieler Auswanderer in die USA widerlegt. Egal, welches rationale Gegenargument auch angeführt wird, für Rose selbst bedeutet die Aufforderung auszuwandern, emotional eine Katastrophe. Sie, die den Platz des verstorbenen Bruders im Familienverband füllen mußte, wird nun gerade von diesem Platz wegen eines anderen Bruders verdrängt: Max darf bei der Mutter bleiben, nachdem der Vater tot ist. Sie muß als junge Frau, die gerade ihr Studium beginnt, hinaus in eine fremde, ferne Welt. Auch die Tatsache, daß Frauen in den amerikanischen Großstädten größeren Gefahren ausgesetzt waren als Männer, läßt die Mutter nicht den Gedanken fassen, den Sohn wegzuschicken. Rose muß »selbstverständlich« als Tochter den Platz räumen, damit die Restfamilie weiterexistieren kann, so als ob sie nie wirklich diesen um ihrer selbst willen besetzt hätte.

Innerhalb kürzester Zeit verliert Rose daher nicht nur den geliebten Vater, sondern ihrem Empfinden nach auch den Rest der Familie. Sie steht jetzt allein auf der Welt. Der Entschluß Ignaz Ausländers, den sie im »Ethischen Seminar« kennengelernt hatte, mit ihr zu gehen, ist sicher nur ein sehr geringer Trost bei der Härte des Verlustes, der sie trifft.

Die Auswanderung von Rosalie fällt der Mutter vermutlich insofern etwas leichter, als die Familie Scherzer bereits Verwandte in den USA hat, die bereit sind, sie für eine Übergangszeit aufzunehmen.

Zudem wandern in diesen Jahren viele Juden aus der Bukowina in die USA aus, und die im gleichen Jahr erfolgte Gründung der Bukowiner »Benevolent Society« in New York, welche ihre Hauptaufgabe in der tatkräftigen Unterstützung der Einwanderer bei deren Eingliederung in die fremden Verhältnisse sieht, ist möglicherweise eine geringe Erleichterung angesichts des schmerzlichen Abschieds.

Für die 20jährige Rosalie haben diese in kürzester Zeit aufeinanderfolgenden Trennungserfahrungen nachhaltige Folgen. Sie wird innerhalb eines Jahres aus all der Geborgenheit und Liebe herausgerissen, die bisher ihr Leben erfüllten und die ihr Halt und Sicherheit gaben.

Da sie sich im Grunde ihres Herzens jetzt auch noch von der übbrig gebliebenen Restfamilie ausgeschlossen und abgeschoben fühlt, wird Rose, um überhaupt *Überleben* zu können, die reale Beziehungsebene zu ihrer Mutter verlassen, diese auf eine übermenschliche Ebene stellen, um sie so, durch eine Art Überhöhung, von der schrecklichen Tat (die eigene Tochter zu verstoßen) zu befreien. Dadurch, daß Rosalie künftig ihre Mutter nicht mehr an menschlichen Maßstäben mißt, läuft sie auch nicht Gefahr, sie für die Erfahrung des Verstoßenwerdens zu verachten. Ihr zukünftiges Mutterbild gleicht einer Heiligenverehrung, einer Glorifizierung, die ihr hilft, die wirklich erfahrene menschliche Schwäche der Mutter ertragbar zu machen:

halb Engel halb Mensch
die Mitte war Mutter

Im April 1921 verläßt Rosalie Scherzer, die aufgrund der zu treffenden Reisevorbereitungen auch kaum mehr Zeit fand, den Treffen im »Ethischen Seminar« beizuwohnen, zusammen mit ihrem Studienfreund Ignaz Ausländer die Bukowina. Die beiden wandern in die USA aus.

Nach ihrer Abreise beginnen sich die Ereignisse im »Ethischen Seminar« zuzuspitzen. Da Rose und Ignaz in New York Dr. Kettner wiedertreffen werden, ist es wichtig, die weiteren Vorgänge im »Ethischen Seminar« zu verfolgen.

Seine gelegentlichen Besuche bei Brunner nutzt Kettner dazu, ihm eine falsche Vorstellung seiner »missionarischen Tätigkeit« vorzugaukeln, da er sich in der Zwischenzeit sehr wohl entgegen dem dringendsten Rat Brunners als »Schriftsteller« betätigt.

Kettner, der sich nun von den Lehren Spinozas und Brunners lossagt, versucht seine Person selbst in den Mittelpunkt eines Genie- und Meisterkultes zu stellen. Die blinde Verehrung, die ihm von seiten seiner Schüler entgegengebracht wird, beurteilt Leo Sonntag als Ursache für seine Abrückung: »Je mehr die Jugend ihn verehrte, desto ›berufener‹ fühlte er sich. Unsere Überschätzung bestärkte ihn in seiner Selbsttäuschung, die zum Wahn ausartete.«[51]

Dieser »Wahn« gipfelt in der Verkündung seiner eigenen Philosophie, die er seinen Schülern, wie er sie fortan nennt, als »Biosophie« vorstellt. Mit dieser glaubt er weit über die Gedankenwelt Spinozas gelangt zu sein.

Durch die vorgetragene »Biosophie« zerreißt die einzig wirklich existierende Bindung zwischen ihm und den Seminaristen: die Lehre Constantin Brunners.

Aus diesem Grunde sehen sich einige der ernsthafteren und begabteren Teilnehmer des »Ethischen Seminars« genötigt, mit Brunner persönlich Kontakt aufzunehmen.

»F. und Leo Sonntag« besuchen am 9. Januar 1923 Brunner in Potsdam und vermitteln ihm eine »viel deutlichere Anschauung«[52] über die Vorgänge im Seminar, welchem nach Rottners Angaben ca. 180 Schüler angehören.[53]

Bei dem Gespräch mit Brunner kommt zutage, daß sich die Justizorgane mit dem Selbstmord der Seminarteilnehmerin Berta Hollinger beschäftigen und zwei Jünger Kettners dem Wahnsinn verfallen sein sollen.

Auch andere aus dem »Ethischen Seminar« wenden sich an Brunner: »Die Reiferen und Stärkeren unter den Czernowitzern (Bickel, Essenfeld, Rottner) wollen Vaters Geist unmittelbar, ohne das trübende K.'sche Medium und wehren sich mehr oder minder liebevoll, jedenfalls energisch (Stürme in Czernowitz).«[54]

Dieses Drängen veranlaßt Brunner zunächst, Kettner noch einmal brieflich auf seine wirklichen Fähigkeiten hin zu beschränken:

»Mein lieber K!

Du willst nun weiter zu Felde ziehen. Dein Herz und dein Mut können nicht besser sein, aber deine Rüstung gefällt mir nicht. Immer noch in der gleichen Weise nicht, wie früher. Von immer her hab ich dich zur Nüchternheit und Sachlichkeit mahnen müssen, und gerade nun, wo du mir schreibst, du seist ganz nüchtern, bist du betrunkener als je.«[55]

Zudem sieht Brunner sich genötigt, Leo Sonntag eine schriftliche Erklärung mitzugeben, die dieser in Czernowitz vorlesen soll:

»Laßt mich nun zu euren Herzen sprechen durch unsren lieben Leo Sonntag, auf dessen Geist und Sinn ich baue.

Hört auf ihn. (…)

In euch nistet noch vom Aberglauben des Chassidismus, Heilige zu machen. Ihr hattet Heilige gemacht. Ihr sollt aber niemand heilig sprechen. Laßt das Heilige in euch empor, und ihr mögt – begreiflich – die Männer ehren, die dazu euch verhelfen. Aber kein Mensch ist heilig wegen des Heiligen in ihm, auch wenn davon sein Denken und sein Tun auf mancherlei Art durchheiligt ward. Und wo viel Heiliges in Menschen (…): wartet mit dem Heiligsprechen, bis diese Menschen tot sind. Aber die Lebenden heilig sprechen, es hat seine allergrößten Gefahren für die Lebenden, die ihr heilig sprecht, und für das Heilige in euch selbst. Es verwirrt dem Heiliggesprochenen den Sinn (…).

Ihr dürft nicht aus der Lehre Chassidismus machen, und ihr braucht nicht, gleich den Chassidim, kleine präsente Götter unter euch – (…) Schaut auf die Lehre, was sie euch gibt. (…) Ich habe auf die Gefahr hingewiesen, woher sie über euch gekommen – die Reste des Chassidismus in euch, so heißt die Gefahr, von der ihr bedroht wart.«[56]

Brunner erkennt, daß die Teinehmer des »Ethischen Seminars« eine Mitschuld an diesen Exzessen trifft.

Ihr Wunsch nach spiritueller Führung verleitete sie zu diesem verhängnisvollen Geniekult. Die Verantwortung dafür schiebt er den chassidischen Wurzeln zu, die jeder dieser Kettner-Verherrlicher in sich trage, und ruft sie daher auf:

»Wir wollen keine Heilige machen, noch weniger Sünder, am wenigsten aber solche zu Sündern, die wir selber vorher zu Heiligen gemacht hatten.«[57]

Im Januar 1923 unterstellte Brunner Kettner noch einen lauteren Sinn und die besten Absichten[58], doch durch die Ereignisse im März 1923 sieht sich Brunner am 8.5.1923 gezwungen, Kettner schonungslos zu demaskieren:

Daher schreibt er an ihn:

»Du hast keinen Anlaß, dich für einen schöpferischen Geist zu halten, und daß ich dich niemals dafür gehalten habe, muß dir doch wohl klar sein. – Dir droht, ernster als je, die Narrheit des Größenwahns. Dein Größenwahn ist gestiegen und deine Arbeiten sind erheblich schlimmer geworden: Deine Gedichte und Dramen waren nur Dilettantismus der Unfähigkeit und einfach lächerlich: deine theoretischen Produktionen aber bringen negativ deine völlige Unbegabung an den Tag, irgendeinem aufgekommenen Gedanken selbständig nachzugehen, und sind positiv wahre Schandpossen.«[59]

Nichts bleibt wie es ist

Ich träume mich satt
an Geschichten
und Geheimnissen

Unendlicher Kreis aus Sternen
ich frage sie
nach Ursprung Sinn und Ziel
sie schweigen mich weg

Den Orten die ich besuche
gebe ich neue Namen
nach den Wundern
die sie mir offenbaren

Nichts bleibt wie es ist
es wandelt sich
und mich

V »Ein Wolkenkratzergipfel winkt« – Amerika (1921–1931)

Zum siderischen Punkt

Karpatenschnur
am Kinderhals
ein Milligramm Himmel
Serpentinen umringeln
den Gipfelstern
im Aug
Jede Biegung knüpft die Schnur
fester an den Fixstern
(...)

Abb. 8 Rose Ausländer 1923 auf einem Schiff im Hafen von New York

Es ist offensichtlich, daß sie die Bukowina nicht nur mit den schlimmen Trennungserfahrungen der jüngsten Zeit verläßt, sondern auch mit der *Karpatenschnur / am Kinderhals*. Rose Ausländer geht ins ferne Amerika eben nicht nur mit dem doppelten Schmerz des Verlustes, sondern auch mit der Kraft des geflochtenen Netzes aus Geborgenheit, Urvertrauen und Liebe *am Kinderhals*, das ihr die Menschen, die Landschaft und die Bücher des *Karpaten*-Vorlandes schenkten:

»(...) es war eine Gegend, in der Menschen und Bücher lebten.«[1]

Deshalb kann Rose vertrauend, trotz aller negativen Erfahrungen, ein Vorwärtsschreiten in Richtung *Zum siderischen Punkt* wagen, zu dem *Punkt*, der am Himmel für sie ausgestreut wurde, der für sie bestimmt ist.

Denn das einmal gefühlte, erlebte *Milligramm Himmel* der Kindheit trägt sie unauslöschlich in sich und nimmt es mit in das Unbekannte ihres Weges – vielleicht auch die Botschaft »Sei nicht zugehörig.«

Winona, Minnesota (USA)

Den sanften Namen Winona
verdankst du der Legende vom schönen Indianermädchen
das sich vom Fels stürzte
aus verschmähter Liebe

Main Street
die Schlagader der westlichen Kleinstädte
ist auch deine Hauptstraße Winona
Abends schmückt sie der Neonstift rot-gelb-grün
ihr Schritt schleicht durch deinen schlummernden Atem
ihr Lächeln vereist auf deinen Lippen
Keep Smiling

Idyllisch stille Stadt
deutscher Siedler im Mittelwesten
Bauern die Land um einen Pappenstiel erworben hatten
verkauften es für ein Hundertfaches
und lebten hier als Rentner
und gute Christen

Glockenklare Wasserfällchen
viel Grün
Rasierter Rasen vor jedem Holzhaus
Rasierte Seelen in den Stuben
mit Schmücke-dein-Heim-Dingen
und dem elektrischen Klavier

Rose und Ignaz leben zunächst in dem kleinen Ort Winona in Minnesota, wo wahrscheinlich auch die Verwandten der Familie Scherzer zu Hause sind. Rosa, die aus finanzieller Not ihre Familie, ihre Heimat verlassen mußte, trifft die Erkenntnis *Bauern die Land um einen Pappenstiel erworben hatten / verkauften es für ein Hundertfaches / und lebten hier als Rentner / und gute Christen* sicher sehr hart. Aus ihrer Formulierung *Rasierte Seelen in den Stuben* läßt sich schließen, wie sie, die aufgrund ihrer Erfahrungen Sensibilisierte, die Menschen dort erlebt:

Eine *Idyllisch stille Stadt*, die ihre Idylle nur dadurch äußerlich aufrechterhalten kann, daß sie zuvor *die Seelen* der Menschen gestutzt oder sogar ab*rasiert* hat und es tagtäglich aufs neue tut, da sonst der Bart, sprich die *Seele*, nachwachsen würde. Nur *Glokkenklare Wasserfällchen* und das *viel Grün* machen ihr ihren Aufenthalt dort erträglich.

Das Farbwort *grün*, das in diesem Gedicht ihr in gewissem Sinne hilft, die dort vorgefundenen Verhältnisse zu ertragen, wird künftig in ihren Gedichten als positives Attribut ihrer Heimat zugeordnet. *Grün* ist eine jener guten, glücklichen Stimmungen, die sie aus der Landschaft der Bukowina *am Kinderhals* mitnimmt.

Das Dorf Duminika ist grün
der Fluß ist grün
die Hirten schnitzen grüne Doinas
in atmende Flöten

Grün ist fortan anwendbar auf Zeit, auf Menschen und auf Sprache.

(...)
Im Dunkel zünde ich
Glühwürmer an
der Phosphorfaden
führt uns zurück
zum Ausgangswort
Grün
unsere Muttersprache

Es steht daher als Substantiv nicht mehr nur für eine Farbe, sondern für ein ganzes, die Bukowina assoziierendes Bedeutungsfeld, das vielerlei umfaßt:

Das Anfängliche, Frühling, Kindheit, das Stadium vor der Geburt, das Wachsende, Lebendige, Bergende, Nährende, das Verbindende, das Einheit Stiftende, das Mütterliche, das Sprachliche.

Ein Grünmitdirsein

(...)
Die Alpenrose das Moos
und Silberdisteln so groß
wie Sonnenblumen
grüßen dich
(...)
Sie nehmen dich auf
mit der blinden Bereitschaft der Pflanzen
Sie sind mit den Fäden der Luft dir verbunden
ein Rotsilbersein
ein Grünmitdirsein
Heimat der Höhe

Die erste Sprache ihres universellen Sprachsystems ist daher die Sprache der Natur, die durch *Grün* symbolisiert wird, denn *Grün / unsere Muttersprache*.

Deshalb findet sie auch dort bei den *Glockenklare(n) Wasserfällchen / viel Grün* die bei den Menschen vermißte Geborgenheit.

Als Gegensatz zu *grün* wird sie zukünftig *grau* als Ausdruck für Verstädterung, Technisierung bis hin zum Synonym für Krieg entwickeln. New York, in das sie einige Zeit später umsiedelt, dient ihr dafür als exemplarisches Beispiel:

Häuser in Manhattans Slums

Ihr Häuser namenlos mit verrauchten Augen einander angaffend
reihweis eingewurzelt in der gichtigen Gasse ihr seid mir leid nicht fliegen könnt ihr ins Blau wo die Wolken wachsen nicht wandern ins Grün wo Pan die Baumflöte höhlt nicht gehn zum Wasser das die Farben zusammenschnürt fast so fein wie der Himmel den Farbbogen aus Sonne und Regen

Reisen reisen – ihr faulen Häuser ihr seid mir leid ein Chirurg möcht ich sein eure Füße aus dem Stein schneiden eure Flügel aus dem Mörtel die Kinder die in euch wachsen würden euch zeigen wie man geht wie man fliegt wie man die Augen rollt um den Himmel hereinzuholen den ganzen Kreis der Hudson gäbe euch Unterricht in Rhythmik er ist ein rühriger Lehrmeister seine verzweigten Wasser haben Wurzeln in Himmel und Meer

Ihr Häuser ohne Baumgrün Grasgrün Lichtgrün ihr seid mir leid auf euren Dächern trommelt der Regen Protest brennt die Sonne Protest. Ihr greisgrauen Häuser die ihr einander angafft anonym ich wette ihr wißt nicht einmal daß in euren Augen der Star wächst

In ihrer Amerika-Zeit wird Rose diesem *Grau* auf Schritt und Tritt begegnen, *Heimatloses Herz bist eingeladen / zu intimer Freundschaft mit dem Pflaster,* und desto stärker wird sie natürlich dem *Grün* nachtrauern und es in ihren Gedichten beschwören.

Um den *Rasierten Seelen* zu entfliehen, ziehen Rose und Ignaz so bald als möglich weiter. Ihre nächste Station ist Minneapolis/St. Paul. Hier findet sie Arbeit als Hilfsredakteurin bei der deutschsprachigen Zeitschrift »Westlicher Herold«, deren Besitzer und Herausgeber Emil Leisten ist. Kurze Zeit später wird ihr als Redakteurin die Betreuung der Anthologie »Amerika Herold Kalender« übertragen, in der sie zum ersten Mal Gedichte von sich selbst publizieren kann.

Als ich mein erstes Gedicht schrieb, war ich siebzehn, ich lebte in Czernowitz, gedruckt wurde ein Gedicht von mir erstmalig 1922, ich war 21 Jahre alt, in Minneapolis/St. Paul; (...)[2]

Diese Aufgabe als Redakteurin, die ihr sicher sehr, sehr viel bedeutet, erfüllt sie von 1921 bis 1927, zuerst analog zu ihrer Tätigkeit bei der Zeitschrift Ende 1922, und als sie nach New York übersiedelt, neben ihrer Tätigkeit in einer Bank.

Davon, wie sie sich in dieser Amerika-Zeit fühlt, sprechen ihre Gedichte:

Die Stunde nach der Sklaverei
ist wieder mir gegeben.
Mein Arbeitskäfig gibt mich frei –

Ich geh unter im Gewühl
die vollen Straßen dröhnen.
Die Mutter strömt mir ins Gefühl ...
ich kann mich nicht gewöhnen!

Ich wohn in einem Wüstenland,
nichts grünt dem Herzen Freude.
Oase einer warmen Hand
erblüh'an meiner Seite!

Nichts grünt dem Herzen Freude – das sind sehr traurige, resignierte Worte, die uns ihre Stimmung vermitteln:

allein *in einem Wüstenland*, gefangen im *Arbeitskäfig*, immer in Gefahr unterzugehen in der Masse der Anonymität, *im Gewühl.* Nein, an dieses Leben *kann* sie sich *nicht gewöhnen*, weil es ihr alles *Grüne* vorenthält.

Die Mutter strömt mir ins Gefühl ... – *Mutter*, wie konntest du sie nur all diesem aussetzen! – die Auslassungszeichen, verschweigen sie diesen Vorwurf? Mit Sicherheit bringen sie ihre Anklage gegenüber der Mutter zum Ausdruck, denn *ich kann mich nicht gewöhnen!* – warum tat sie das Rose an?

Nach ihrer Übersiedlung nach New York suchen Rose und Ignaz, der sich jetzt Irving nennt, genau aus diesem Grunde des sich Nichteingewöhnen-Könnens in amerikanische Lebens- und Arbeitsverhältnisse Anschluß an das von Czernowitzer Juden gegründete Bukowiner Sozial- und Kulturwerk. Zu ihren ersten Bekanntschaften zählt Dr. Walter Bernard, der bereits in Sereth (Bukowina) eine lose Verbindung zum »Ethischen Seminar« hatte und ebenfalls kurz nach dem Ersten Weltkrieg emigrierte. Seine Erinnerungen an diese frühen New Yorker Tage der Dichterin zeigen, daß sie ihr Interesse an der Brunnerschen Philosophie über diesen schweren Schicksalsschlag hinüberretten kann oder vielleicht auch umgekehrt er sie hinüberrettet.

»Im Jahre 1922 siedelte sie nach New York über. Hier lernte ich sie kennen und auch ihren zukünftigen Mann, Ignaz Ausländer, und bald bildeten wir eine gesellige kleine Gruppe, die mit Freunden aus dem Seminar in brieflicher Verbindung stand und nun auch ernstlich begann, Brunners Werke zu studieren.«[3]

Diese Freundschaft zu Dr. Bernard hält bis in die 70er Jahre. Zusammen mit ihm und anderen gründen Rose und Ignaz einen Brunner-Kreis, der bis etwa 1927 besteht. Auch Eli Rottner, den wir aus

Abb. 9 Hochzeitsfoto mit Ignaz Ausländer von 1923 mit Trauzeugen

dem »Ethischen Seminar« in Czernowitz kennen, berichtet, wie ihm Brunners Philosophie beim Verlassen Rumäniens (1923) hilft:

»Rumänien verließ ich mit dem traurigen Gefühl eines erlittenen großen Verlustes. Und ich war nicht gesund und wußte nicht, wohin. Auch dämmerte in mir keine Vorstellung, wie und wo ich mein Leben praktisch werde einrichten können. Allein, wenn ich auch, nach vierjährigem, äußerst bewegten, geselligen Erleben und Lernen, einsam auf neuer, unbekannter Fährte stand, war ich dennoch nicht unglücklich. Trug ich doch einen neuerworbenen reichen Schatz mit mir fort: Die Bücher und die Ideenwelt Constantin Brunners. Ich war nicht besorgt, obschon ich sonst nichts besaß als meine paar Bücher und einige notdürftige Habseligkeiten.«[4]

Am 19. Oktober 1923 heiraten Rosalie Beatrice Scherzer und Irving Ausländer in New York. Laut Heiratsurkunde[5] ist er Leiter einer Automobilgarage. Ein Foto der beiden zeigt uns eine selbstbewußte, hübsche junge Frau auf einem Stuhl sitzend, die Hände gefaltet und die Beine übereinandergeschlagen. Ihre verschlossene Körperhaltung steht im Gegensatz zu ihrem offenen, skeptisch in die Ferne schweifenden Blick.

Ignaz kniet hinter dem Stuhl im Schatten eines Baumes. Seine Stirn liegt in Falten, und der Blick geht niedergeschlagen, demutsvoll nach unten. Vergleichen wir dieses Photo mit Hochzeitsbildern unserer Großeltern, so fällt auf, daß die Frau auf einem Stuhl sitzend nichts Ungewöhnliches beim Photographieren war, jedoch steht der Mann auf den anderen Bildern stets erhaben und voller Besitzerstolz hinter der Frau. Das Bild von Rose und Ignaz offenbart uns ihre Beziehung: Sie scheint kein euphorisches Liebesverhältnis zu sein, in dem beide aufgehen. Vielmehr wirken beide sehr verhalten, fast abweisend. Er schenkt ihr in demutsvoller Unterwürfigkeit seine Liebe, und sie kann sie nicht annehmen, da Rose sich einen ebenbürtigen Partner wünscht.

Rose Ausländer hat nie Gedichte über diese Liebe zu Ignaz geschrieben, während sie wenige Jahre später ihre Liebe zu Helios Hecht in Gedichte, in Worte fließen läßt. Für Rose Ausländer ist ihre Beziehung zu Ignaz mehr eine liebevolle Zweckgemeinschaft: Sie emigrieren gemeinsam, haben beide Schwierigkeiten mit dem

Abb. 10 Ignaz Ausländer und Rose Ausländer, 1924

»American way of life« und trösten sich gegenseitig über ihr Heimweh hinweg, indem sie sich die *Oase einer warmen Hand* schenken.

Dr. Emanuel Hacken[6], der Mann ihrer Freundin aus Czernowitz, Vera Hacken, berichtete mir, daß die Ehe von Anfang an nichts »getaugt« habe und Rose sie als »langweilig« empfunden hätte. Bereits 1926 trennt sich Rose von Ignaz, drängt aber erst, nachdem sie Helios Hecht kennenlernt, auf die Scheidung, die 1930 offiziell erfolgt.

Doch zunächst arbeiten Ignaz und sie noch gemeinsam am Aufbau des Constantin-Brunner-Kreises mit.

Dr. Bernard berichtet:

»Im Jahre 1923 hörten wir von Dr. Kettner, daß er nach Amerika auswandern wollte, um dort Vorträge über Spinoza und Brunner zu halten. Wir jungen Leute waren natürlich sehr begeistert, ihn hier als Führer und Leiter zu haben (...). (...) begeistert, wie wir waren, taten wir unsere dürftigen Ersparnisse zusammen (hauptsächlich wir drei – ich und die Ausländers), um Reisegeld und Schiffskarte für Kettner zu besorgen.«[7]

An der Bereitschaft, materielle Opfer für die Sache zu bringen, ist die Ernsthaftigkeit ihres Engagements für die Philosophie Brunners zu erkennen, zumal sie ja selbst nur über ein geringes Einkommen verfügen. Auch an Constantin Brunner selbst schickt Rose Ausländer Geldbeträge. Auf einer späteren Postkarte, die ihr Ignaz bei einem Besuch in Potsdam sendet, fügt Brunner, mit Genesungswünschen für Rosa verbunden, den aufschlußreichen Satz hinzu: »Nimm zu an Pfunden und Dollars.«[8]

Doch warum tauchte Dr. Kettner in New York auf?

Die Gründe kann man aus den Ereignissen in Czernowitz erahnen: »Die Gründe, die Kettner dazu bewogen haben mögen, sind zu suchen in seiner damaligen Seelenverfassung und in seiner damaligen wirtschaftlichen Lage.

Der zweitgenannte Grund rührte von der, von den Behörden immer energischer betriebenen Romanisierung der Schulen her. Die deutsche Sprache, bis unlängst die Hauptsprache, wurde mit raschen Vorstößen von der rumänischen Staatssprache verdrängt. Das Umlernen war für den nicht mehr jungen Kettner eine schwierige Aufgabe. Und es schien auch ungewiß, ob er – als Jude – nach dem Umlernen die Lehrerstellung behalten und Frau und Kind werde ernähren können.

Schwerwiegender dürfte der erstgenannte Grund gewesen sein, nämlich Kettners Seelenverfassung. In stillen Stunden ist ihm wohl bewußt geworden, daß er nicht weiter könne, daß er nicht recht wisse, wie mit dem ›Seminar‹ weiter zu verfahren. (...) In Amerika aber könnte man von neuem anfangen. In Amerika gibt es für ein derartiges ›Seminar‹ um vieles bessere, ja, ausgezeichnete Möglichkeiten!«[9]

»Ausgezeichnete Möglichkeiten!« – vor allem, weil die Emigrierten über die Vorkommnisse im »Ethischen Seminar« nicht informiert sind. Kettner gelangt also mit finanzieller Unterstützung durch die Ausländers und Dr. Bernard nach New York. Dort läßt er den in der Zwischenzeit auf 200 Personen angewachsenen Brunner-Kreis immer wieder für »löbliche«[10] Zwecke Geld einsammeln, das er jedoch zur Ausstattung seines Haushaltes verwendet:

»Bald aber merkten wir seine Unzulänglichkeiten, seine verschwommenen, mystisch und pathetisch klingenden Vorträge, in denen sich kein Gedanke, weder mystisch, noch philosophisch-rational finden konnte. Dann auch schrieb Rose Ausländers Mann einen fragenden Brief an Constantin Brunner, da Kettner mit seinen Neuprägungen von philosophisch-mystischen Termini so sehr von Brunners Gediegenheit und Klarheit abwich. Hier hatte sich K. leider als richtiger Scharlatan erwiesen, der die jungen Leute ausbeutete.«[11]

Die anfänglich großen Hoffnungen, die sowohl die Ausländers wie die anderen in Kettner gesetzt haben, werden durch die ehemaligen Seminarfreunde in Czernowitz noch geschürt:

»Ich freue mich, daß unser lieber, nie rastender Bruder Kettner zu Euch kommt. Es ist gut so, und ich hoffe Freude und Segen für ihn und auch für Euch. Fährt er doch, weil ihn drängt das Werk unseres Meisters Brunners! Was war, kommt nicht wieder, und Gutes, Reines, Einfaches, möge uns alle beseelen.

Es sei so. Ich grüße Euch alle von Herzen und bin Euer Rottner.«[12]

Auf dieser Postkarte zeichnet Eli Rottner ein ganz anderes Bild von Kettner als in seinem Buch »Das Ethische Seminar«:

»Als Kettner das Schiff betrat, hatte er bereits in Czernowitz bzw. in Rumänien – abgesehen von einigen gezählten Gläubigen – keinen Anhang und absolut keine Wirkungsmöglichkeiten mehr, sein Kredit war völlig verbraucht und dahin.«[13]

Noch nachdenklicher macht ein Schreiben von Brunner an Rose Ausländer, das Kettner ihr bei seiner Ankunft in New York übergab: »Meine liebe Rose Scherzer, ich schicke Dir durch unseren lieben Kettner einen herzlichen Gruß – Brunner«.[14]

Warum hüllt auch Brunner Kettners dubiose Vergangenheit in Schweigen?

Nur eine Stelle in Lottes Tagebuch, vom 26. Dezember 1914, in der sie ihren Vater zitiert, kann dieses Verhalten erklären:

»Ich hatte von jeher das Bedürfnis, wenn mir jemand etwas so recht Schlechtes, ja Boshaftes getan hatte, ihm dagegen etwas besonders Gutes zu tun (...). Ich handelte so gar nicht mal aus Güte – es war mir natürlich – wohl in dem Gefühl, daß der andere ja eigentlich *nicht anders konnte.«*[15]

Der Brunner-Kreis in New York wird also von seinen Freunden nicht gewarnt und muß daher durch die bitteren Erfahrungen mit Kettner selbst hindurchgehen.

Nachdem sie vom Hokuspokus Kettners maßlos enttäuscht sind, wendet sich Ignaz Ausländer im Namen des Brunner-Kreises brieflich an Brunner.

Dieser versucht sich in einem Antwortschreiben zu rechtfertigen:

»Und doch war er eines Tages hier, auf dem Weg nach N.Y. und verlangte frischweg, als wäre nichts gewesen, ich sollte etwas ihn Autorisierendes aufschreiben an die Adresse deiner Rosa, von der du so lieb mir schreibst, daß sie auch meine sei. Ich lehnte das natürlich wiederum kurz ab, gab ihm aber wenigstens jenen Gruß mit und die Bescheinigung, daß er bei mir gewesen sei.

Er zeigte mir damals auch die Aufforderung – von der ich kürzlich erst durch den mich besuchenden Oko erfuhr, daß sie nur pro forma ausgestellt war, aus Gefälligkeit, um K. die Einreise zu ermöglichen – er aber zeigte mir die Aufforderung ›über Spinoza und Brunner Vorträge zu halten‹ triumphierend als eine richtige Aufforderung. Ich sagte ihm nur sehr ernst: du wirst doch wohl nicht versuchen, das zu tun, da du weißt, wie weit das über deine Kräfte geht? worauf er antwortete: ›Wie werde ich denn; da ich doch wahrlich meine Grenzen kenne!‹ Er wolle nur für die Verbreitung ›der Bücher‹ sorgen. Er könne ja ohne das nicht leben. ›Die Bücher‹ müßten nur da sein; ohne ›die Bücher‹ könne und wolle er nichts machen. (...) Ich habe ihm verziehen und verzeihe ihm siebenundsiebzigmal im voraus. Aber ihm wieder trauen? Nein!«[16]

Brunners *Worte* aber werden weiterhin unbeirrbar, trotz dieser herben Enttäuschung durch Kettner, in das Leben und Werk von Rose Ausländer hineinfließen.

Der Mensch
ist dem Menschen
ein Gott
sagte Spinoza

Alle entwürdigenden und schmerzlichen Ereignisse ihres Lebens nehmen ihr nie den Glauben an den Menschen und daran, daß ein Mensch erst in einem anderen Menschen jene Resonanz erfährt, die ihn selber zum Klingen bringt. *Der Mensch* benötigt ihrer Auffassung nach daher *den Menschen*, um sich selbst als ganzen Menschen erschaffen zu können.

Unter dem Eindruck all dieser Erfahrungen in Amerika beginnt sie hier in New York wieder intensiv zu schreiben.

Verse aus meinem Tagebuch

Vom fernen Äther springt ein Stern herab,
und einer Silberlinie Zauberstab
spannt bis zu meinen Füßen eine Brücke:
Da ist ein Weg, verwegen wie ein Traum,
er schneidet sich durch meinen schwarzen Raum
und schüttet Glanz in meine blinden Blicke.

Und auch der Tag in seiner weißen Nacht
hat einen Sonnenstern in mir entfacht,
und meine Seele grünt ihm heiß entgegen.
Nun kann kein Mittag mich zu Tode schrein,
nun kann kein Abend mehr so düster sein,
daß nicht ein Strahl mir folgt auf meinen Wegen!

Ein Strahl vom fernen Äther – von der reinen klaren Himmelsluft wird Rose fortan durch den *schwarzen Raum* begleiten, den sie in verschiedenen Variationen durchleben muß – aber sein *Glanz* wird ihr immer wieder ihre *blinden Blicke* öffnen und Worte schenken, die wie ein *Zauberstab* ihren *Weg* bannen.

Die Bekanntschaft mit Alfred Margul-Sperber, den sie 1924 in der Bank kennenlernt, wo er als Prokurist und sie als Angestellte arbeitet, verstärkt ihren Schreibimpuls sicher noch zusätzlich. Sperber ist *»ein Erlebnis-Dichter«.*[17]

In dem Vorwort zu seinem 1934 erschienenen ersten Gedichtband »Gleichnisse der Landschaft« schreibt Sperber über sich:

»Ein Gedicht kann niemals den großen Gegenstand ersetzen, der es hervorruft, und Maßstab der Künstlerschaft sind und bleiben einzig: die Echtheit und Stärke des Erlebnisses an diesem Gegenstande und die Fähigkeit, in der Seele des empfänglichen Lesers eine Wiederholung dieses Erlebnisses zu bewirken.«[18]

Alfred Margul-Sperber, der 1898 in Storozynet, einer kleinen Stadt in der Bukowina, geboren ist, hat auch wie Rose eine wechselvolle Vergangenheit. Von Storozynet aus geht er für kurze Zeit nach Czernowitz, dann weiter nach Wien, wo er noch sein Notabitur vor seiner Einberufung zum Kriegsdienst an der Ostfront ablegt. Als K.u.K.-Leutnant schreibt er Gedichte gegen den Krieg. Nach Kriegsende kehrt er in die Bukowina zurück, verläßt sie aber 1920 aufgrund der rumänischen Romanisierungspolitik und gelangt über Budapest nach Paris. Dort studiert er Rechtswissenschaften, lernt den Dichter Iwan Goll kennen und überträgt französische Lyrik ins Deutsche. 1921 reist Sperber in die USA. Er arbeitet sich dort vom Tellerwäscher über den Straßenhändler zum Prokuristen einer Bank empor und ist zusätzlich Mitarbeiter der »New Yorker Volkszeitung«, die von der sozialistischen Partei der USA herausgegeben wird.[19]

Rose bezeichnet Margul-Sperber als ihren *Entdecker*: *Sie (Czernowitz) war die Wahlstadt des großartigen jiddischen Fabeldichters Elieser Steinbarg. Sie hat den bedeutendsten jiddischen Lyriker Itzig Manger und zwei Generationen deutschsprachiger Dichter hervorgebracht. Der jüngste und wichtigste war Paul Celan, der älteste Alfred Margul-Sperber, der 1968, neunundsechzigjährig, in Bukarest starb, ein in Rumänien und in der DDR hochangesehener Lyriker und Übersetzer. Er war mein Entdecker (...).*

Sowohl Alfred Margul-Sperber wie Rose Ausländer schreiben Gedichte über die »Steinwüste«[20] New York, in der sie sich beide nicht wohl und heimisch fühlen. Margul-Sperber gerät in dieser »Steinwüste« in eine seelische Krise, und ein schweres Lungenleiden befällt ihn. Krank und enttäuscht verläßt er Ende 1924 die USA, um nach Czernowitz zurückzukehren.

Die Gedichte von Rose Ausländer stehen an Intensität denen Sperbers nicht nach. Bei beiden überwiegt die Kritik an der Neuen Welt und ihrem überwältigenden technischen Fortschritt. Rose Ausländer äußert sich – im Unterschied zu Sperber – nicht nur in der Trauer um die zerstörte Natur, sondern auch in einer differenzierten Kritik an dem zerstörerischen Charakter der modernen Arbeitswelt. In diesen Bildern klärt sich die expressionistische Klangfülle zu einem knappen ironischen Stil.[21] »Brüder, diese Amerikaner sind himmelstinkende Krämerseelen. Tot für alles geistige Leben, mausetot (…)« schrieb vor mehr als hundert Jahren der Dichter Nikolaus Lenau von dem Lande, von dem gleich ihm und nach ihm so viele Freiheit und Entfaltungsmöglichkeit erwartet haben. Doch was sie fanden, war eine leere Zivilisation ohne Ehrfurcht und Geheimnis, in der das Geld der Nenner und Gradmesser der Kultur war.[22]

Das laufende Band

Wir brauchen keine Berge,
die plump und müßig stehn.
Wir bauen, Heinzelzwerge,
Glashäuser in die Höhn.

Wir brauchen keine Sonne,
sie ist zu fahl und schal.
Uns spendet kalte Wonne
elektrisch-reiner Stahl.

Wir brauchen keine Wälder,
grün ist das Neon auch.
Einst liebte man die Felder –
wir brachen mit dem Brauch.

Wir brauchen keine Lieder.
uns gilt kein Gnadenhort.
Wir pflanzen keinen Flieder
und pflanzen uns nicht fort.

Wir leben streng wie Bienen –
der rhythmisch-rasche Takt
hart rattender Maschinen
ist unser Liebesakt.

Ein Mensch hat uns erfunden,
den einst ein Gott erfand
und brüderlich verbunden
zum laufenden Band.

Das Gedicht erinnert an das Buch »Am Band« von Günther Wallraff – Rose Ausländer nimmt es inhaltlich schon in den 20er Jahren vorweg. Auf ironische, entlarvende Weise schildert sie hier die Unmenschlichkeit der Fließbandarbeit, die den Menschen seiner von Gott zugedachten Aufgabe entfremdet – *Ein Mensch hat uns erfunden / den einst ein Gott erfand* – und ihm den Rhythmus der Technik aufbürdet: *Wir leben streng wie Bienen – / der rhythmisch-rasche Takt / hart rattender Maschinen / ist unser Liebesakt.*

Die Entfremdung und der zerstörende Charakter der modernen Arbeitswelt wird in dem Gedicht *Tief unter Null* in einem »besinnungslosen Wirbel von Langzeilen«[23] anschaulich gemacht, die an Szenen aus dem Charly-Chaplin-Film »Moderne Zeiten« erinnern.

Chaplin spielt in dem 1936 entstandenen Film einen Arbeiter am Fließband, der zum Bestandteil der Maschine wird, sich dieser ganz und gar unterordnen muß und dabei seinen eigenen Rhythmus als Mensch verliert. Der Film führt eine Füttermaschine zur Zeitersparnis vor, die es möglich macht, daß die Arbeiter auch während der Essenszeit weiterarbeiten. Die Szenenfolge in der Fabrik findet in einem Nervenzusammenbruch des Tramps ihren Abschluß.

(...)
Arbeit! grellt rot das Signal, Arme und Beine sind Stahl,
Herzen und Uhren, exakte.
Hand zerrt die Nachbarhand mit, Dollar wird Kette und Kitt,
wild wirbelt alles im Takte.
Rings faucht das Autogebraus, Gas raucht Gestank in das Haus,
stechende Lichtkatarakte
sprühn in das gelbgeile Blut, ziehn in die farbheiße Flut
lüstern das Herz, das zerhackte.
(...)

Rose, die die Verbundenheit mit der Heimat in reichen Bildern von mythologischer Assoziationsfülle hervorzaubert, erlebt die mechanisierte und rationalisierte Arbeitswelt, die Entfremdung von der Natur, den Verlust an Persönlichkeit, Oberflächlichkeit und Künstlichkeit dieser Welt mit verständnisloser Erschütterung.

Bankfabrik

Durch die Fenster meiner grauen,
großen, düstern Bankfabrik
schickt mein bildverwöhntes Schauen
einen sonnesüchtigen Blick.

Aber keine Schmetterlinge
fängt sein Strahl am Wege auf,
keine lichten, leichten Dinge
leiten höher seinen Lauf.

Eine kalte, starre, öde,
rußverrauchte Mauer spannt
steinern vor der Morgenröte
ihre schwere Vorhandwand.

Irgendwo im Gegenüber
stößt mein Blick auf einen Blick,
doch er huscht im Arbeitsfieber
hastig zum Papier zurück.

Abb. 11 Die »große graue Bankfabrik« die Bowery Savings Bank in der Bowery Street in New York

Ihr *bildverwöhntes Schauen* sucht vergeblich das Grün, die Sonne, die *Schmetterlinge*, die *lichten, leichten Dinge*, statt dessen findet sie überall nur Grau: *Eine kalte, starre, öde, / rußverrauchte Mauer! Stößt mein Blick auf einen Blick*, so wird diese kurze menschliche Begegnung sofort wieder dem *Arbeitsfieber* unterworfen und bleibt daher bedeutungslos.

Menschen, die in ihrer Arbeitswelt dem Diktat der Technik unterworfen sind, können auch nach *Feierabend* dieser Entfremdung und dem Verlust der Individualität nicht wirklich entfliehen:

Der Feierabend

Der Feierabend. Aus den Toren fließen
die Menschenwellen. Schwüler wird die Luft.
Der Broadway schwillt von hunderttausend Füßen
und wirft sie in die Tiefbahnmassengruft.

Hier unten fortgehetzt in stumpfer Eile.
zwängt sich der Knäuel in den Zug hinein.
Der rast, jede Minute eine Meile,
– Lärmorkan – stadtauf, stadtab, stadtein.

Wir fühlen dumpf den Schmerz vertaner Tage
im unbarmherzigen Rhythmus dieser Fahrt,
und unsere Herzen gehen aus am Schlage
der babylonisch aufgetürmten Gegenwart.

Nein, ein Mensch, *der in Czernowitz zur Welt kam*, kann und wird sich *nicht gewöhnen!* an diese Hektik, diesen *Lärmorkan*, an die *Tiefbahnmassengruft*, wo jeder namenlos und gesichtslos bleibt und in den *Menschenwellen* unterzugehen droht. Ihr bleibt nur *dumpf den Schmerz* zu spüren und ihn aufzuschreiben, ihn aus sich herauszuschreiben, um ihr Herz wieder in seinen natürlichen Rhythmus einzuschwingen, denn *unsere Herzen gehen aus am Schlage / der babylonisch aufgetürmten Gegenwart.* Um nicht selbst so zu werden wie die, die Rose entsetzt und ungläubig in der *Bowery* beobachtet:

(...)
Ich seh sie nackt, ich seh die ›Bowery‹:
die Menschen liegen dort wie stumpfes Vieh
und König Alkohol ist dort zuhaus
mit seinem Hofstaat: Hunger, Pest und Laus.

Vom Fusel ausgebrannt, stürzt hin ein Weib
und deckt ein Stückchen Pflaster mit dem Leib.
Der Ordnungshüter scharrt den Großstadtfleck
verächtlich wie ein Häufchen Dreck hinweg. (...)

Um nicht in dieses ›*Loch*‹, *der Heimatlosen letzter Trost,* zu fallen, muß sie schreiben, schreiben, um wenigstens *Sonntags* zu *träumen, daß wir Vögel hören / und daß eine Wiese uns umblüht.*

Czernowitz und New York liegen nicht nur eine lange Schiffsreise weit auseinander, sondern es ist eigentlich die Reise auf einen anderen Stern; so wie »Der kleine Prinz« von seinem Planeten in die Wüste fällt, muß es auch ihr ergangen sein.

Sie fällt vom Himmel der Bukowina in die Hölle des *Wüstenland(es)* New York, in dem sie nur *Überleben* kann, weil sie schreibt. Schreiben ist Leben. Überleben. –

Hier, auf der Insel, wo die hohen Träume
sich ducken, weil die Wolkenkratzerfänge
nach ihnen greifen und das Lautgedränge
sie überschreitet, leben wir insgeheim.
(...)

Leben wir nur in der Phantasie, in der eigenen Gedankenwelt, im Geistigen, in Brunners Werk, weil *die alten Rassen / zu kraus und spitz sind, um sich dem geölten / Schnellmechanismus (mit den halbbeseelten / Religionen) lächelnd anzupassen.*

Rose Ausländers Zyklus *New York* ist eine emotional erschütternde, sozialkritische Auseinandersetzung mit der in dieser Großstadt konkret erlebten Wirklichkeit und steht dem kritisch-klaren, beobachtenden Blick eines Georg Heym (»Dämonen der Stadt«) oder Kurt Tucholsky (»Augen in der Großstadt«) nicht nach.

Die Schilderung des sozialen Elends und der Härte des Alltagslebens ist von einem Realismus, den man in den zeitgleichen Amerika-Gedichten von Bertolt Brecht vergeblich sucht.

Wenn ich das Gedicht *Der Friedhof* in Erinnerung rufe, so fällt die veränderte Vereinfachung und Sachlickeit der New-York-Gedichte auf.

Den neuen Ton, der *Manhattan's Stil*, und die oft gewollt wirkende unharmonische Einbindung in den Reim, der der erlebten Alltagserfahrung und deren Kritik entspricht, verfeinert sie in den Gedichten, die bei ihrem zweiten Amerika-Aufenthalt Ende der fünfziger Jahre entstehen und in dem Gedichtband *Blinder Sommer* veröffentlicht werden.

Doch hier, in ihren frühen New-York-Gedichten, gelingt ihr gerade durch das Reimschema die Aufdeckung dieser Zustände, da diese in ironischem Gegensatz zu dem harmonischen Reimschema stehen. Zudem formuliert sie diese kritischen Einsichten so eindringlich, daß der Leser erkennt, daß die Dichterin die Übernahme dieser zerstörenden Eigenschaften an sich selbst erlebt hat:

Und immer weiter so? Keinen intimen
Bezug zu Menschen mehr erfahren, die uns reizen
durch träges Anderssein? Die legitimen
Wünsche verraten? Mit dem Lieben geizen?

Wirbel

(...)
Ein Wolkenkratzergipfel winkt –
einst glaubt' ich ihm die Sternennähe,
doch nur im Nebel niedersinkt
zeigt mir die hohle Hand die Höhe.

Der Wirbel dieser Tollheit hat
in seinen Trichter mich gerissen.
Es stürzt auf mich die ganze Stadt.
Am Himmel leuchtet kein Gewissen.

Rosalie B. Scherzer wohnt zum Zeitpunkt der Eheschließung auf der 140. East/16. Street.

Ignaz Ausländers Adresse lautet: 240. East/21. Street. In welche Wohnung sie nach der Heirat ziehen, ist nicht bekannt. Aber trotzdem – East Village ist der Stadtteil, in dem sie lebt und arbeitet, in dem sie beobachtet, scharf und genau, und das Erkannte, Gefühlte niederschreibt.

Und sie hat vorgefühlt, was später zur allgemeinen Erfahrung wird: Zwischen Riesenhäusern wandert der Mensch als kleine Ameise umher, ist eingehüllt von entsetzlichem Lärm und begegnet Augen, die das Gegenüber nicht wahrnehmen und zu denen kein Blickkontakt möglich ist.

Schuhe, Mäntel, Hüte
dazwischen ein leeres Gesicht.
›Wie gehts‹, ›Ich danke‹, ›Ich bitte‹ –
Dahinter steht groß das Nichts.

Die Augen: Glaskorallen
Der Mund: Ein gemaltes Herz
Die Hände: Gierige Krallen
Das Lächeln: Nur ein Scherz

Lichter von allen Seiten
rennen die Gassen einher.
Nur schlecht gekleidete Leiden
stören heftig den Verkehr.

Tuten, Rasseln, Kreischen –
so hört man, daß man lebt!
Man tanzt nach allen Geräuschen,
bis das höchste Haus erbebt!

Menschen: Automaten
Laternen und Lichter: kalt.
Die ganze Stadt: ein Schatten
ohne Liebe und Sonne und Wald

In dem *Dämon der Stadt*, der mit *Goldkalb und Höchstbabylon* lockt, sucht Margul-Sperber vergeblich seinen Platz. Dieser feindlichen Umwelt kehrt er krank und deprimiert den Rücken, und Rose Ausländer bleibt noch ein Stück einsamer zurück.

VI »Nur die Liebe erlaubt mir, ein Mensch zu sein«

Nachdem Kettner als ernsthafter Gesprächspartner über Brunners Werk aufgrund der erkannten Mängel wegfällt und nun auch ihr literarischer Freund abreist, wendet sich Rose intensiver Brunner selbst zu. Schon bald entsteht eine engere briefliche Beziehung. Die gebräuchlichste Briefanrede Brunners lautet »mein liebes Kind Rosa«[1], und die ihrerseits ihm entgegengebrachte Verehrung als *Meister* zeigt die Beziehungsstruktur der beiden. In einem Brief aus dem Jahre 1926 schickt sie ihm zur Begutachtung auch ihr neuestes Gedicht *Niagara Falls I* mit, das die zentralen Gedanken der Bewegung und Verwandlung in Brunners Werk anhand dieses *majestät'sche(n) Höhenstrom(s)* versinnbildlicht:

O mächtiger Strom, du ewgen Schaffens Zeichen
du grollst und rollst und suchst dir zu entfliehen,
denn bist du da, wird es dich weiterziehen.
Du Bild des Kämpfens, Sterbens, Neuerhebens
wie bist du grausam schön, du Bild des Lebens

Brunner antwortet ihr begeistert: *»Als ich dieses Gedicht las, habe ich im Geiste neben Dir gestanden und die Wassermauern stürzen sehen.«*[2]

Auch mit Lotte Brunner, seiner Tochter, beginnt ein reger Briefwechsel. Angeregt durch diesen geistigen Austausch, wird ein Besuch von Rose bei den Brunners geplant.

Aus den Erkenntnissen von Helmut Braun, ihrem literarischen Nachlaßverwalter, und den mir vorliegenden Dokumenten war anzunehmen, daß Rose sich 1926 nach dreijähriger Ehe, in der sie sich »langweilte«, von Ignaz in New York trennt und allein einen Besuch in Czernowitz sowie bei den Brunners unternimmt. Daß sie nicht vorhat, für immer zurückzukehren, ist aus der Tatsache zu schließen, daß sie ebenfalls 1926, nach fünfjährigem Aufenthalt in den USA, die amerikanische Staatsbürgerschaft annimmt. Da sie, wie vermutet werden kann, in Hamburg ausschifft, geht ihr erster Weg nach Berlin, wo sie im Juli 1927 bei »Taucher« in der »Wicherstr. 38« Quartier bezieht, um in der Nähe von den Brunners zu sein, die in Potsdam leben. Anschließend besucht Rose die in der Zwischenzeit erkrankte Mutter in Czernowitz. Aus dem Besuch wird ein einjähriger Aufenthalt, da die an Herzasthma erkrankte Mutter ihrer Pflege bedarf. Als sie Ende 1928 nach New York zurückkehrt, soll sie dort den Schriftsteller und Graphologen Helios Hecht kennen- und lieben gelernt haben.

Bei meinen Recherchen über ihre Veröffentlichungen in Czernowitzer Zeitungen stoße ich immer wieder auf Artikel von Helios Hecht. Er äußert sich zu vielen kulturellen Ereignissen, Persönlichkeiten sowie gerichtlichen Vorkommnissen in Czernowitz. Darüber hinaus schreibt er literarische Essays und psychologische Deutungen. Seine Sprache ist überschwenglich, blumenreich, angefüllt mit Gefühl – eine Sprache, die man von einem Mann nicht unbedingt so erwartet: »(...) Sehr geehrter Herr Leser, es gibt aber ein Wort und einen Glauben, jugendstark und unzerstörbar wie der himmlische Geist, dem es entspringt: Die Liebe. Erdentrückt ist sie die alleinige Mittlerin zwischen uns und den Sternen, und jedes Wort, das sie in ihr Licht ruft, ist der Hoheit und der Anmut voll und schön wie die Wahrheit. Und die Gestirne, die sich um ihre Sonne stellen, sind Anmut, Traute, Treue, Seligkeit, Herz und Schmerz, Lust und Lied und Leid (...).«[3]

Auch überrascht seine intensive Auseinandersetzung mit den Sinnfragen des Lebens. In dem Essay »Sommerreife und Wiesenschmuck«[4] geht er folgender Frage nach: Es muß eine ewige Heimat für den Menschen geben, nach der wir suchen, da unser Herz ruhelos ist und eine lebenslange Sehnsucht in ihm wohnt.

Die Artikel in seiner »Graphologische(n) Ecke« in der »Allgemeinen Czernowitzer Zeitung« brechen Mitte 1928 unvermittelt und ohne Ankündigung ab. Und auch im »Czernowitzer Morgenblatt«, in dem er ab dem 16. Dezember 1927 einen »Graphologischen Spiegel« unterhält, stellt er seine Beiträge am 15.4.1928 ohne vorhergehende Anmerkung ein.

Helios Hecht, die »große Liebe ihres Lebens«, lebt und schreibt zum Zeitpunkt von Roses Besuch bei der Mutter in Czernowitz. Sie lernen sich also schon dort kennen und lieben und reisen gemeinsam Mitte 1928 nach New York, was durch das plötzliche Abbrechen Hechts graphologischer Ausführungen belegt wird. Da ich vermute, daß ein Mann, der über so viele verschiedenartige Themen veröffentlicht, seine in den USA gewonnenen Erfahrungen ebenfalls in den Zeitungen unterzubringen versucht, suche ich diesen Artikel. Und tatsächlich – im »Czernowitzer Morgenblatt« vom 1.3.1931 berichtet Helios Hecht über diese Amerika-Zeit – »Bukowinaer in Amerika«. Sein Artikel ist nicht nur der erhoffte Beweis dafür, daß sie gemeinsam Mitte 1928 in die USA gehen und auch wieder gemeinsam im Winter 1930/31 nach Czernowitz zurückkehren, sondern er berichtet darüber hinaus über die Ghettoatmosphäre, in der die dort lebenden Bukowiner sich freiwillig verschanzen: »Ein großer Teil unserer etwa zehntausend Bukowinaer im Staate New York sind in dem aus elf Vereinen gegliederten Großverein des Herzog-

Abb. 12 Rose Ausländer mit Helios Hecht

tums Bukowina zusammengefaßt. Ja, sie sprechen noch vom Herzogtum Bukowina, die Bildnisse Franz Josephs und des Kronprinzen Rudolf schmücken die Wände ihrer Hallen. Sie leben noch im alten Geiste und erzählen Geschichten und Erinnerungen aus verschollenen Tagen, als wäre es erst gestern gewesen. (...) Alle Bukowinaer haben sich ein schönes Zusammengehörigkeitsgefühl gewahrt, und sie haben ihre Treffpunkte in ihren Vereinen und auf den unausbleiblichen Jahresbällen des Winters. Beinahe alle Landsleute sprechen eine Art amerikanisches Deutsch oder noch besser schlecht Englisch.« Im nachhinein können wir aus diesen Informationen noch vieles über ihre ersten Amerika-Jahre erfahren: Die dort lebenden Bukowiner verherrlichen immer noch die gute, alte Wiener Zeit und finden darüber hinaus keinen wirklichen Anschluß an das amerikanische Leben, sondern ziehen sich unter ihresgleichen zurück in eine Welt, die schon längst tot ist und dadurch etwas Statisches und Starres hat, das die Lebendigkeit untergräbt. Da auch Ignaz und Rose in New York an solche Bukowiner Kreise Anschluß haben, erklärt es den Umstand, daß sie, obwohl sie noch sehr jung sind, keine Eingliederung ins amerikanische Leben finden. Die Konfrontation der europäischen Einwanderer mit amerikanischer Realität bewirkt, daß sich die Landsleute in der Stadt zusammenschließen. Indem sie in einer Wohngegend dominieren und sich dort eine möglichst authentische Heimatatmosphäre schaffen, stellen sie eine Art Puffer her, der den abrupten und schwierigen Übergang von einem Kulturkreis in den anderen auffängt oder doch mildert. Die Amerikaner selbst sehen in der Bildung von Nationalitätenvierteln überwiegend ein negatives Phänomen. Sie werfen den Einwanderern »clannishness« vor und sehen in dem Sichabkapseln ein Verweigern der Assimilation. Auf die Einwanderung muß ihrer Meinung nach die Assimilation folgen, und Assimilation heißt Amerikanisierung. Der Artikel von Helios Hecht gibt auch wichtige Details über seine Biographie. »Nach einem Zeitraum von 20 Jahren betrat ich zum zweiten Male die Metropole New York. (...) Ich selbst hatte während meines erstmaligen achtjährigen Aufenthalts in Amerika rund dreißig verschiedene Stellen inne, darunter solche eines Geschirrwaschers, eines Kellners, eines Blusenbüglers,

Abb. 13 Rose Ausländer und ihre Mutter bei einer Floßfahrt auf dem Pruth

Austernöffners, Straßenbahnkontrolleurs, Postkartenhausierers, eines Zeitungslaufburschen bei der ›Groß New Yorker Zeitung‹, wo selbst ich nachher zum Korrekturleser und schließlich zum Redakteur avancierte. Nachdem mir nach dreijähriger Seßhaftigkeit meine Tätigkeit als Redakteur zuviel wurde, was auch dem Herausgeber sehr einleuchtete, › feuerte‹ er mich, und ich kam in der großen Druckerei derselben Zeitung – wieder als Laufbursche für den Nachtdienst an. In den arbeitslosen Zwischenräumen hungerte ich und las fleißig alle Bibliotheken New Yorks durch.«

(...)
Sogar die Sterne
werden sich wundern:
hier haben sich Zwei
zurück verwandelt
in ihren Traum
der sie erwählte

Ihr gemeinsamer *Traum* vom Leben im Wort, vom Überleben durchs Wort, wird durch die letzte Zeile in Hechts Artikel verständlich. Auch er kennt die Magie der Bücher, die Kraft des Wortes, die Rose in jenen ersten Amerika-Jahren das Überleben ermöglichen. Helios rettete sich damals vor dem Hunger in das Wort der Bücher, die ihm helfen, die schreckliche Realität durch eine geistige zu ersetzen. Rose rettete sich in die Gedankenwelt Brunners und ins Schreiben. Dieser gemeinsame Erfahrungsschatz zählt beim Begegnen zweier Menschen. Hier haben sich zwei gefunden, die sich der geistigen Welt mit der gleichen Intensität und Sensibilität nähern. Helios übt zudem auf Rose, bedingt durch seinen altersmäßig größeren Erfahrungsreichtum, eine ungeheure Faszination aus. Ignaz konnte vermutlich diese geistige Welt, die sie mit Helios verbindet, nicht mit ihr teilen. Rose, die den geistigen Austausch braucht, der für sie sogar lebensnotwendig ist, sucht ihn anderswo, da sie diesen in ihrer Ehe mit Ignaz nicht leben konnte.

Als Hecht vor zwanzig Jahren, von 1903–1911, in den USA weilte, war sie noch das kleine Mädchen, das allabendlich auf die Heimkehr ihres geliebten Vaters wartete. Jetzt teilen sie gemeinsam ihre Amerika-Erfahrungen. In den zwei Jahren, die sie in New York verbringen, beendet sie ihren *New York Zyklus*. Es ist sehr beeindrukkend nachzulesen, wie ganz anders der Großstadtriese jetzt auf sie wirkt – jetzt, nachdem Rose ihn in Liebe erlebt:

Seliger Abend

Was dem Tag an Licht genommen,
Schmückt mit Glanz der Abend aus
Und die scheuen Sterne kommen
liebender aus sich heraus.

Neumond läuft sich selbst entgegen,
strebt zu seiner Rundung vor.
Augen ziehn auf allen Wegen
pilgernd an sein Sicheltor.

Meines Herzens Grenzen reißen –
keine Ferne ist mehr weit!
Welten brechen aus Geleisen
Ihrer strengen Ewigkeit!

Was dem Tag an Licht genommen / schmückt mit Glanz der Abend aus – noch knapp zwei Jahre zuvor empfindet sie es grundsätzlich anders: *und wir steigen morgens in die Nächte / deiner Käfige wie in ein Joch.* Durch ihre Liebe verliert der *Dämon der Stadt* seine Bedrohlichkeit und Unmenschlichkeit – all das, *was dem Tag an Licht genommen*, gleicht ihr Zusammensein *am Abend* aus.

Durch Alfred Margul-Sperber, den Rose in Czernowitz wiedertrifft, entsteht eine Verbindung zur »New Yorker Volkszeitung«, bei der dieser einst publizierte. Es gelingt ihr, in den gemeinsamen New Yorker Jahren, zusammen mit Hecht dort Gedichte zu veröffentlichen, unter anderem das Gedicht *Streifbild.* Auch findet ihr Gedicht *Vor dem Niagara-Fall*, das sie einst an Brunner sandte, hier die erste Veröffentlichung (Sonntagsblatt der »New Yorker Volkszeitung« vom 19.12.1929). Zudem erscheint es am 4.1.1930 in der sozialistischen Zeitung »Vorwärts«. Die »New Yorker Volkszeitung« ihre Sonntagsausgabe und der »Vorwärts« sind das Sprachorgan der deutschsprechenden Bevölkerung in den USA. In einer Auflage von je 500000 Exemplaren erscheinen sie in ganz Amerika. Da Rose in diesen Zeitungen ihre Gedichte wie auch journalistische Arbeiten unterbringen kann, ist anzunehmen, daß sie in den zwei Jahren in Amerika zum ersten Mal als Lyrikerin wahrgenommen wird. Da Helios Hecht mit Sicherheit auch publizierte, sichern diese Einnahmen ihre dortige Existenz.

Das Gedicht *Neuer Frühling* (New Yorker »Volkszeitung« vom 5.5.1930), das bisher noch nicht im Gesamtwerk aufgenommen ist, möchte ich zitieren, da es auf beeindruckende Weise ihre Liebe zu Helios Hecht vor Augen führt.

Neuer Frühling

Soll ich dir glauben, kecker Überwinder?
Ein Lichtgebrause schwirrt auf Ätherschwingen
vom Himmel jubilierend durch die Lüfte
und reißt aus dunklen Schollen junge Düfte
und webt daraus opalgetönte Schlingen
und krönt die Stirnen auferstand'ner Kinder.

Und auch in meine wunde Winterseele,
die halberstarrte und die nachtverstörte,
bricht glutentzündend wildes Frühlingswettern –
das Weh zerreißt in plötzlichem Entblättern,
und wieder blüht mein Lied, das unbeschwerte,
zum Licht empor, dem Licht sich zu vermählen.

Nun streicheln innig deine Strahlenhände
mit so viel Liebe und mit so viel Leuchten,
daß ich beschämt mein Angesicht verhülle.
Du aber ziehst in mich mit weißer Stille
und läß'st mich ahnen alle unerreichten
Gestirne und den Aufstieg ohne Ende.

O laß mich in das Immerneue schreiten,
von Gipfel lustberauscht zu Gipfel schweben,
in unermeßliche Unendlichkeiten,
in deine Tiefen, deine Wunderweiten,
in deine unerhörten Schauerleben
laß, neuer Frühling, mich hinübergleiten!

Da ich wußte, daß Margul-Sperber sich bereits 1928, als Rose noch in Czernowitz ist, für sie starkmacht, suche ich den mir bisher nur in Ausschnitten bekannten Artikel von ihm über Rose aus dem »Czernowitzer Morgenblatt« heraus. Er, der in New York ihr literarischer Gesprächspartner war, hilft Rose auch in Czernowitz literarisch Fuß zu fassen. In seinem Artikel »Der unsichtbare Chor. Entwurf eines Grundrisses des deutschen Schrifttums in der Bukowina« stellt er Rose am 4. August 1928 mit einer weitblikkenden Äußerung dem literarischen Publikum in Czernowitz folgendermaßen vor:

»Und weil wir schon einmal beim Entdecken halten, sei hier eine ganz unmaßgebliche Vermutung ausgesprochen: Daß die zwei stärksten Begabungen in der zeitgenössischen deutschen Frauendichtung, von Else Lasker-Schüler abgesehen, zwei Bukonwinerinnen sind, deren Gedichtmanuskripte sich gegenwärtig in meinem Besitze befinden: Rose Scherzer-Ausländer und Salome Mischel.«

Beim Durchlesen dieses Artikel fällt mir in der 5. Folge vom 29. Juli 1928 ein Name auf: »Unter den Schriftstellern, die im ersten literarischen und kritischen Essay sowie im Aufsatz über wichtige Tagesfragen Anspruch auf höhere Wertung erheben können, seien hier genannt (...) Helios Hecht, (...) und Lucie Hecht-Preminger (...).«

Also ist nicht nur Rose Ausländer zum Zeitpunkt ihres Kennenlernens verheiratet, sondern auch Helios Hecht. Er hat also nicht, wie bisher angenommen, gleich nach ihrer Trennung im Jahre 1935 Lucie geheiratet, sondern sie ist schon längst seine Frau.

Ein 1980 von ihr als neunundsiebzigjährige Frau geschriebenes Gedicht ergibt plötzlich einen Sinn:

Liebe V

Wir werden uns wiederfinden
im See
du als Wasser
ich als Lotusblume

Du wirst mich tragen
ich werde dich trinken

Wir werden uns angehören
vor allen Augen
(...)

Diese zärtlichen Worte der Liebe, nach 45jähriger Trennung, lassen sowohl die Tiefe wie auch den Schmerz ihrer Begegnung ermessen: *Wir werden uns angehören / vor allen Augen* – ihr Wunsch, mit ihm *vor allen Augen* in der Öffentlichkeit ihre Liebe zu leben, vor *allen Augen* zu ihr zu stehen, beschreibt, wie groß die Wunde, die Verletzung aufgrund der aufgezwungenen, notwendigen Heimlichkeiten für sie war und ist. Für eine Frau, über die Dr. Emanuel Hacken sagte: Sie war eine Frau der »Extreme, wenn Rose liebte, liebte sie total.« – muß es eine fast nicht auszuhaltende Gefühlsanspannung sein, wenn der Mann, den sie so »total« liebt, nicht frei für sie ist.

Auch die gemeinsame Rückkehr in die USA 1928 erscheint durch das Vorhandensein von Lucie Hecht unter einem ganz anderen Blickwinkel. Der Aufenthalt Roses bei ihrer Familie, »der ursprünglich nur eine kurze Visite hatte sein sollen, aber die Mutter war an Herzasthma schwer erkrankt und mußte gepflegt werden«, wird solange ausgedehnt, bis ihre Beziehung so gefestigt ist, daß auch Helios Hecht sich von Lucie Hecht trennt. Das plötzliche Abbrechen seiner graphologischen Artikel in den Czernowitzer Zeitungen ohne vorherige Ankündigung könnte auch auf eine überstürzte Abreise der beiden hindeuten – vielleicht wollte Hecht, nachdem er Lucie seine Trennung von ihr offenbarte, so schnell wie möglich Czernowitz verlassen, um weiteren Auseinandersetzungen zu entfliehen. Dr. Emanuel Hackens Beschreibung von Lucie Hecht bestätigt diese Vermutung: »Lucie Hecht wollte ihren Mann auf keinen Fall loslassen und versuchte ihn mit allen Mitteln, auch sehr primitiven, zu halten.«

Rose und Helios »fliehen« daher regelrecht aus Czernowitz, um ihren Eifersuchtsszenen zu entkommen. Sie reisen in die USA, um dem Schritt *Wir werden uns angehören / vor allen Augen* näherzukommen – Rose will dort ihre Scheidung von Ignaz einleiten. Ihre zweite Einreise in die USA steht daher unter einem ganz anderen Stern. Dieses Mal fällt Rose der Abschied gewiß nicht schwer, wird sie doch von dem Mann begleitet, dem sie *angehören* will. Jetzt wird sie nicht von der Mutter fortgeschickt, sondern sie selbst hat es eilig, dorthin zu gelangen, um für Helios frei zu werden.

Da nach amerikanischem Gesetz nur dort eine Scheidung möglich war, wo die Ehepartner geheiratet hatten, mußte Rose nach New York zurückkehren – anschließend wollen sie erneut nach Czernowitz, damit auch Helios seine Scheidung von Lucie einleiten kann.

Am 8. Mai 1930 ist das erste Ziel ihrer gemeinsamen Zukunft erreicht. Rose Ausländer wird vom Obersten Gerichtshof des New Yorker Districts von Ignaz Ausländer geschieden. Ignaz verzichtet darauf, sich vor Gericht zu verteidigen, und wird daher schuldig gesprochen. Im Urteil heißt es: »(...), daß die Klägerin von den Verpflichtungen der Ehe befreit werde und der Klägerin gestattet wird, wieder zu heiraten, während dem Beklagten verboten wird, eine andere Person als die Klägerin während der ganzen Lebenszeit der Klägerin zu heiraten, außer durch spezielle Erlaubnis des Gerichts.«[5]

Ignaz' Lebensspur, die sich für mich verliert, taucht nur noch einmal aus dem Ungewissen empor.

1980 recherchiert ein Reporter für die Zeitschrift »Stern« über Rose Ausländer. Er entdeckt, daß Ignaz zu diesem Zeitpunkt noch in New York lebt und nie wieder geheiratet hatte.

Als Rose und Helios Anfang 1931 wieder in Czernowitz sind, versucht Helios seinerseits, wie Dr. Emanuel Hacken berichtet, seine Scheidung von Lucie voranzutreiben. Lucie Hecht will sich aber nicht von ihrem Mann scheiden lassen, und da ein Gerichtsverfahren in Rumänien nur Aussicht auf Erfolg hat, wenn der Scheidungswillige einen schwerwiegenden Grund, der gegen diese Ehe spricht, vorzuweisen hat, kann sich Helios nicht von Lucie scheiden lassen.

Wie schlimm für beide diese Tatsache sein muß, kann man erahnen, wenn ihre große Liebe aus den Zeilen spricht:

Mein Leben lebt durch deine Liebe auf.
Die weite Welt ist wieder mir beschert.
Du bist mein Zeiger, ich dein Ziffernlauf,
dein Schreiten erst gibt meinen Zahlen Wert.

Durch ihre Liebe erfährt sie für sich selbst erst den *Wert* ihres Daseins; die Liebe zu ihm macht ihr Leben erst lebenswert.

Dich lieben, Lieb ist mehr als Lust und Leid.
Von dir geliebt sein ist ein Schöpfungsakt
urhafter Einung der Verschiedenheit
in eine Strahlung, einen Rhythmentakt.

Erschüttert sucht mein Geist nach einem Bild,
dich darzustellen, wie du Liebe bist.
Doch alles Sein ist so von dir erfüllt,
daß keine Sprache deine Räume mißt.

Nun kann mein Leib in einer Wüste sein;
Mein Herz birgt Wälder deiner Üppigkeit,
und Quellen müssen springen aus dem Stein,
gesprengt vom Herzschlag unsrer Zweisamkeit.

Geliebt zu werden und zu lieben ist für Rose ein *Schöpfungsakt*, ein so einzigartiger und überwältigender, daß alle zuvor gekannten und gefühlten Worte nicht ausreichen, um die Größe der Liebe beschreiben zu können – *Doch alles Sein ist so von dir erfüllt, / daß keine Sprache deine Räume mißt.*

Auch ein weiteres Gedicht läßt den Leser ihre tiefen Gefühle nachempfinden:

Alle Gaben, die der Tag verschwendet,
sind durch mich zu deiner Lust gespendet.

Deine Augen, blauend im Erwachen,
sehen meine aus der Sonne lachen.

Stehst du in dem Kreuz von grünen Wegen,
blüh ich dir als Kirschenbaum entgegen.

Sieh, ich bin in jeglicher Erscheinung:
Was du anrührst wird mit mir Vereinung.

Helios' Liebesgedicht an sie steht an Gefühlsintensität ihren in keiner Weise nach:

Der Geliebtesten

Oh, wie der Gram mir auf zum Herzen schwillt,
Seh ich dein Aug verdunkelt, zornentstellt!
Doch sieh! Wenn es in Güte aufgehellt,
Erscheinst du mir verklärt zum Gnadenbild.

Wie hab ich still zu meinem Gott gefleht,
Dass er mich form nach deinem Sehnsuchtsbild!
Stumm ist mein Lieben und doch heissberedt,
Wie's dich umwirbt, so zart, so glutenwild!

In deine Hände lege ich mein Leben.
So nimm es hin, hast du auch nichts zu geben.
Mein Blut verströmt, – so mag es nur verrinnen!

Kann solche Liebe denn im Tod verebben!
Sie wird sich über Gram und Grab erheben.
Zum Himmelslied, wenn ich schon lang von hinnen.
Helios
19.X I.28[6]

Wie erschütternd die Erkenntnis für sie gewesen sein muß, als sie wissen, daß ihr Ziel, *vor allen Augen* vereint zu sein, nie erreichbar ist, sprechen diese Worte einer Liebe zwischen zwei Menschen aus, die sich immer gesucht zu haben scheinen.

Auch der sehnlichste Wunsch, ihre Liebe durch ein Kind zu vollenden, wird durch die Verweigerung der Scheidung von Lucie zerstört:

Mein Kind I

Mein ungebornes Kind, das ich einst träumte,
war grün wie junges Laub im Junihauch.
Im nächsten Traum war es ein Bach, der schäumte,
in einem andern war's ein Rosenstrauch.

So blieb mein Kind in allen Farbenspielen
des Traumes. Er gestaltete mein Kind.
Ich füge es zusammen aus den vielen
Vermessenheiten, die mein Träumen sind.

Im Traum halt ich es zärtlich in den Händen
und stille es mit Milch aus Mond und Mohn.
Doch wehrt es sich – ich kann es nicht vollenden.
Ist's eine Tochter oder ist's ein Sohn?

Ich füge es zusammen aus den vielen / Vermessenheiten, die mein Träumen sind. – Mein ungebornes Kind, (...) war grün wie junges Laub im Junihauch: wie schreibt sie doch an Helios – *Stehst du in dem Kreuz von grünen Wegen / blüh ich dir als Kirschenbaum entgegen* – der *Kirschenbaum* trägt seine Früchte im *Juni* und das *grün* ihres *ungeborne(n) Kind(es)* trägt das Zeichen seiner *grünen Wege.*

Im nächsten Traum *war es ein Bach*, der schäumte – vor Wut auf Lucie, die ihm seine Existenz unmöglich machte. Und zu guter

Letzt *ein Rosenstrauch*, der einfach seine Blüten treibt, ohne sich an anderen zu orientieren.

Wie sehr der Wunsch, diese Sehnsucht in ihr eingegraben liegt, zeigt das späte Gedicht *Mein Kind*:

Mein Kind

Ich habe mein Kind
begraben
das ich nicht gebar

Es war
vollkommen

Rose, die jetzt aufgrund ihres Alters weiß, daß sie nie mehr ein Kind bekommen kann, begräbt traurig ihren Kinderwunsch, der sich nie für sie erfüllte und den sie doch immer als Sehnsuchtskern in ihrem Herzen trägt.

Doch ich will zurückgehen zum Ausgangspunkt dieser Sehnsucht – zu der Liebe zwischen Rose und Helios. Noch einmal verändert sich der bisher angenommene Zeitpunkt des Kennenlernens von Rose und Helios, als ich die Briefe von Constantin und Lotte Brunner lese. Im Brief von Lotte vom 5.12.1926 stoße ich auf den Namen »Helios Hecht«.

»Liebe Rosa! Darf ich Sie um etwas bitten? Vater und ich lasen in der ›Welt‹ die wunderschönen graphologischen Deutungen von Helios Hecht, die besonders wegen ihrer psychologischen Feinheit und seltenen Charaktergeltung sehr bewegten. Ich möchte ihm nun eine Probe von mir einsenden, weiß aber nicht wie ich zu adressieren habe. Würden Sie so lieb sein, mein Briefchen an ihn zu befördern und ebenso, mir die Nummer, die die Antwort enthält, zurück zu leiten?

Falls Sie H. kennen, sagen Sie ihm bitte keinesfalls, wer ›Lotta‹ ist.«

Rose ist also nicht, wie angenommen, zuerst bei den Brunners und reist anschließend nach Czernowitz, sondern sie ist schon Ende 1926 dort und besucht erst im folgenden Sommer die Brunners.

Und noch ein weiterer Brief bringt eine unerwartete Wendung:

»12.II.27: Vielen Dank für die Besorgung der Schriftprobe an H. (...). An Sie und Ihren lieben Mann mit herzlichem Händedruck gegrüßt

von Lotta«

Rose trifft Mitte oder Ende 1926 nicht allein, wie bisher geglaubt, in Czernowitz ein, sondern in Begleitung von Ignaz Ausländer. Sie lebt demzufolge bei ihrer Ankunft in Europa noch gar nicht von ihm getrennt.

Offenkundig beschließen Ignaz und Rose Ausländer demnach 1926 gemeinsam, eine Reise in ihre Heimat zu unternehmen, auf der auch ein Besuch der Brunners in Potsdam geplant ist:

»Karfreitag

Also im Juni dann ein schönes Zusammentreffen!

Lotte«[7]

Vermutlich haben die beiden nach 5jähriger Abwesenheit Sehnsucht nach der Landschaft der Bukowina und den Menschen, die sie lieben. Für Rose sind es die Mutter, der Bruder, Alfred Margul-Sperber und die Brunners.

Ihre Reise ist nicht als Rückkehr geplant, sondern sie wollen dort die Geborgenheit einatmen, die sie in New York so stark vermissen, um dann angefüllt mit Wärme wieder in *Die stolze, große, grellgeputzte Stadt* zurückkehren zu können.

Doch es kommt anders: In Czernowitz trifft sie nicht nur die ihr liebgewonnenen Menschen, sondern auch Helios Hecht, der die große Liebe ihres Lebens wird.

Sonne im Februar

Wir haben die Fenster
mit Schnee gewaschen
Helios atme sie trocken

Strähn
unser frostverästeltes Haar
mit dem Sonnenkamm

Freilich wir wissen
im Dornengarten
hast du schlafende Rosen begraben
bald wirst du sie wecken
kelchgerecht
für die Regentaufe

Wir werden
Zeugen sein

Indessen blühn
farblose Eisblumen
auf dem Moosdach
verwesender Väter

Dieses Gedicht, das ich immer schon mit dem Kennenlernen von Helios Hecht in Verbindung brachte, da der Name Helios auch den Sonnengott bezeichnet, gewinnt vor diesem Hintergrund eine viel gewichtigere Bedeutung.

Wir haben die Fenster / mit Schnee gewaschen – aus diesen Zeilen springt eine fröhliche, ausgelassene Stimmung über, die, obwohl sie im Perfekt steht, ein Jetztgefühl oder ein Immernochgefühl übermittelt. Ein *Wir* formt wie die Kinder mit den Händen Schneebälle, um damit lachend den Winterdreck aus den *Fenstern* zu wischen. Sie wollen die *Fenster* säubern, damit das warme, helle Licht der *Sonne im Februar* bis tief in das Zimmer dringen kann.

Die erste Strophe trägt den Leser hinein in ein Liebes-Spiel zweier Menschen, die sich lieben lernen und nun gemeinsam das Licht in ihr Zimmer holen wollen.

Sonne im Februar – Liebe *im Februar* – Liebe zu Helios Hecht *im Februar* 1927, wo sie ihn in Czernowitz kennen- und lieben lernt.

Wie sich Rose in der Ehe mit Ignaz fühlt, verraten die Zeilen *Strähn / unser frostverästeltes Haar / mit dem Sonnenkamm.* Aber das Wort *unser* deutet darauf hin, daß es Helios in der Ehe mit Lucie nicht anders ergeht. Beide leben bislang in der Herzenskälte und genießen es folglich um so stärker, daß nun *Helios*, der Sonnengott, diese offenen Wunden des Herzens *trocken atme(t).*

Jetzt, nachdem sie ihre Liebe zulassen, werden die *schlafende(n)*

Rosen kelchgerecht für die Regentaufe geweckt. Ihre Liebe erst läßt ihre Blütenkelche in der ihnen gemäßen Form erblühen, d.h., diese Liebe erlaubt ihnen, zu der ihr eigenen menschlichen Form zu erblühen. Und erst diese ureigene Form befähigt zur *Regentaufe*, zur Taufe mit dem Wasser, das Leben nunmehr entstehen läßt.

Wenn ich in Gedanken noch einmal zu dem Gedicht *Wasser* zurückkehre, erscheinen diese Vorstellungen vertrauter.

Rose Ausländer glaubt, daß erst die Liebe den Menschen zum Menschen macht und ihn damit zum getauften, angenommenen Kind Gottes werden läßt.

(...)
Nur die Liebe
erlaubt mir
ein Mensch zu sein

Die Liebe zu Helios erweckt die *schlafende Rose* zur Lebendigkeit.

Februar 1927 – wahrscheinlich will Rose dem Wunsch Lottes besonders gerecht werden und schickt die *»Probe«* nicht nur an die Zeitschrift, sondern gibt sie persönlich in der »Landhausgasse« beim »Kino Intim« ab, wo Hecht seine graphologische Praxis betreibt.

Oder sie wird durch Lottes Urteil über seine graphologischen Gutachten neugierig und sucht ihn selbst auf. Egal, wie auch immer sie ihn wirklich kennenlernt, sicher ist jetzt auf jeden Fall, daß sie ihn im Winter 1926/27 trifft und daraus eine tiefe, leidenschaftliche Liebesbeziehung entsteht, die im *Februar* 1927 schon sehr eng ist.

Wie Ignaz Ausländer auf die Tatsache reagiert, daß seine Frau sich in einen anderen Mann verliebt, läßt sich nicht dokumentieren. Doch es ist anzunehmen, daß sie sich im Frühling 1927 trennen, da eine Karte Brunners vom 8.7.1927 ausschließlich an »R. Ausländer« in Berlin adressiert ist.

Aus der Hölle New York sind Ignaz und Rose in den Himmel Czernowitz geflüchtet, der für Rose zum wahren Himmel der Liebe wird, für ihn dagegen zur Hölle des Verlassenwerdens.

Vermutlich reist Ignaz bald darauf aus Czernowitz ab, und sie treffen sich erst wieder in New York zwecks Auszug aus der gemeinsamen Wohnung und später wegen der Scheidung.

Als Rose 1926/27 nach Czernowitz auf Besuch kommt, erlebt sie eine neue Blütezeit auf dem Gebiet der Lyrik. Die dort lebenden deutschsprechenden und deutschschreibenden Menschen verknüpfen ihre Identität und ihr Kulturbewußtsein nun noch stärker mit der Sprache, nachdem die Bukowina von Österreich losgerissen wurde.

»In den 30iger Jahren erreicht die Lyrik der Bukowina quantitativ wie qualitativ ein für rumäniendeutsche Verhältnisse außergewöhnlich hohes Niveau, was auch die vergleichsweise vielen Buchveröffentlichungen während dieser Zeit belegen, die dank der unermüdlichen Wirksamkeit Sperbers erscheinen konnten (...).«[8]

Das Auftauchen einer jungen, hübschen 25jährigen Lyrikerin, die vom Flair der großen, weiten Welt umspielt ist und zudem, wie aus den Bildern dieser Zeit[9] zu ersehen ist, eine starke Sinnlichkeit ausstrahlt, die von den großen, erwartungsvollen Augen noch unterstrichen wird, wirkt mit Sicherheit auf die Czernowitzer Männerwelt sehr anziehend, zumal Rose durch ihre Freundschaft mit Alfred Margul-Sperber gleich Anschluß an die lyrisch interessierten Kreise findet. Auch Helios Hecht verkehrt dort. Es könnte durchaus sein, daß sie ihm in diesem Kreis zum ersten Mal begegnet und durch Lottes vorherige Bitte neugierig auf ihn zugeht.

Seit mich dein grüner Kinderschritt erkannt,
läuft leicht und licht mein Schritt durchs Erdenland,
küßt jeder Scholle heilges Fruchtbarsein
und geht mit dir in große Reifen ein.

Die Farbe *grün*, die sie in New York so sehr vermißte, taucht im Zusammenhang mit Helios ständig auf. Auch in dem Gedicht, das ich schon zitierte, galt *grün* ihm: *Stehst du in dem Kreuz von grünen Wegen.*

Grün hängt damit ursächlich *mit ihrer Liebe*, mit der daraus gewonnenen Lebendigkeit und Leichtigkeit zusammen, die ihr in New York abhanden gekommen war:

Aber keine Schmetterlinge / fängt sein Strahl am Wege auf, / keine lichten, leichten Dinge / leiten höher seinen Lauf.

Diese jetzt gefühlten *Schmetterlinge* im Bauch lenken ihren Schritt *leicht und licht (...) durchs Erdenland* und verhelfen Rose zu einer ungeahnten schöpferischen Inspiration: *Mein Herz birgt Wälder deiner Üppigkeit*, die nur so aus ihr herausfließt.

Liebe, die für sie ein *Schöpfungsakt* ist, befähigt zu überschäumenden, beglückenden Worten, die herausgeschrieben werden müssen, damit sie nicht vor Glück – im umgangssprachlichen Sinne – »platzt«.

Sowohl Rose wie auch Helios Hecht entfalten unter dem Diktat der Liebe eine intensive Schreibtätigkeit und das Bemühen zu publizieren. Als Rose, nach dem Besuch bei den Brunners, noch ein Jahr in Czernowitz bleibt, schickt sie, unter dem Namen eines Freundes, Dr. Rosenblatt, ihre Gedichte nach Wien zu Karl Kraus – dieser ist immer noch der literarische Papst für die deutschschreibenden Bukowiner.

Dr. Rosenblatt, ein Augenarzt aus Czernowitz und zudem der Freund von Helios, ist ein großer Karl-Kraus-Verehrer.

Zwar führt dieser Versuch von Rose nicht zu einer Veröffentlichung ihrer Gedichte, doch schreibt Karl Kraus in einem Ablehnungsbrief:

»(...) Immerhin sei gesagt, daß sich dem leider nur flüchtigen Überblick da und dort neben vielen ungestalteten Spuren eine starke Sprachbegabung gezeigt hat, namentlich in dem Gedicht ›Entrissenes Herz‹.«[10]

Zusammen mit Helios verläßt Rose Czernowitz, um Anfang 1931 als geschiedene Frau wieder mit ihm zurückzukehren. Zudem gewährt ihr der erneute Amerika-Aufenthalt die Sicherheit, daß ihr ihre amerikanische Staatsbürgerschaft nicht aberkannt wird, da jemand, der länger als zwei Jahre außerhalb Amerikas wohnt, diese verliert.

Doch als sie nach Czernowitz zurückkehren, ist es nicht das gleiche Czernowitz, das sie verlassen haben. Denn auch hier hat sich wie in Deutschland die wirtschaftliche und damit auch die kulturelle Situation stark verschlechtert.

»Im Jahre 1931 sind in der Bukowina zehn Banken, davon zwei große, zusammengebrochen. Bei diesem Zusammenbruch sind Menschen, die beträchtliche Teile ihrer Arbeit und Jahre der Sorgen um die Zukunft widmeten, mit dem runden Betrag von 600 Millionen Lei Verlustträger geworden. Man hat sie ausgeglichen, oder man gleicht sich aus. Die Geschädigten werden noch eine gute Miene machen, wenn sie 30 Prozent dessen, was sie erworben und den falliten Banken anvertraut haben, zurückbekommen werden. (...)

Czernowitz hat nach unserer Berechnung mindestens 8000 arbeitslose Menschen. (...) Unter solchen Verhältnissen muß der kulturelle Schwung der Bevölkerung einen starken Dämpfer bekommen. Trotzdem kann man sagen, daß Czernowitz gerade in diesen Tagen allen Kulturströmungen der Zeit das regste Verständnis entgegenbringt. Jede Neuerscheinung findet hier ein starkes Echo und weckt das Bedürfnis, sie kennen zu lernen, sie auf ihren Gehalt zu prüfen und sie in die Kulturstände einzureihen, die zu dem geistigen Besitz der Stadt gehören. (...)

Zeichnet man also das Bild der Stadt Czernowitz, wie es sich im Jahre 1931 heraushebt, so muß man konstatieren, daß die soziale Not und die wirtschaftliche Misere der Stadt das Gepräge verleihen. Der Wohlstand, den es vielleicht noch in sehr geringem Umfange gibt, ist umtobt und umwogt von einem stürmischen Meer der furchtbarsten Entbehrungen, ja der schlimmsten Armut.«[11]

Trotz dieser veränderten wirtschaftlichen Situation gelingt es Helios Hecht erneut und auch Rose Ausländer, mit ihren Publikationen Fuß zu fassen. Dank der Hilfe Margul-Sperbers, der von 1926 bis 1940 Mitarbeiter des »Czernowitzer Morgenblattes« ist, erscheint Hechts erster Artikel »Das Lächeln« bereits wenige Wochen nach ihrer Ankunft am 8. Februar 1931.

Viele weitere, breitgefächerte Artikel folgen von ihm. Am 28. Juni 1931 stellt er in dieser Zeitung dem Czernowitzer Publikum seine Resultate einer zehnjährigen graphologischen Erfahrung vor. Unter anderem weist er auf seine fachwissenschaftlichen Aufsätze, 79 populärwissenschaftliche Vorträge in allen Orten der Bukowina hin, davon allein 43 in Czernowitz.

Ein Zeitungsvermerk, der mir besonders auffiel, sei hier noch erwähnt: »Helios Hecht frei! Vollkommene Unschuld erwiesen.«[12]

Helios Hecht ist also im Jahre 1932 nach »langwierigen Untersuchungen« wieder »auf freien Fuß gesetzt worden«. Er wird aufgrund verschiedener bei ihm beschlagnahmter Unterlagen verdächtigt, dem »Kommunismus« nahezustehen. Auch ein von ihm übersetztes Gedicht »Manger-Gedicht«[13] wird einbehalten.

Dieses Ereignis wirft einen deutlichen Blick auf das Czernowitzer Gesellschaftsgefüge. Bei einem Gespräch zwischen Dr. Edith Silbermann, Alfred Kittner und Helmut Braun am 21.4.1988, das mir als Tonbandaufzeichnung vorliegt, wird die Verhaftung Hechts ebenfalls erwähnt und die Bestürzung von Rose, Dr. Rosenblatt und Kittner aufgrund dieser Verhaftung herausgestellt – sie alle versammelten sich am Morgen nach seiner Verhaftung in Roses Wohnung, um zu beratschlagen, wie sie Hecht helfen konnten. Am Ende erweisen sich alle Verdächtigungen als falsch.

Auch Rose gelingt es, vor allem ab 1932, ihren *New York Zyklus*, aber auch neu entstandene Gedichte in der Zeitung »Der Tag« unterzubringen. Dabei kommt ihr gewiß die Bewunderung Arnold Schwarz', des Herausgebers ebendieser Zeitung, zugute.

Zusätzlich gelingt es Rose, ihre Gedichte in der Kronstädter Literaturzeitschrift »Klingsor« abdrucken zu lassen. Auch in Prager Literaturzeitschriften und in Anthologien wie »Buchenblätter« erscheinen Gedichte und Essays von ihr. Zudem schreibt sie unter dem Pseudonym *Frau Ruth* Lebensberatungstips für die Leser von »Der Tag« und der »Czernowitzer Zeitung am Abend«. Im Jahre 1932 hält sie auch in der Redaktion dieser Zeitungen Sprechstunden als »Briefkastentante« ab. In ihrem Vorhaben wird sie ganz bestimmt von Helios Hecht beratend unterstützt. Ausschlaggebend für diese Arbeit ist sicher auch die Tatsache, daß Frauen sich eher an eine Frau wenden, wenn sie sich Rat einholen wollen, als sich einem ihnen unbekannten Mann anzuvertrauen. So können sie Helios' Wissen für die erforderlichen Analysen gemeinsam nutzen.

Ihre Liebe einerseits und andererseits das lebendige Kulturleben in Czernowitz beflügeln die beiden geradezu, schöpferisch tätig zu sein.

Herbst II

Der Himmel fällt wie eine Frucht
in meine Hand, die Frühling sucht.
Ich schäle ihn aus Herbsteshaft
und trinke seinen Sternensaft.

Die Fenster stehen groß und warm
mit ausgestrecktem Freundesarm.
Mit tausend Fingern winkt der Baum,
und draußen wartet treu der Traum.

Der Raum, der Lenz und Herbst zerstückt,
ist blau von Sternen überbrückt.
Aus allen Früchten fließt der Wein
und trägt uns in den Rausch hinein.

Die im *Februar* 1927 *mit Schnee gewaschen(en) Fenster* stehen *groß und warm* – Rose und Helios wohnen jetzt zusammen im Haus der Mutter Scherzer in der »Dreifaltigkeitsgasse 12a«. Unter dem Deckmantel der von ihm dort geführten graphologischen Praxis wird das

Abb. 14 Rose Ausländer mit Mutter vor dem Haus Dreifaltigkeitsgasse 12 in Czernowitz, das später zum Ghetto gehörte

illegale Zusammenleben der beiden, wie Dr. Emanuel Hacken erzählte, geduldet.

»Helios Hecht
gerichtl. beeidet. grapholog. Experte
Dreifaltigkeitsgasse 12 a (Sackgasse)«[14]

Ihr Zusammensein ermöglicht Rose, die *mit tausend Fingern* winkende Sprache der Natur in Worte, in Gedichte zu fassen und in ihren *Traum*, ihren Lebenstraum umzusetzen, den einst die *Zigeunerin* deutete:

An der Mündung des Herzlaufs
voll der Mond
du liebst
(...)

In diese Zeit des intensiven Schreibens und Veröffentlichens fällt auch ihre Begegnung mit Elieser Steinbarg. Wie schon im Abschnitt »Czernowitz« erwähnt, ist diese, neben der mit Brunners Werk, die wichtigste für ihr literarisches Schaffen. Es ist anzunehmen, daß Rose Elieser Steinbarg durch Helios Hecht kennenlernt, da er ihn schon seit »zehn oder elf Jahren« kennt. »Seit seiner (Steinbargs) Rückkehr aus Rio de Janeiro« im Jahre 1930 ist Steinbarg Helios »nahe und teuer«.[15]

»Unter seinem auch quantitativ großen Gesamtwerk besitzen wir außer Dramen, Märchen, Kinderdramen und Erzählungen, rund fünfhundert Fabeln, die nicht ihresgleichen haben an Fülle und Tiefe und Erfindlichkeit in der ganzen europäischen Literatur.«[16]

Verena Dohrn erzählt in ihrem Buch »Reise nach Galizien« davon:

»Kra – kra – kra! schreit die Krähe.

›Kra – kra – kra heißt in der Vogelsprache dasselbe wie Kro kro in der heiligen hebräischen Sprache, und das heißt: Lies! Lies!‹

Weil die Krähe der Vogel Rabbi ist, ruft sie Kra kra: Lies, Vogel, Lies! So oder ähnlich beginnt eine der jiddischen Fabeln von Elieser Steinbarg. (...)

Die Fabel ›Wie die Vögel die Bibel lernen‹ erzählt, nur Fromme und Gute, Vögel und Kinder lehre der Cherub – ›ein ganz kleiner Engel, der so groß wie ein Vogel‹ – nachts im Traum die Schrift der grünen Blätter lesen.«[17]

Rose muß nach Steinbargs Fabel zu den wenigen Glücklichen gehören, die der »Cherub« diese *grüne Muttersprache* lehrte:

Grün und Grün

Worte eines Gedichtes
das mich schreibt
grün und braun

Ich erkenne mich nicht

Du gehörst mir
sagt der Frühling

Ich bewohne dich
sagt der Herbst

Du gehörst mir / sagt der Frühling – da sie wie Steinbargs Fabel erzählt, Kindgeworden / unter dem Maikäfermond ist, auch wenn der *Herbst*, das Alter in ihrem Körper wohnt, lehrt sie der »Cherub« »die Schrift der grünen Blätter lesen«, aus denen sie ihr universelles Zeichensystem entwickelt.

Dichterbildnis

Elieser Steinbarg
Es starb ein Schöpfer, und die Dinge sind,
was sie vor ihm gewesen: Dinge.
Ein Vater starb, es starb ein Kind.
Es trauern die verwaisten Schmetterlinge.

Gott schuf die Welt. Er hat sie uns gegeben
als einen Acker roh und unbestellt.
Da kam der Dichter und erschuf das Leben,
und nun erst sahn und fühlten wir die Welt.

Er stand auf einer kleinen Spanne Zeit
– rings wogten Sterne, Meere, Felder, Fluren –
und gab der wesenlosen Wirklichkeit
die Sprache schöpferischer Kreaturen.

Ein Fabelreich entstand – und es ward Licht,
das riß den trägen Kloß von seinem Ort,
und formte draus ein flammendes Gesicht,
und lieh ihm Gottes Ebenlaut: Das Wort.

Der Dichter starb, der Stein ward wieder Stein.
Sein Auge brach – wir wurden wieder blind.
Die Dinge schließen sich – wir sind allein.
Ein Schöpfer starb! Es starb ein Kind!

Das Gedicht, das Rose am 10.4.1932 drei Wochen nach dem Tod des 52jährigen jiddischen Fabeldichters verfaßt, zeichnet mit Worten das *Bild*, das sie von einem Dichter in sich trägt. Sowohl Steinbarg wie Rose glauben, daß die Quelle eines Dichters sein bewußtes Kindsein ist: *Es starb ein Kind!* Durch ihre Begegnung mit seinem Werk kann Rose ihr *Bild* aus sich herausholen und es damit zum ersten Mal betrachten.

Es starb ein Schöpfer! – er, der Fabeldichter, schöpft aus sich heraus, wie Gott es tat; er schöpft aus seinem innersten Kern. Und wenn er tot ist, gibt es nichts mehr, woraus geschöpft werden könnte, *und die Dinge sind, wie sie vor ihm gewesen sind: Dinge.*

Ein Vater starb! – ein Mann *starb*, den sie als ihren literarischen Vater angesehen hat, da seine Worte sie zutiefst berühren, trösten, beschützen, Rat vermitteln und sie streicheln, so wie es *ein Vater* bei seinen Kindern tut. Nach seinem Tod trauern *die verwaisten Schmetterlinge* um ihn, da sie vom lebensnotwendigen Nektar des *Schöpfers* nicht mehr trinken können und daher die geistige Nahrung verlieren. Sie, die jungen Literaten, bleiben *verwaist, verlassen, leer* zurück, da sie noch nicht aus sich selbst schöpfen können.

Da kam der Dichter und erschuf das Leben / und nun erst sahn und fühlten wir die Welt – Rose sieht Elieser Steinbarg, und damit die Dichter allgemein, als *Schöpfer* des *Lebens* an, der erst durch sein *Wort* die *Welt* lebendig macht – gleichsam wie das Wort Gottes.

Am Anfang war das Wort – das Wort ist für sie *Gottes Ebenlaut* und die einzige Möglichkeit des Menschen, die *Welt* zu sehen und in sich zu fühlen.

Das Wort des Dichters ist für Rose der Urtat Gottes gleichzusetzen, denn erst dieses *Wort* ermöglicht *Leben.*

Elieser Steinbargs Fabeln verhelfen Rose zur Selbstvergewisserung als Dichterin – durch seine *Worte* erkennt sie ihren eigenen Wert –, da sie durch ihn erfährt, daß der Mensch den *Dichter* und damit Literatur braucht, um die *Welt* überhaupt sehen und fühlen zu können. Dies ist in der Tat eine *hohe* Aufgabe, eine *erhabene*, wie sie in ihrem zweiten Gedicht über Elieser Steinbarg schreibt.

Elieser Steinbarg ist für sie ein *Zwerg* (er war körperlich sehr klein), der durch die göttliche Führung der Intuition zu einem *Riesen* unter den Menschen wird, da er durch sie außergewöhnliche Gaben und Kräfte besitzt:

Steinberg Elieser / Erlöser von Stein und Berg.

Leider sehen dies zu seiner Zeit nur wenige in Czernowitz, denn wie ich schon erwähnte, geht er für zwei Jahre nach Brasilien, da für ihn in *»unserer Stadt«* kein Platz ist.

Lothar Bickel, ein früherer Studienfreund aus dem »Ethischen Seminar«, schickt am 3.3.1966 an Rose seinen Artikel über Steinbarg.

»Steinbargs Fabeln sind dieser wunderbare zum Leben erweckte Sprachchor. Aus allen Dingen tönen uns die tausendfältigen Stimmen der Menschen entgegen, beichten und beschwören, klagen an und bekennen, weinen und klingen zusammen zum grossen Liede vom Menschen. Steinbarg hat tief hinter das Verborgene des Menschen geschaut, er weiß um das ewige Betrogenwerden des menschlichen Bewußtseins durch die ihm verdecktbleibenden unbewußten Triebe, er kennt die tragische Unkenntnis seiner selbst, die beschränkte Klugheit des Menschen, seine mörderische Verlogenheit, seinen abgründigen Geschmacksmangel, aber auch das Elend seines Einerlei und die Trostlosigkeit seiner ewigen Schmerzen. Gegen all das gibt es nur ein Mittel: das Erkannte aussprechen, das Geheime aufdecken und darlegen; dann ist das Tragische gleichzeitig komisch, dann wird auch das empörend Lächerliche in ein Gefühl stiller Traurigkeit gehüllt, und alles wird verzeihlich, weil verständlich.«[18] Bickels Worte zeigen, was Rose in ihrer Tiefe durch Steinbarg gefunden hat: nämlich die Bestätigung dafür, daß Schreiben, das Aus-sich-heraus-schreiben *Leben* und *Überleben* erst ermöglicht, ja *Leben* erst durch *das Wort* geschöpft wird.

Gib mir

(...)
Worte
stark
wie der Atem
der Erde

Und gerade das Aus-sprechen, das Schreiben der ganzen Farbpalette der Gefühle ermöglicht Rose ebenso wie Steinbarg, das Leben zu lieben und es zu bejahen.

»Trotz des bitteren Wissens um Menschen und Leben ist Steinbarg kein Griesgram und kein Lebensverschmäher, sagt trotz allem zur Welt ein kräftiges und weisheitsgestähltes Ja, läßt seine Rede nicht in unfruchtbarer Blasiertheit und Verzweiflung auslaufen, sondern in einem goethisch anmutenden Bekenntnis zur Liebe, zur Freude und zur Tat.«[19]

Diese Freude am Leben drückt selbst sein Grabstein, den Verena Dohrn in Czernowitz besuchte, aus:

»Ein heller Stein, breiter als hoch, wie ein aufgeschlagenes Buch oder ein Notenblatt steht da, darauf ein Relief aus bunten Blumen, wie Vögel fliegen sie über den Stein-Aleph, Beth, Gimel, Daleth ... – ›Alef – alle Menschen sind Kinder, Bet – Brüder sind alle Kinder ...‹ Josif Burg, jiddischer Schriftsteller in Tschernowsky, erinnert sich an ferne Tage in der ›Sommer – Colonie des jüdischen Schul-Vereins‹ von Czernowitz in den Karpaten, die der Fabeldichter Elieser Steinbarg damals zwischen den Weltkriegen leitete. Dort, in dem großen Haus mit der hölzernen Galerie, dem Garten mit Apfelbäumen ringsherum, habe der Dichter, der kleine Mann mit der starken Brille eines Kurzsichtigen, die Kinder armer Juden gesammelt wie Diamanten, ihnen Geschichten erzählt«[20].

Weil

du ein Mensch bist

weil

ein Mensch eine Muschel ist
die manchmal tönt

weil

du in mir tönst
als wäre ich eine Muschel

weil

wir uns kennen
ohne Namen und Samen

weil

das Wort Welle ist

weil

du Wort und Welle bist

weil

wir strömen

weil

wir manchmal
zusammenströmen

Wort Welle Muschel Mensch

Die nichtbenannte Frage, auf die das *Weil* antwortet, könnte lauten: Warum Liebe? Warum ein Ja zum Leben? Die Antwort heißt: *Weil / du ein Mensch bist.*

Ab 1933 wird in Czernowitz die wirtschaftliche und politische Situation gegenüber 1931 noch gespannter und schwieriger. Die deutsche Zeitung »Der Tag« stellt ihr Erscheinen ein. Somit verliert Rose einen wichtigen Teil ihrer Publikationsmöglichkeiten. Da der von ihr erteilte private Englischunterricht zur Sicherung des Lebensunterhaltes nicht mehr ausreicht, nimmt sie im Oktober 1933 *Arbeit ... im Schlachthaus*[21] an.

Margul-Sperber, der sich aus politischen Gründen 1933 nach Burdujeni (Südbukowina) zurückzieht, um dort als Fremdsprachenkorrespondent in einer Selchwarenfabrik zu arbeiten[22], vermittelt ihr diese Stelle in Czernowitz. *Ich beherrsche die ›Trichinoskopie‹ schon ganz flott, trotzdem muß ich noch weiter ›unten‹ arbeiten, so hat Dr. Marcianu es gewünscht, da, der Vorschrift zufolge, eine mindestens 6wöchige Lehrzeit vorgeschrieben ist.*[23]

Doch schon Ende Dezember 1933 reist Rose Helios Hecht nach Bukarest nach, da dieser ebenfalls wegen wirtschaftlicher Schwierigkeiten in der zweiten Hälfte des Jahres 1933 Czernowitz verläßt.

Dort zieht sie bei Helios in der *Bucuresti, VI. Str. St. Stefan 28* ein, wie sie an Margul-Sperber schreibt.[24]

1934 findet sie bei der »Vacuum Oil Company« als Englischkorrespondentin Arbeit in Bukarest.

Helios arbeitet weiterhin als Graphologe: Er wird zu Stellenbesetzungen herangezogen. Zudem ist er in Bukarest Herausgeber der Zeitschrift »Die neue Heimat«, in der neben einer Besprechung von Margul-Sperbers erstem Gedichtband »Gleichnisse der Landschaft« (1934) auch eine Würdigung Rose Ausländers durch ihn erscheint.

»Der ›Tag‹ (gemeint ist die Czernowitzer Zeitung ›Der Tag‹) hat die Ehre gehabt, einige ihrer minderbedeutenden Gedichte zu veröffentlichen (...)«, doch die Stärke der Lyrikerin liege, wie Hecht meint, in den noch nicht veröffentlichten: »Da ist die hohe Kunst der Selma Lagerloef (...). Wer ihre Gedichte liest, muß tief Atem holen, um all diesem Sturm und auch dieser Flut von unerhörten künstlerischen Visionen zu folgen. Wer die Gedichte gelesen hat, wird mich keiner Übertreibung schuldig machen, wenn ich sage, daß hier eine ganz neue Dichtungsgattung an Wortschöpfung und Formkunst vorgetragen wird. Wer diese Gedichte liest, steht im Banne eines solchen Zaubers, wie ihn echte Kunst auf ihren Gipfeln zu wirken vermag. –

Wenn ihre Gedichte einmal in die Öffentlichkeit hinausblühen, wird eine berufene Kritik ihr jene Höhe einzuräumen gezwungen sein, wie sie der Schöpfung einer großen Begabung zukommt. Unterdessen hütet Rose Ausländer ihren Schatz grollend und mißtrauisch wie Laurin seine Kleinodien.«[25]

Doch etwa ein Jahr später:

»Mein letzter Gruß! Dienstag, 22. Jan. 35

Ruthi, mein geliebtes Kind! – Diese letzten Briefe umfassen drei Tage und drei Nächte an noch nicht durchgerungenen Kämpfen und Entschlüssen. – (...) Ich werde dich nie mehr vor dem Büro erwarten, dich nicht besuchen, dich nicht aufstören durch meine Briefe. – Hast du einen Wunsch, so ist das Telefon (33570) unser Vermittler. (...)

Lebe wohl![26]

Mit diesem Abschiedsbrief in den Händen erscheint mir die Trennung in einem anderen Licht.

Nicht Helios trennt sich von Rose, deren jüdischer Name ja Ruth ist, sondern er setzt nur einen Schlußpunkt unter eine heftige Auseinandersetzung, in der Rose, so wie der Brief andeutet, sich von ihm in irgendeiner Weise enttäuscht und verletzt fühlt.

»Und nun nichts mehr in Worten und Handlungen, das weh tut.

Auch die Analyse gebe ich Dir bedingungslos. Den Empfang der Gedichte werde ich Dir unterschreiben. Es handelt sich nur um einige Superlative in Deiner Charakteranalyse, die Qualitäten halte ich für richtig. Wie sind wir miteinander verwandt in solchen Überzeichnungen! – Sonst ist da kein Wort zu widerrufen. (...)«

Dieser Absatz aus dem Abschiedsbrief Helios', den Rose selbst vermutlich mit Bleistift am Rand anstreicht, enthüllt den wahren Grund ihrer Trennung. Auch schreibt sie am 16.3.1935 folgendes an Sperber:

Von zu Hause bekomme ich eben Nachricht, daß mein Bruder Ihnen meine jetzige Adresse und einiges über meine Misere mitgeteilt hat. Dieses ›letzte Kapitel‹ ist jedenfalls das traurigste in meinem Leben. Und schlimmer als das: ich bin in einem Sumpf stecken geblieben, in den ich immer tiefer versinke, so viel Anstrengung ich auch mache, herauszukommen. – Nicht genug davon, daß ich systematisch belogen, betrogen, verraten und obendrein meines wesentlichsten Eigentums, der Gedichte beraubt wurde (...).[27]

Der Streit zwischen Rose und Helios entzündet sich vermutlich an einer von ihm über sie verfaßten Charakteranalyse sowie an der

Tatsache, daß er ihre Gedichte, die sie ja, wie er schrieb, »hütet (...) wie Laurin seine Kleinodien«, ohne ihre Zustimmung veröffentlicht – vielleicht oder sogar sehr wahrscheinlich in seiner eigenen Zeitschrift, in »Der neuen Heimat«.

Durch die an ihr analysierten Charakterzüge und das heimliche Veröffentlichen ihrer Gedichte fühlt sie sich so tief verletzt und gekränkt, daß eine Versöhnung nicht mehr möglich wird. Helios' Verhalten macht ihr bewußt, daß er sie als Frau nicht respektiert, daß er über ihren Kopf hinweg entscheidet, ohne sie nach ihren Wünschen zu fragen, geschweige denn sie zu respektieren. Seine verniedlichende Anrede »Ruthi, mein geliebtes Kind!« in seinem Abschiedsbrief an die Frau, die er vorgibt zu lieben, bestätigten dies – Helios behandelt Rose wie ein unmündiges Kind, über das der »Vater« entscheiden kann. Wieder fühlt sich Rose unbewußt als das »kleine Mädchen«, über deren Kopf die »allmächtige« Mutter hinweg entscheiden kann und sie nach Amerika schickt. Rose rutscht mit Sicherheit durch Helios' Verhalten in diese verstärkende, verdrängende Erinnerung zurück.

Heute fühlt sie sich von dem Mann, den sie liebt, in ihrem ureigensten Interesse, in ihrer Arbeit als Dichterin nicht respektiert und wahrgenommen. Natürlich schreibt er wunderschöne Worte über ihre Gedichte, doch wie er sie als Frau, als eigenständigen Menschen behandelt, zeigt sein eigenmächtiges Verhalten mit ihrem *wesentlichsten Eigentum, den Gedichten.* Da Rose sich über die wahre Ursache ihrer Gefühle nicht klar ist, bleibt dieses *letzte Kapitel (...) jedenfalls das traurigste in meinem Leben. Und schlimmer als das: ich bin in einem Sumpf stecken geblieben, in den ich immer tiefer versinke, so viel Anstrengung ich auch mache, herauszukommen.*

Rose will ihren Platz in der Welt selbst ausfüllen und ihn nicht von Helios zugewiesen bekommen. Da sie aber als Kind erfuhr, daß Liebe gleichzusetzen ist mit respektlosem Verhalten ihr gegenüber, erlebt sie das gleiche Muster noch einmal, ohne es wirklich zu erkennen.

So bleibt ihr nur, »extrem« gekränkt und nachtragend zu reagieren, anstatt von Helios bewußt den ihr gebührenden Respekt einzufordern.

»Lass mich gut sein wollen, geliebtes Kind, denn Du verstehst, dass man sich über Nacht nicht umstellt, dass Du immer der Pol bleiben musst, um den mein Leben und Fühlen kreist.«

Da Rose nicht weiß, daß der ihr von ihm zugefügte Schmerz durch den als Kind erlittenen ins Unerträgliche gesteigert wird, bleibt seine Verfehlung für sie unentschuldbar – erneut in die unbewußte Wunde gestochen zu haben, kann sie ihm nicht verzeihen, obwohl seine Worte eine Bereitschaft zum Umlernen ausdrücken.

»Es ist zwischen meiner Tochter und Herrn Hecht zum Bruch gekommen; Herr Hecht hat sich ärger und niederträchtig benommen, als der gemeinste Mensche.«[28] – Worte ihrer Mutter, die eigentlich für diese Wunde verantwortlich ist, an Sperber, spiegeln das Empfinden Roses wider und zeigen uns gleichzeitig, wie recht Bikkel mit seinen Worten über Steinbarg hat: »er kennt die tragische Unkenntnis seiner selbst«.

Rose und Helios Hecht nehmen beide das Leid ihrer zerbrochenen Liebe mit in ihr weiteres Leben.

»Ruth, ich habe dir gestern an die Vacuum Sperbers Gedichte mitsamt jenen Briefen uebersandt, die noch vor jenem unglücklich verlaufenen Besuch fuer dich bestimmt waren. (...) Ich fühle mich in eine grundlose Tiefe fallen, erblinde im Dunkel und kann nicht zerschmettert werden. Im Sturze vergeht mir Atem und Herzschlag, aber kein Ende, keine Zerschmetterung, kein Schwinden des Bewußtseins. (...) Heute blicke ich erstarrt in Erstarrtes, das nicht anders werden kann. Du bist eine Steinfigur, an die ich mich schmiegen möchte, zwischen uns aber steht starr und greifbar die ewige Kälte, in die kein Gott mehr Bewegung hinein laecheln kann.«[29]

Helios drückt mit beeindruckenden Worten die Tragik dieser Trennung aus – Rose »erstarrt« zu einer »Steinfigur«, entzieht ihrem Leben das lebensnotwendige Fließen, die Bewegung, »erstarrt« zur »ewige(n) Kälte«, weil es ihr nicht gelingt, diesen unbewußten Konflikt zu erkennen und zu lösen. Ihr bleibt nur, das Fließen in ihren *Worten* zu suchen und zu finden, in ihrem realen Leben, mit ihrem Körper wird sie dies nicht mehr leben.

Abschied I

Du gingst von mir, gefolgt von meiner Ruh,
die meiner Seele leere Wohnung mied.
Du schweigst zu allem, was ich um dich litt,
und deine Güte schlug die Augen zu.

Und doch hab ich dir alles dies verziehn –:
der Groll zieht weiter, und die Liebe bleibt.
Wie du auch fliehst, du kannst mir nicht entfliehn:
ich bleibe deinem Wesen einverleibt.

So nehm ich Abschied, ganz in dich getaucht:
du bist in mir, wo du auch immer seist!
Hat je ein Gott so Herz in Herz gehaucht,
so innig eingewoben Geist in Geist?

Es ist ein Abschied, aber kein Lösen voneinander – lebenslang bleiben sie aneinandergekettet.

Freund
du warst
ein Irrtum
tausend Briefe
ohne Wahrheit
das Mohnspiel
deiner Lippen
deine Ohnmacht
setzt mich
matt

Weiter wandern

der Tod
wird den Verlust
verstehn

Auch ihr Gedicht *Du und dein Bild* verdeutlicht dies auf beeindrukkende Weise. *Du* und *dein* (Helios') äußeres Erscheinungsbild sind zwei verschiedene Personen, die losgelöst voneinander ohne jede Übereinstimmung bestehen.

Du – Helios, so wie *du* fühlst und handelst, bist *du* nicht *dein Bild*, das deine Worte malen, denn *du* und *dein Bild* sind jetzt nach der Trennung für Rose zwei getrennte Wesen, die sie beziehungslos nebeneinander findet.

Dein Bild – auf der Wand – nicht an der Wand – betont diesen äußeren Schein, der aufgesetzt ist und nicht der Spiegel seines *Du(s)* ist – *Dein Bild* ist nur der Ausdruck dessen, was *Du* von dir träumtest, sind deine Träume, aber nicht deine realen Handlungen – und doch zeigt es ihr schmerzlich: *du lebst / ich hab dich lieb.*

Auch nach ihrer Trennung folgt sie *deinem Blick im Bild* – folgt sie seinen Augen, die der Spiegel zur Seele sind und die ihr verraten sollen, was er empfindet. Doch *im Bild* findet Rose nicht das, was sie sucht, nur sie selbst spiegelt sich auf dem Papier.

Wir gehn zusammen – die äußere Trennung zieht keine innerliche nach sich, denn sie liebt ihn immer noch.

Doch bitter und voller Zorn tritt die dritte Strophe in diesen Zustand des Immernochliebens ein.

Es taugt nicht – dein Bild, weil es nur äußerer Schein, eine Maske ist, die nicht bestehen kann vor seinem *Du*, da dieses *Bild* nur ein Entwurf von dem Menschen ist, der *Du*, Helios Hecht, vielleicht gerne gewesen wärst oder den *Du* ihr gerne vorgespielt hast. Aber Rose hat ihn durchschaut. Seine Worte und seine Handlungen stimmen nicht überein, bleiben außen wie *auf der Wand.*

Deshalb ihr zorniger, wütender Befehl: *denk nicht an Wiederkehr / wirst mich nicht finden.*

Doch ihr Zorngefühl währt immer nur Augen-Blicke, solange bis ihr Blick *deinem / Blick im Bild* folgt und ihr Herz wieder zu sprechen beginnt: *Wir gehen zusammen.*

Ich muß an die Zeilen von Max Frisch aus *»Der andorranische Jude«*[30] denken:

»Du sollst dir kein Bildnis machen, heißt es, von Gott. Es dürfte auch in diesem Sinne gelten: Gott als das Lebendige in jedem Menschen, das, was nicht faßbar ist. Es ist eine Versündigung, die wir, so wie sie an uns begangen wird, fast ohne Unterlaß wieder begehen – ausgenommen wenn wir lieben.«

Rose liebt Helios Hecht auch jetzt, als sie erkannt hat, *es taugt nicht – Ich hab dich lieb – Wir gehn zusammen.*

Die vierte Strophe klingt milder, um Verständnis ringend: *Versteh mich – Du* hast mich so sehr verletzt und enttäuscht, daß *du (...) umsonst (kämst) / ich bin nicht mehr hier.*

Du und dein Bild

Auf der Wand
du lebst
Ich hab dich lieb

Es taugt nicht
denk nicht an Wiederkehr
wirst mich nicht finden

Ich folg deinem
Blick im Bild
Wir gehn zusammen

Versteh mich
du kämst umsonst
ich bin nicht mehr hier

VII »Es war eine unendliche Sonnenfinsternis« – Czernowitz (1931–1946)

Von längeren Aufenthalten bei der Mutter in Czernowitz abgesehen, bleibt Rose unter verschiedenen Adressen in Bukarest wohnen und arbeitet weiterhin bei der »Vacuum Oil Company«.

Nach der Trennung wendet sie sich wieder verstärkt ehemaligen Freunden und Bekannten zu und schließt sich erneut einem Constantin- Brunner-Kreis an.

Die Vereinigung in Bukarest wird von dem Mediziner Lothar Bickel geleitet, der auch im »Ethischen Seminar« war. Zu Alfred Margul-Sperber pflegt sie weiterhin intensiven brieflichen Kontakt. Diesem Briefwechsel verdanke ich viele wichtige Hinweise in bezug auf ihre Gefühle zur zurückliegenden *Misere.*

Am 16.3.1935 schreibt sie: *Wie ein Blitz schlug vor mehreren Wochen Ihr Buch (...) in die schwarze Unendlichkeit meiner Verzweiflung und Verlassenheit ein (...).* Rose bezieht sich auf seinen 1934 erschienenen Gedichtband, der sie mit Sicherheit ermutigt, auch einen Gedichtband von sich in Erwägung zu ziehen.

Sie haben mir eine große Freude mit dem Buch gegeben – schon allein durch die Tatsache, daß Sie Ihre Gedichte herausgeben konnten. Stellt sich solch ein Band sehr hoch? – Ich denke dabei natürlich an die eigene ›Unsterblichkeit‹![1]

In einem weiteren Brief vom 24. Juli 1935 erzählt sie, wie sie ihr Leben jetzt empfindet:

Im unablässigen Kampf mit äußeren und inneren Dämonen, dazu vor einer Maschine wie in ein Joch gespannt, sind mir die Muße und die Muse so fern, so fern.

Das Leben ist stärker als das Gedicht! Das Gedicht ist wichtiger als das Leben! Und die zwischen beiden pendeln, werden zerrissen!

Am 30.4.1936 schreibt Rose:

Die Stadt ermordet uns. Betäubt von Getöse, Geschwätz und Maschinengeratter. (...) Hier sind die Quellen verschüttet. Wir haben tausend Surrogate für ein Vogellied, aber kein Vogellied. Der Ersatz

Abb. 16 Rose Ausländer 1939 in Bukarest

aber inspiriert nicht. Auch die Menschen hier sind Surrogate, das Lächeln blüht auf ihren Lippen, aber die Seelen sind dürr und kalt.

Diese Aussagen erinnern sehr stark an ihre Gefühle in New York – jetzt, wo ihr wie damals die Liebe fehlt, verschwindet wieder das Grün, die Leichtigkeit und die schöpferische Inspiration. Denn ihr *Herz birgt (keine) Wälder deiner Üppigkeit* mehr, sondern beherbergt eine *unfaßliche Leere.*

Hier kann man erkennen, daß Rose ihr Heimatgefühl mit der Liebe zu Menschen verknüpft und der Verlust eben dieser Liebe ihr das Gefühl des Verlassenseins, der Entwurzelung vermittelt.

Margul-Sperber, der ihr als Ratgeber dient, unterstützt sie bei der Herausgabe ihres ersten Gedichtbandes *Der Regenbogen*, der Gedichte aus den Jahren 1927–1933 enthält und im Juli 1939 im Verlag Literaria in Czernowitz erscheint.

Ihnen (...) verdanke ich es, daß mein Buch herauskommt, ich hätte allein nicht die Energie aufgebracht, alles Dazugehörige zu tun, schreibt Rose am 14.7.1939 an Sperber.

Die Druckkosten muß sie selbst übernehmen, und da das Papier nicht reicht, werden aus den geplanten 500 Exemplaren nur 400.

Rose verschickt selbst etliche Ausgaben ihrer Bücher. Für die Vertreibung der übrigen Verkaufsauflage sorgt der Buchhändler und Verleger Niedermayer vom Verlag Literaria in Czernowitz.

Doch das Buch einer Jüdin wird im nationalsozialistischen Deutschland nicht mehr beachtet. Von der Presse der Bukowina, Rumäniens und der Schweiz bekommt es ausgezeichnete Kritiken. Schriftsteller wie Manfred Hausmann und Hans Carossa äußern sich begeistert zu dem Werk. Auch von Arnold Zweig erhält sie einen Brief aus Haifa in Palästina:

»(...) wäre die Zeit nicht so ungünstig für alle Arten von Lyrik, ich hätte Ihnen längst für Ihren ›Regenbogen‹ gedankt, (...). Ich finde Sie sehr begabt und es ist wunderbar ablenkend, sich in Ihrem Versgarten zu ergehen.«[2]

Am 20.4.1940 erscheint in der »Allgemeinen Zeitung« in Czernowitz eine Rezension von Martha Kern, die ich anführen möchte, da sie sehr einfühlsam ihre Gedichte bespricht:

»(...) In ihrer ureigensten Gestalt tritt uns jedoch Rose Ausländer entgegen, da sie in ihr eigenes Herz taucht und aus den Wunden einer großen Liebe die roten Rosen holt, die den tragischen Hauch einer einmaligen Leidenschaft atmen. Vom ungläubigen Tasten und Staunen der ersten Begegnung in ›weißer Einsamkeit‹ zum Jubelruf der vollkommenen Hingabe, da ›sieben Himmel mit Sternen und Regenbogen nicht zuviel sind‹ und ›der Liebe rote Beeren‹ zum Symbol einer mystischen Verschmelzung werden, führt uns eine Folge von Sonetten zum Abschluß.

Es kamen Winde und verwirrten Dich
Da kamen Falter und entführten Dich
Und ließen mich im Stoppelfeld zurück.

Die Frage, ›Was fängst Du jetzt noch an mit Deinen Tagen‹ geht durch jedes Herz. Auch die Reihe Des Geliebten Nächte zu entzünden trägt den Stempel echter Weiblichkeit. Die Verse

Des Geliebten Liebe zu erhalten,
möcht ich mich in tausend Frauen spalten,
daß er tausendfach nur mich begehre,
alle liebend nur mir angehöre!

können nur von einer Frau geschrieben sein.

Unrecht wäre es, diese Besprechung abzuschließen, ohne der beiden originellen Dichterbildnisse Erwähnung zu tun, die Rose Scherzer-Ausländers Talent von einer neuen Stelle zeigen. Besonders geglückt ist die Nachzeichnung von Elieser Steinberg, dessen geniale Fülle, die naive Vertrautheit mit Stern und Stein wunderbar erfaßt ist. Die Worte ›Ein Vater starb, es starb ein Kind‹ umfassen eigentlich alles, was das Werk dieses außerordentlichen Geistes kennzeichnet. Aber auch der Dämonie des jiddischen Balladendichters Manger wird sie gerecht. Seine zwiespältige Natur, die Gott und Tier in einer Gestalt vereint, bannt sie in das eindrucksvolle Bild, da ›der Dichter nach einer durchzechten Nacht den Mond im Arm verzückt nach Hause strömt‹. In starken, vollen Akkorden klingt die Melodie der Welt aus den Versen dieser Frau auf. Ihre Lieder Die goldenen Vögel bringen unserem grauen Dasein Glanz und Farbe, Sinn und Trost.«

Ohne die Liebe zu Helios Hecht hätte die Künstlerin Rose Ausländer niemals diese Gedichte schreiben können – *Alle meine Gedichte sind gelebtes, erlebtes, erlittenes Leben* schreibt sie an Peter Jokostra.

Die Arbeit an ihrem ersten Lyrikband, bei der sie die Gestaltung, die Überwachung von Satz und Druck selbst durchführen muß, hilft ihr, *ihre verzwickte Situation* durchzustehen.

Diese ergibt sich aus der Tatsache, daß sie jetzt, nachdem sie nach dreijähriger Abwesenheit die amerikanische Staatsbürgerschaft aberkannt bekam, staatenlos und zudem noch Jüdin ist. Im Mai 1939 wird dadurch ihre Anstellung bei der »Vacuum Oil Company« immer bedrohter. *In meiner Staatsbürgerschaftssache bin ich in großer Klemme. Mein Büro ist in diesen Sachen sehr streng – ich laufe Gefahr, den Posten zu verlieren*[3]

Ihre amerikanischen Freunde erkennen die Gefahren, die der Jüdin Rose Ausländer mit der sich ankündigenden Naziherrschaft über Rumänien drohen. Dr. Walter Bernard, den sie im New Yorker Brunner-Kreis kennenlernte, verschafft ihr eine Einreisemöglichkeit nach New York über eine notariell beglaubigte Einladung vom 20. März 1939 des »Gesellig Wissenschaftlichen Vereins« von New York[4], der sie für eine Serie von kulturellen Veranstaltungen verpflichten will.

Diese Gelegenheit nimmt Rose aufgrund des immer stärker werdenden Druckes wahr. Um die Reise in die USA vorzubereiten, fährt Rose im Juni 1939 nach Paris.

Meine schwierige Lage hier, der Alpdruck, der schwarz und schwer auf mir lastet, trieben mich hinaus. Ich hoffte das Buch (»Der Regenbogen«*) mitnehmen zu können, dies hätte mir sicher manchen Nutzen gebracht. Es kam alles anders – und nun noch diese Bescherung!*[5]

Nicht nur daß das Buch nicht zum vereinbarten Zeitpunkt fertig ist, sondern zudem bedeuten für sie die 100 fehlenden Exemplare eine beträchtliche finanzielle Einbuße – *Ich bin sehr deprimiert. Alles schlägt fehl.*

Alpdruck

Die Wände, die mich halten, sprechen
mit harten Stimmen auf mich ein.
Kann keiner diese Mauern brechen?
Ist keiner stärker als der Stein?

Die Wälder flohen vor Händen,
das Gras zertrat ein Fuß aus Stein.
Bis an die Wolken wachsen Wände
und lassen keinen Baum herein.

So laßt mich zu den Wassern wandern:
Dort spricht noch brausend Gottes Mund,
und eine Welle zeigt der andern
den Silberweg hinab zum Grund.

So laßt mich zu den Gipfeln gehen,
wo um mein staunendes Gesicht
sich Erde, Berg und Himmel drehen,
und wo der Sturm das Schweigen bricht.

Da wachsen diese Wände höher
und enger, bis kein Himmel bleibt.
Ein schwarzer Schattenmensch schwebt näher,
den meine Angst nicht mehr vertreibt.

Nach einem einmonatigen Vorbereitungsaufenthalt in Paris kehrt sie wieder nach Bukarest zurück.

Am 3.8.1939 schreibt Rose an Sperber: *Meine Nerven sind kaputt – Schwäche und Schlaflosigkeit peinigen mich, und im Büro setzt man mir zum Verzweifeln zu. Man wird breimüde und möchte sich am liebsten gänzlich auflösen!*[6]

In diese Phase fällt eine Liaison mit dem *jungen Künstler* M. Freed-Weininger aus Czernowitz, dem Rose auch ein Gedicht widmet: *An einen jungen Künstler*. Er ist Dichter und Maler. Das Verhältnis dauert weniger als ein Jahr und endet mit Roses Abreise nach New York.[7] 1946 trifft ihn Rose dort wohl wieder, aber das Verhältnis belebt sich nicht noch einmal: Am 22.6.1976 schreibt sie an ihn: *Daß ich Dir mehr bedeute, hast Du nicht bewiesen. Als wir beide in*

Abb. 17 M. Freed-Weininger, 1939 und 1940 Lebensgefährte von Rose Ausländer

den USA lebten, hast Du mich jahrelang ignoriert und sehr selten, kurz, besucht. Dem Dr. Bickel hast Du einige Deiner selbstgemalten Bilder geschenkt, weil er über Dich schrieb oder weil Du wünschtest, daß er über Dich schreibe. Ich bekam nie ein Bild von Dir. (...) auf schöne Worte allein lege ich keinen großen Wert. Am 22. Juni 1988 schreibt Freed an sie. *»Vera Hacken informiert mich immer wie es Dir geht, und ich fühle mich so schlecht dass ich nicht wusste wie das Unvergessliche unserer Stunden in Bukarest zu bewahren.«* An dieses kurze Liebesabenteuer will sie in den späteren Jahren nicht mehr erinnert werden.

Im Oktober 1939 kommt Rose zum dritten Mal mit dem Schiff in New York an – wieder ist es ein sehr unerfreulicher, trauriger Anlaß, der, aufgrund eines gesundheitlichen Rückfalls der Mutter in Czernowitz, noch verstärkt wird.

Rose, die jetzt vor der Naziverfolgung sicher ist, weiß ihre kranke und damit hilflose Mutter dieser Gefahr ausgesetzt.

Ins Leben

Nur aus der Trauer Mutterinnigkeit
strömt mir das Vollmaß des Erlebens ein.
Sie speist mich eine lange, trübe Zeit
mit schwarzer Milch und schwerem Wermutwein.

In ihrem Leibe wachs' ich wie ein Kind,
gehüllt in Nachtgesang und Schattenraum,
bis meine Leiden reif und sehend sind
und mich der Schoß hinausstößt aus dem Traum.

Da stürzen alle Wege auf mich zu.
Und jeder nimmt mich in sein Anderssein.
Und Abende stehn groß in goldner Ruh
wie Engel um meine verklärte Pein.

Die erste Strophe dieses Gedichtes aus *Der Regenbogen* drückt programmatisch ihre lebenswichtige Beziehung zur Mutter aus, die paradoxerweise nicht durch deren Liebe gespeist wird, sondern durch

Trauer. Roses *Trauer*, die sie beim Verstoß durch die Mutter 1921 fühlte, bindet sie an diese, da sie so groß ist und war, daß sie allein den Maßstab *des Erlebens* bildet. Genau gesagt heißt es, daß Rose sich selbst auch nur in *Trauer* voll und ganz erlebt – nur im Zustand der *Trauer strömt mir das Vollmaß des Erlebens ein*.

Sie speist mich eine lange, trübe Zeit / mit schwarzer Milch und schwerem Wermutwein – *sie*, die *Trauer*, *speist* Rose seit der Zeit, als sie sich von der Mutter verlassen und in ihrem eigenen Schmerz, um den Verlust des Vaters nicht wahrgenommen fühlt, und bestimmt seitdem ihr Leben.

Die *Trauer* verhindert der Tochter die lebensnotwendige Abnabelung aus dem Mutter-Kind-Verhältnis, und hält sie im Gegenteil darin gefangen, gefangen durch die lebensbedrohende Nahrung der *Trauer*. Die *schwarze Milch* und der *schwere (...) Wermutwein* dienen als Metaphern dieses Todesbildes: In ihrer umgekehrten Symbolik erscheint die *schwarze Milch* als ein Gift, das anstelle der lebenserhaltenden Mutter-*Milch* dem Kind eingeflößt wird. Nicht Liebe und das Ziel eines eigenständigen Lebens der Tochter sind das tragende Element ihrer Beziehung, sondern *Trauer* und Lebenszerstörung. Im Zusammenwirken mit dem *schwarzen Wermutswein*, der sie berauscht, werden all ihre Sinne betäubt, und die vernunftmäßigen, lebensnotwendigen Schritte der Tochter unterbleiben. Als erwachsene Frau *wachs' ich wie ein Kind in ihrem Leibe* – Rose ist immer noch der Embryo, der mit der Nabelschnur mit ihrem Körper verbunden ist. Die Tragik dieses unselbständigen, abhängigen Lebens wird noch verschärft, da im Körper der Mutter keine heilbringende Nahrung wohnt, sondern *Nachtgesang und Schattenraum. Gehüllt* in tiefe Dunkelheit und Depression fristet ihre eigene Embryo-Seele ihr Dasein – weder die Seele der kleinen Rosalie noch die Seele der über zwanzigjährigen Rose sind erwacht.

Sie, die die Liebe der Mutter auf so tragische Weise entzogen bekam oder vermutlich auch als kleine Rosalie nie wirklich fühlte, kann nicht loslassen, *bis meine Leiden reif und sehend sind / und mich der Schoß hinausstößt aus dem Traum*. Doch bis dahin werden noch viele leidvolle Jahre vergehen, und erst der Tod der Mutter 1947 *stößt (sie) aus dem Traum*.

Aber bis dahin bindet sie die *Trauer* um so fester an die Mutter.

Das Gedicht reflektiert ihre Abhängigkeit und erklärt, warum Rose nach Czernowitz zurückgeht, um dort ihre Mutter zu pflegen.

Die Mutter hat Rose unbewußt in einer derartigen Abhängigkeit von ihren eigenen Bedürfnissen und Wünschen gehalten, daß die Tochter gar nicht auf die Idee kommt, sich um sich selbst zu sorgen. Denn alle vernunftmäßigen Argumente sprechen gegen diesen Schritt, da die ihr in Europa drohenden Gefahren sowohl Rose als auch ihren amerikanischen Freunden bekannt sind. Bereits Ende 1939, nach einem dreimonatigen Aufenthalt in Sicherheit, begibt sie sich also freiwillig wieder zurück in die Gefahrenzone des Nationalsozialismus.

Paul Celan, den sie Ende 1943 im ghettoähnlich besetzten Czernowitz kennenlernen wird, hat in seinem bekannten Gedicht »Todesfuge«[8] auch die Metapher »Schwarze Milch« verwendet. Diese Tatsache wird später ein Grund sein, warum ihm in den 60er Jahren ein Plagiatvorwurf gemacht wird, der jedoch nicht haltbar ist. Ein weiterer Grund für diesen Plagiatvorwurf ist das Gedicht *»Er«* seines Schulfreundes Immanuel Weissglas.

Im Juni 1942 werden die Eltern von Paul Celan nach Transnistrien in ein Lager am Bug abtransportiert. Er selbst entgeht in einem Versteck der Deportation. Seine Eltern kommen im Winter 1943/44 im Lager in Transnistrien um. Immanuel Weissglas wird mit seinen Eltern in das gleiche Lager gebracht, kehrt jedoch 1944 mit seiner Mutter wieder nach Czernowitz zurück. Da Celan eigene Lagererlebnisse fehlen und ihn das Schuldgefühl plagt, seine Mutter nicht, wie Immanuel Weissglas, »gerettet« und als Jude nicht das Schicksal der Juden erlitten zu haben, versucht er diese fehlende Erfahrung mit der Erfahrung anderer zu kompensieren.

Das Gedicht *»Er«* wird zur Grundlage seiner *»Todesfuge«*, weil Weissglas das Lagerleben kannte, das Schicksal der Juden teilte und diese Erlebnisse in einem Gedicht verarbeitet hat.

Abb. 18 Paul Cehan 1947/48

»Er

Wir heben Gräber in die Luft und siedeln
Mit Weib und Kind an den gebotnen Ort.
Wir schaufeln fleißig, und die andern fiedeln,
Man schafft ein Grab und fährt im Tanzen fort.

ER will, saß über diese Därme dreister
Der Bogen strenge vor sein Antlitz streicht:
Spielt sanft vom Tode, er ist ein deutscher Meister,
Der durch die Lande als ein Nebel streicht.

Und wenn die Dämmrung blutig quillt am Abend,
Öffn' ich nachzehrend den verbissnen Mund,
Ein Haus für alle in die Lüfte grabend:
Breit wie der Sarg, schmal wie die Todesstund.

ER spielt im Haus mit Schlangen, dräut und dichtet,
In Deutschland dämmert es wie Gretchens Haar.
Das Grab in Wolken wird nicht eng gerichtet:
Da weit der Tod ein deutscher Meister war.«[9]

In Celans Gedicht »Todesfuge«, das sicherlich Motiv-Parallelen zu Weissglas aufweist, hat Paul Celan eigene Erfahrungen des Arbeitsdienstes, der Internierung der Eltern und das Schicksal der Juden in den Konzentrationslagern miteinander verschmolzen. Der Vorwurf, er habe diese Motive von Weissglas übernommen, erscheint mir ungerechtfertigt, da das Bild des »Grabes in der Luft« auf realistische Grundlagen, nämlich auf die Krematorien von Auschwitz und anderswo zurückgeht.

In den Lagern von Transnistrien, in die die Bukowiner Juden verschleppt werden, mit ihnen Weissglas, Celans Eltern, Meerbaum-Eisinger und viele andere, gibt es keine systematische Vergasung und Leichenverbrennung. Die schwächsten Gefangenen sterben schon auf dem Fußmarsch zum Lager, hinzu kommen Massenerschießungen. Sowohl Weissglas wie Celan haben daher ihre Gedichte bezüglich dieser Motive nicht auf persönliche Erfahrungen aufgebaut. Da sie in der kurzen Zeitspanne zwischen August 1944 und Frühjahr 1945, als Celan nach Rumänien ausreist, dieselben kulturellen Kreise besuchen, die auch Rose Ausländer frequentiert, ist eher zu vermuten, daß sie, als sie von den Ungeheuerlichkeiten der nationalsozialistischen Vernichtungsmaschinerie erfahren, über diese sprechen und schreiben. Beide Gedichte sind daher zwei verschiedene Versuche der Verarbeitung dieser unbegreifbaren Informationen.

»Schwarze Milch der Frühe wir trinken sie abends / wir trinken sie mittags und morgens wir trinken sie nachts / wir trinken und trinken« – Paul Celan verwendet Roses Bild der *schwarzen Milch* in seiner »Todesfuge« in einem ganz anderen Sinne. Er gebraucht wohl auch die ursprünglich lebensspendende Milch als Farbe des Todes, aber in einem ganz anderen Bedeutungsrahmen als Rose Ausländer. Sie thematisiert ihre Beziehung zur Mutter, während Celan das Gedankengut des Nationalsozialismus' als todbringende Gefahr beschreibt. *»Wir«*, die ständig, im Sinne von sehr früh, diese Gedanken »trinken«, werden so von ihnen berauscht, daß *»wir«* dieser lebensbedrohenden Realität so anheim gegeben sind, daß *»wir«* zwischen Gut und Böse nicht mehr zu unterscheiden vermögen.

Auch Rose Ausländer empfindet seine Metapher als eigenständiges Sprachprodukt und erhebt keinerlei Prioritätsanspruch:

Daß Paul die Metapher ›schwarze Milch‹, die ich in meinem 1925 geschriebenen, jedoch erst 1939 veröffentlichten Gedicht ›Ins Leben‹ geschaffen habe, für die ›Todesfuge‹ gebraucht hat, erscheint mir nur selbstverständlich, denn der Dichter darf alles als Material für die eigene Dichtung verwenden. Es gereicht mir zur Ehre, daß ein großer Dichter in meinem bescheidenen Werk eine Anregung gefunden hat. Ich habe die Metapher so nebenhin gebraucht, er jedoch hat sie zur höchsten dichterischen Aussage erhoben. Sie ist ein Teil von ihm selbst geworden.[10]

Der Erfolg ihres Buches *Der Regenbogen*, das auch das Gedicht *Ins Leben* enthält, bleibt der Dichterin versagt, da ab 1941 der nationalsozialistische Terror gegen die Juden auch in Rumänien beginnt. Als der Krieg in Deutschland schon begonnen hatte, wähnen sich die Juden von Czernowitz noch in Sicherheit, und Flüchtlinge aus Österreich und dem Deutschen Reich suchen Schutz bei ihnen.

Doch im Juni 1940 wird der Norden der rumänischen Bukowina mit der Hauptstadt Czernowitz von der Roten Armee besetzt. Willkürmaßnahmen vor allem gegen die deutsche Bevölkerung, deren meist mittelständische Soziallage sie der Bourgeoisie, des Besitzes verdächtig macht, beginnen. Die Russen unterstellen ihnen sogar Kollaboration mit den deutschen Faschisten – Deportationen schließen sich an.

Einer dieser Deportationswellen von 1940 fällt Roses Verleger Niedermayer zum Opfer. Er, der durch die Tatsache, daß er in der Buchhandlung und im Verlag Angestellte hat, als »Ausbeuter« verdächtig erscheint, wird von russischen Soldaten ergriffen und nach Sibirien verschleppt.

Als sich 1941 Rumänien und Deutschland verbünden, wird die Bukowina von den profaschistischen rumänischen Truppen zurückerobert. Die sich zurückziehende Rote Armee nimmt ca. 1500 Bukowiner Männer gefangen und zwingt sie, sich als Soldaten den Russen zur Verfügung zu stellen. Wer nicht »freiwillig« mitgeht, wird erschossen. Unter diesen »Freiwilligen« sind viele Ärzte, da diese in Rußland dringend gebraucht werden. Auch Max Scherzer,

Abb. 19 Rose Ausländer mit Bruder Max Anfang 1939 in Czernowitz

Roses Bruder, wird das Opfer dieser Zwangsrekrutierung. Er wird gezwungen, sich der russischen Armee als Soldat zur Verfügung zu stellen und muß mit nach Rußland ziehen. Bertha Scherzer, seine Frau, die schwanger ist, bleibt bei der Schwiegermutter und Rose zurück.

Im Ghetto bringt sie 1941 ihren Sohn Harry zur Welt, der seinen Vater erst mit drei Jahren kennenlernt, als dieser 1944 wieder aus Rußland zurückkehrt.

Als die Russen am 30.3.1944 erneut die Bukowina besetzen, kehren nur 37 der 1941 deportierten Männer lebend zurück. Max Scherzer ist einer unter diesen wenigen.

Nachdem Hitlers Armeen am 22. Juni 1941 die Sowjetunion überfallen, und Rumänien unter Antonescu an der Seite Hitlers von der Südfront her mit angreift, kann die Rote Armee die Nordbukowina nicht mehr halten und zieht sich nach wenigen Tagen aus dieser Gegend zurück. Damit beginnt der nationalsozialistische Terror gegen die Juden der Bukowina.

Am 6. Juli 1941 erreicht die deutsche SS-Einsatzgruppe D unter Leitung des SS-Brigadeführers Ohlendorf die Stadt Czernowitz. Nur einen Tag zuvor haben rumänische Truppen die Stadt besetzt, aus der sich die Soldaten der UdSSR wenige Tage vorher zurückgezogen haben. Noch am selben Tag beginnt die Verfolgung und Ausrottung der jüdischen Bevölkerung.

Der Befehl für die SS lautet: »Energisch durchgreifen, die Juden liquidieren.«[11]

Antonescus Befehl übertrifft diesen noch:

»Mit dem Risiko, von einigen Traditionalisten, die sich unter Ihnen befinden könnten, nicht verstanden zu werden«, sagt er am 8. Juli 1941 im Ministerrat, »plädiere ich für die gewaltsame Ausweisung aller jüdischen Elemente aus Bessarabien und der Bukowina. (...) Gleichzeitig befürworte ich auch die gewaltsame Ausweisung ukrainischer Elemente, die im gegenwärtigen Augenblick hier nichts zu suchen haben. Es ist mir gleichgültig, ob wir als Barbaren in die Geschichte eingehen. Das römische Reich hatte sicherlich auch einige barbarische Aktionen eingeleitet, im Widerspruch zu damaligen Vorstellungen, aber es war trotzdem das glorreichste politische Gefüge. Jetzt ist der günstigste Augenblick unserer Geschichte gekommen. Falls es notwendig sein sollte, feuert mit Maschinenpistolen.«[12]

Hanna Arendt bemerkt zu dem von Antonescu und seinen Helfershelfern praktizierten »originellen« Programm zur »Endlösung« des Judenproblems, daß selbst Hitler darüber verwundert war, »daß Deutschland von den Rumänen übertroffen zu werden drohte, und er sagte ausdrücklich im August 1941, also wenige Wochen nachdem der Befehl zur ›Endlösung‹ offiziell erlassen worden war zu Goebbels, ›daß ein Mann wie Antonescu in dieser Frage viel radikaler vorgeht, als wir es bisher getan haben‹. Auch die Methoden der rumänischen Konzentrationslager, die errichtet werden, weil Deportationen noch nicht ›bewilligt‹ waren«, schreibt Hannah Arendt an einer anderen Stelle, »waren auf ausgeklügeltere und grausamere Weise schrecklicher als irgend etwas, was wir aus deutschen Lagern kennen.«[13]

Der »Große Jüdische Tempel« von 1877 geht in Flammen auf –

die Deutschen stecken ihn im Sommer 1941 in Brand – aber die Mauern halten – Verhaftungen – nächtelange, qualvolle Verhöre – im Morgengrauen Genickschuß – ihr Grab haben die Opfer vorher am Pruth-Ufer selbst schaufeln müssen, gemäß deutscher Weisung, die Liquidierung kostenneutral durchzuführen – (welch entsetzliche Wörter stehen uns in unserer Sprache für Mord zur Verfügung?) – nach drei Tagen 682 ermordete Juden – nach sechs Wochen 3000 Tote – die noch verbliebenen Juden müssen Zwangsarbeit leisten, den gelben Stern tragen und dürfen sich nicht mehr aus dem eingerichteten Ghetto entfernen, dem ersten Ghetto in der Geschichte der Bukowina.

Am 11. Oktober 1941 wird das alte jüdische Viertel der Stadt am Hang des Cecina zum Pruth hin zum Ghetto erklärt, und 45000 jüdische Menschen werden dort auf engstem Raum zusammengepfercht.

Rose, die seit ihrer Rückkehr aus den USA wieder bei der herzkranken Mutter in der Dreifaltigkeitsgasse 12a wohnt, wo sie ehemals ihre glückliche Zeit mit Helios verbrachte, ist im Ghetto gefangen. Die Dreifaltigkeitsgasse liegt im Judenviertel der Stadt und gehört somit automatisch zum Ghettogebiet. Auch ihre schwangere Schwägerin Bertha findet bei der Mutter Aufnahme.

In dem weiter vorne schon erwähnten Gespräch zwischen Dr. Edith Silbermann, Alfred Kittner und Helmut Braun erfuhr ich wichtige Details über dieses Ereignis:

Nach der ersten Deportationswelle im September/Oktober 1941 nach Transnistrien hören die Czernowitzer Juden durch Mundpropaganda, daß ein Ghetto eingerichtet wird und alle jüdischen Bewohner innerhalb weniger Stunden dorthin ziehen müssen. Wer Verwandte im erklärten Ghettogebiet hat, zieht zu diesen. Die Familie von Edith Silbermann quartiert sich im Haus der Schwester der Mutter ein, wie es auch die übrige Verwandtschaft tut. Daher leben ca. 20 Menschen in einem Raum.

Auch aus den Aufzeichnungen von Dr. Nathan Getzler, Montreal, können wir diese Angaben bestätigt finden. Er schreibt in seinen Ghettoeintragungen von Czernowitz unter dem Datum 11. Oktober 1941:

»In kleinen Räumen, die kaum für eine Familie reichen, hausen nun bis zu zwanzig Personen. Da die Wasserleitung (...) gesperrt wurde, kann die Klosettspülung nicht vorgenommen werden. (...) 50000 Menschen, die in ihrem schweren Unglück die Ghettogassen fortdauernd füllen. (...) Überall auf den Gassen und vor den Häusern liegen Berge von Gepäck. Eine bittere Kälte hat eingesetzt. Viele, die Pelzmützen und warmes Schuhzeug anhaben, werden am helligsten Tage von der Soldateska ihrer Sachen beraubt. Drei Meter hohe Planken aus Brettern und Stacheldraht grenzen das Ghetto ab.«[14]

Die Mutter von Edith Silbermann besticht, nachdem sie schon im Ghetto sind, einen Gendarmen, um noch einmal zurück in die alte Wohnung gehen zu können, da sie die Nähmaschine holen will. Den jüdischen Bewohnern ist klar, daß das Ghetto eine Sammelstelle für Deportationen ist, und da in der damaligen Zeit die Menschen nicht auf Reisen eingerichtet sind, will ihre Mutter noch Rucksäcke nähen. Die Wertgegenstände transportieren sie in Laken ins Ghetto, da jede Familie höchstens einen Koffer besitzt. Edith Silbermann trägt zum Beispiel zusammen mit ihrer kleineren Schwester einen 25l-Wäschetopf, der mit Mehl gefüllt ist, ins Haus ihrer Tante. Die Mutter holt also die Nähmaschine, um im Garten der Schwester Rucksäcke aus grobem Leinen für alle zu nähen. Zur gleichen Zeit werden in der Schule in Czernowitz in der Landhausgasse Listen ausgehängt. Der Gouverneur der Bukowina, General Calotescu, der von den Deutschen eingesetzt ist, erteilt bestimmten Personen, die für die Verwaltung der Stadt unabkömmlich sind, Ausweispapiere – eine sogenannte Autorisation. Diese schützt diejenigen, die sie erhalten, vor einer Deportation und erlaubt ihnen, in ihre alten Häuser oder Wohnungen zurückzukehren und zu arbeiten.

Einige Ärzte, Ingenieure, Handwerker, Buchhalter usw. erhalten die ersehnte Calotescu-Autorisation, da ihre Arbeit für das Fortleben der Stadt unentbehrlich ist. Alle gehen daher in die Schule, um nachzusehen, ob sie auf dieser Liste stehen. Schon während die Listen herauskommen, erfolgen Deportationen. Im Ghetto herrscht ein totales Chaos, da die Menschen dauernd innerhalb des Ghettos umziehen, um dadurch der Deporation zu entgehen.

Damit kein Licht uns liebe

Sie kamen
mit scharfen Fahnen und Pistolen
schossen alle Sterne und den Mond ab
damit kein Licht uns bliebe
damit kein Licht uns liebe

Da begruben wir die Sonne
Es war eine unendliche Sonnenfinsternis

In einer kurzen Notiz, die Rose im Dezember 1962 verfaßt hat, hat sie ihre Ghettoerfahrung festgehalten:

In Czernowitz ansässig, hatte ich unter der Judenverfolgung, die im Sommer 1941 begonnen hat, sehr zu leiden. Ich war nicht nur den bekannten und menschenunwürdigen Beschränkungen unterworfen, sondern wurde auch zu überaus schweren Zwangsarbeiten herangezogen und im Ghetto von Czernowitz unter entsetzlichen und unhygienischen Bedingungen festgehalten. Die Zwangsarbeiten, die ich bei Straßen- und Verladearbeiten sowie bei verschiedenen anderen Arbeitsgelegenheiten leistete, waren sehr anstrengend, und die Behandlung war brutal und unmenschlich. Ich wurde oft und schwer mißhandelt und mit dem Tode bedroht. Ich lebte in namenlosem Elend und in Angst vor meinem weiteren Schicksal und der immer wieder angedrohten Deportation nach Transnistrien.[15]

Obwohl Rose und ihre Familie den von ihr beschriebenen unmenschlichen Bedingungen ausgesetzt sind, haben sie noch Glück im Unglück – sie werden nicht wie die *fromme Tante* sofort nach Transnistrien transportiert.

Die SS-Brigade räumt systematisch die Straßenzüge im Ghetto leer. Dabei beginnen sie in den Straßen, die in der Nähe des Bahnhofes liegen, von wo die Todestransporte per Zug losfahren. Die Dreifaltigkeitsgasse liegt nicht in der Nähe des Bahnhofs, und somit bleiben die Scherzers und Rose zunächst verschont.

In memoriam Chane Rauchwerger

Ghetto
Hungermarsch

Bei 30 Grad unter Null
schlief meine fromme Tante
(immer betete sie
glaubte inbrünstig an Gerechtigkeit)
schlief meine sündlose Tante
ihre Tochter ihr Enkel
nach vielen Hungermarschtagen
auf dem Eisfeld in Transnistrien
unwiderruflich
schliefen sie ein

Der Glaube
der Berge versetzt
o weiser Wunderrabbi von Sadagora
Chane Rauchwerger glaubte an dich
wo warst du
damals
wo war dein Wunder

Viele Juden glauben, daß es sich bei den Abtransporten lediglich um eine Umsiedlungsaktion in eine andere Gegend handelt – diese Gegend ist Transnistrien, die ehemalige Kornkammer der Ukraine, die einige hundert Kilometer östlich der Stadt liegt.

Dr. Edith Silbermann erzählte, daß der Bruder ihres späteren Mannes glaubte, daß er, wenn er in der Nähe des Bahnhofs wohnen bliebe, Vorteile habe. Er war verheiratet, hatte ein kleines Kind und erhoffte sich, durch die kurze Wegstrecke bis zu den Zügen mehr ans Hausrat und Lebensmitteln mitnehmen zu können. Ihr späterer Mann jedoch war der Ansicht, daß sie soweit wie möglich entfernt vom Bahnhof Unterschlupf suchen sollten, um Zeit zu gewinnen und den Versuch zu wagen, die beschützende Calotescu-Autorisation zu erhalten, die auch durch Bestechung zu bekommen war. Zum Glück konnte er sich innerhalb der Familie durchsetzen.

Zusätzlich zu den Calotescu-Papieren gab es noch die weniger sichere Popovici-Autorisation, die wohl nicht vor Deportationen schützte, aber eine Arbeitserlaubnis sicherte. Popovici war der damalige Bürgermeister von Czernowitz, der judenfreundlich war. Auch diese Papiere waren durch Bestechung erhältlich.

In Transnistrien, zwischen Bug und Dnjestr, sind die Vernichtungslager für die rumänischen Juden eingerichtet worden. Im Laufe der Zeit werden auch von den etwa 60000 Czernowitzer Juden etwa 55000 verschleppt, von denen nur wenige die Qualen und Leiden in diesen Lagern überleben.

Die dorthin Verbrachten erwartet das Todeslager: sadistische Bewacher, Hunger, Kälte und der »Hauptwürger der Verbannten, der Flecktyphus.«[16]

Edgar Hilsenrath beschreibt in seinem Buch »Nacht« das Leben in einem dieser Todeslager. Er war am 14. Oktober 1941 zusammen mit seiner Mutter und seinem Bruder in das rumänische Todeslager Moghilev-Podolsk deportiert worden. Die Familie hielt sich seit 1938 bei den Eltern der Mutter in Sireth auf, wohin sie der Vater von Halle an der Saale aus schickte, aus Furcht vor der Gestapo. Doch auch hier holt sie die Judenverfolgung ein. Der fünfzigjährige Hilsenrath wird in ein jüdisches Ghetto transportiert, das in dem »Transnistrien« genannten ukrainischen Gebiet liegt.

Durch seine Arbeit als Vorschläger in einer Eisenfabrik kann er seine Familie vor der Liquidierung bewahren. Im März 1944, zweieinhalb Jahre nach der Deportation, wird das Ghetto von den Russen befreit. Hilsenrath bezeichnet die Befreiung im nachhinein als »fragwürdig«[17], da bereits einen Monat später Juden wie Nichtjuden als Zwangsarbeiter ins russische Kernland transportiert werden. Ihm gelingt die Flucht nach Palästina. Ende 1947 reist er nach Frankreich, wo sein Vater überlebte, und beginnt dort mit der Niederschrift von »Nacht«.

Das Buch beschreibt detailgenau den Alltag im ukrainischen Ghetto Prokow 1942.

Dieser ist bestimmt durch die sich täglich wiederholende Suche nach Essen und einem Schlafplatz in der überfüllten, von der Lebensmittelzufuhr nahezu gänzlich abgeschnittenen Ruinenstadt. Der Alltag ist der Überlebenskampf der eingeschlossenen Juden untereinander, den der Leser an der Seite und aus der Sicht des Juden Ranek miterlebt und mitfühlt. Ranek ist ein »Abfallfresser«[18], der in der sozialen Hierarchie des Ghettos weit unten steht.

In dieser Ghetto-Gesellschaft steht die jüdische Polizei an der Spitze, während die Kranken und Obdachlosen ganz unten dahinvegetieren.

Hilsenrath zeigt auf entlarvende Weise, wie die Täter (die rumänischen Faschisten in Zusammenarbeit mit den deutschen) die »Lösung des Judenproblems« vorantreiben, ohne sich selbst dabei die Hände schmutzig zu machen. Sie lassen die Juden »friedlich verrekken«[19] und treiben sie dadurch in eine Brutalisierung, die alle Lebensbereiche umfaßt. Die Opfer verlieren jegliches Mitgefühl füreinander und beginnen in ihren Verhaltens- und Denkweisen den Tätern zu ähneln:

»Was ihn jetzt fesselte, war der rückwärtige Teil des Zimmers. Von dort aus dem Halbdunkel drang das Röcheln der Kranken, es kam aus vielen Kehlen, aber ihm schien, als wäre es nur eine einzige, um Hilfe und Mitleid bettelnde Stimme. Die Kranken lagen hinter einem Bretterverschlag, der ungefähr drei Meter vom Fenster entfernt durch das Zimmer verlief und dieses in zwei ungleiche Abschnitte teilte. Diese Abschnitte erinnerten ihn an ein Hühnerschlachthaus in der Provinz: vorn der große Raum für alles Lebendige und hinter der langen Schlachtbank der kleine Raum, wo's nur noch ab und zu leise aufzuckte. Eine gute Idee, das mit dem Bretterverschlag, dachte Ranek. Hättest du dir auch nicht besser ausdenken können. Man hielt sich die Kranken vorläufig vom Leib. Sie waren ohne Essen, ohne Wasser, ohne jedwelche Pflege und würden rasch krepieren. Noch vor der Flecktyphuskrise würden sie krepieren. Und dann war man sie los. Man würde sie rausschaffen (...), und die Leichenbestatter würden nicht mal wissen, was eigentlich los war; sie würden sie für Verhungerte halten, was ja auch zum Teil stimmte. Auf diese Weise erfuhren die Behörden nichts davon. Eine wirklich gute Idee, dachte Ranek. So war's ganz in Ordnung. Für Mitleid war kein Raum. Nicht unter diesen Umständen. Wer krank war, sollte sterben. Kranke sind Ungeziefer. Wenn man sich ihrer rasch entledigte, bestand Hoffnung, daß die

Gesunden davonkamen. Man würde das Zimmer dann wieder reinigen, und alles war wieder in Butter.«[20]

Die Menschen im Ghetto müssen ihre Erinnerung, Hoffnung, ihr Mitgefühl mit dem Gegenüber tilgen, um sich selbst ihr Überleben zu sichern. Hilsenrath schildert auf eine Weise, die sich unter die Haut einritzt, den verzweifelten, schonungslosen, oft heldenhaften, aber doch immer hoffnungslosen Kampf der Menschen in diesen Todeslagern.

Ich komme zurück auf Czernowitz, zu dem Teil der Stadt, von wo aus die Deportationen erfolgen.

Dem extrem kalten Winter 1942 ist es zu verdanken, daß die Todestransporte gestoppt werden müssen. Schneeverwehungen bringen den Eisenbahnbetrieb zum Stillstand. Das Ghetto in Czernowitz wird aufgelöst. Der Bürgermeister Popovici stellt den ehemaligen Ghetto-Bewohnern die Popovici-Autorisation aus, die mit einem Querstreifen versehen ist, und sich dadurch von der offiziellen Calotescu-Autorisation unterscheidet. Diese erlaubt den Juden, in ihre Wohnungen zurückzukehren und ihre Arbeit wieder aufzunehmen. Jedoch bleiben sie weiterhin gefährdet, da sie nur dem Schutz des Bürgermeisters unterstehen, der sie vor einer Deportation nicht wirklich bewahren kann.

Als im Sommer 1942 und auch 1943 die Deportationen erneut aufgenommen werden, machen sich die rumänischen und deutschen Faschisten nicht mehr die Mühe, erneut ein Ghetto einzurichten, sondern sie holen die Juden direkt aus ihren Häusern ab und bringen sie zum Sportplatz, der jetzt als Deportationssammelplatz benützt wird.

Auch Paul Celans Eltern werden auf diese Weise aus ihrer Wohnung geholt. Dr. Edith Silbermann erzählte, daß die Gendarmen Leute auch von den Straßen aufgriffen, um freie Plätze des Zuges zu belegen. In dieser zweiten Deportationswelle hat wiederum nur derjenige eine minimale Chance, der die erforderliche Calotescu-Autorisation vorweisen kann. Deshalb tauchen jetzt viele der zurückgebliebenen Juden unter und verstecken sich in wechselnden Kellern.

Warum

Sie machen Krieg und
fragen uns nicht

Sie streuen uns
Sand in die Augen

Wir fragen

warum Menschen frieren und
hungern müssen

warum unsere Brüder
verbluten müssen

warum wir den ›Feind‹ aus Menschen
ermorden müssen

warum wir nicht leben dürfen
friedlich und heiter
in Liebe zum Nächsten
wie es geschrieben steht
im Alten und Neuen
Testament

Im Oktober 1942 unternimmt Rose Ausländer einen letzten verzweifelten Versuch, dieser Situation zu entkommen. Sie wendet sich an die Schweizer Botschaft in Bukarest, die die Interessen der Kriegspartei USA in Rumänien vertritt. Unter Berufung auf ihre ehemalige amerikanische Staatsbürgerschaft versucht sie, eine Ausreisegenehmigung in die USA zu erhalten. Die Antwort der Schweizer Botschaft vom 28. Oktober 1942 ist im Original erhalten:

»(...) teile ich Ihnen nunmehr mit, daß der Beschluß der zuständigen amerikanischen Behörden der Spezialabteilung nicht erlaubt, Ihnen irgendwelchen Schutz als Staatsangehörige der Vereinigten Staaten angedeihen zu lassen. Die zuständige Stelle hat nach Prüfung Ihres Falles entschieden, daß Sie nach amerikanischem Gesetz als ›voraussichtlich expatriiert‹ zu gelten haben. Die einzige Möglichkeit, die Ihnen demnach bleibt, Ihre amerikanische Staatsbürgerschaft einer neuen Prüfung durch die amerikanischen Behörden unterziehen zu lassen, besteht in einem Gesuch zur Rückkehr in die Vereinigten Staaten, das Sie zum Zeitpunkt einreichen müssen, wenn eine solche Reise wieder möglich ist, was vor Kriegsende kaum der Fall sein dürfte. Ich bedaure, Ihnen keinen besseren Bescheid geben zu können, und mache Sie gleichzeitig darauf aufmerksam, daß weitere Rückfragen Ihrerseits in der Angelegenheit zwecklos sind.

Mit vorzüglicher Hochachtung«

Geisterweg

Giftige Geister lauern am Weg.
Wir gehn schräg
um sie nicht zu berühren.

Wir stehn vor versiegelten Türen.

Es war unser Haus, es war
unser Garten mit feingekämmtem Haar.
Es war Mutterduft, es war.

Wir kehren um, gehn schräg
den giftigschwarzen Weg
ins Ghetto.

Das wiederholte *es war* drückt Trauer und Verbitterung aus, da sie *stehn vor versiegelten Türen* und der einzig gehbare Weg, der zurück *ins Ghetto* ist: *Wir kehren um, gehn schräg / den giftigschwarzen Weg / ins Ghetto.*

Für die Verfolgte erlischt mit diesem zynischen Bescheid der letzte Funke Hoffnung, der Verfolgung zu entrinnen.

Ins Nichts gespannt

Fäden ins Nichts gespannt: wir liegen wund
verwoben in das Material der Qual,
ein Muster lückenlos auf grauem Grund
wie es ein schwarzer Wille anbefahl.

Das Rot, das Blau, Orange, das Grün versagt.
Zäh fügt sich Zug ins Bild der Schmach
und wenn ein Faden sich zu röten wagt,
wird doppelt dunkel unser Ungemach.

So sorgt die vielgeübte Henkershand
für einen starken Stoff, aus Gram gewebt,
ein Kleid, dem jeder Körper widerstrebt.

Und der einst Bruder schien, steht abgewandt
und trägt das Zerrbild der verruchten Zeit
in seinem Blick der Unbekümmertheit.

Rose fühlt sich in dieser unentrinnbaren Lage nicht nur von Gott, sondern auch von dem Mitmenschen, *der einst Bruder schien*, verraten. Trost findet sie in der Beschäftigung mit Literatur, im Schreiben und der Auseinandersetzung mit den erlebten Zuständen im Ghetto. In ihrem Essay *Alles kann Motiv sein* schreibt sie:

Czernowitz 1941. Nazis besetzten die Stadt, blieben bis zum Frühjahr 1944. In jenen Jahren trafen wir Freunde uns zuweilen heimlich, oft unter Lebensgefahr, um Gedichte zu lesen. Der unerträglichen Realität gegenüber gab es zwei Verhaltensweisen: entweder man gab sich der Verzweiflung preis, oder man übersiedelte in eine andere Wirklichkeit, die geistige. Wir zum Tode verurteilten Juden waren unsagbar trostbedürftig. Und während wir den Tod erwarteten, wohnten manche von uns in Traumworten – unser traumatisches Heim in der Heimatlosigkeit. Schreiben war Leben. Überleben.

Das Motto, das dieses Buch begleitet, steht hier wortwörtlich vor Augen. Rose erhält sich in dieser unmenschlichen, ständig vom Tode bedrohten Situation durch Schreiben am Leben. Sie entscheidet sich für den zweiten Weg, der sich nicht der Verzweiflung und damit dem Untergang anheim gibt, sondern für den geistigen Weg, der letztendlich allein in das Überleben führt.

Seit Anfang 1942 hält sie die Zustände im Ghetto, ihre Erlebnisse, ihre Gefühle in Gedichten fest. Sie spricht ihre Angst, Verbitterung, ihr Nicht-begreifen-Können all dieser Greuel aus und wird dadurch befähigt, sie wenigstens ein Stück weit zu bannen, um nicht durch sie wundgeschwiegen, erstickt oder gelähmt oder handlungsunfähig zu werden. »Das kaum Sagbare wird sagbar. (...) Die Mitteilbarkeit erlöst aus der Stummheit«[21] sagt Hilde Domin, denn nicht das Sagbare macht uns seelisch krank, sondern all das dumpf Erfaßte, Erlittene und in keiner Explosion Entladene staut sich im Innern an und wird dort zum ungreifbaren Geschwür, zum wortlosen Gift, das an der Vitalität des Menschen zu zehren beginnt. Wenn über das Schreiben Leid und Not aus der Sprachlosigkeit herausgehoben werden, so können die »bösen« Eindrücke geheilt, gelindert oder zumindest ertragbar werden.

Angst I

Die Fenster flattern angstbesessen,
und auch die Türen schlagen zu.
Wer kann sich mit den Mauern messen?
Und wo ist Ruh?

Die Kinder spielen mit den Schlangen,
denn Gut und Bös ist ihnen fern.
Wir färben unsere fahlen Wangen
mit einem Stern.

Die Brunnen lassen uns nicht schlafen,
wir lauschen bis auf ihren Grund.
Wer sind die Stimmen, die uns strafen?
Und wer ihr Mund?

Diese »bösen« Eindrücke aus dem Ghetto faßt Rose später zu dem Zyklus *Ghettomotive* zusammen. Dieser Zyklus ist zumindest teilweise als Manuskript erhalten geblieben. Darin schreibt sie an gegen die Angst, die Verzweiflung, die Hilflosigkeit, gegen das Nicht-begreifen-Können des Unbegreiflichen, gegen Not, Elend, Terror und Todestransporte. Sie schreibt um ihr Leben, um zu überleben, für sich und die Familie, für Freunde und Bekannte. Sie schreibt in Reimen und Versen die grauenhafte Realität und träumt in ihren Gedichten von den vermißten Schönheiten des Lebens.

Die Verschollenen

Die kahlen Stuben stehn bemoost.
Durch unsre Haare weht der Haß.
Wir sind getrennt von jedem Trost,
und unser Kleid ist kalt und naß.

Warum verfolgt mich noch ein Traum?
Ich rieche Flieder durch den Schlaf.
Verlaß mich, blauer Fliederbaum!
Es ist kein Glück, daß ich dich traf.

Ich will nicht, daß der Lenz mich sieht
mit falbem Herzen, falbem Haar.
So ist es wahr: Der Flieder blüht,
und wir verschlafen noch ein Jahr!

Ich möchte noch einmal an diesen *Traum* erinnern, den sie in der Nacht ihres 9. Geburtstages träumte!

Im ersten Teil des Kapitels *Wer bin ich* finden wir ihn: den Fliederbaum in Nachbarsgarten.

Diesen Baum liebte ich fast so sehr wie meine Eltern. Es war mein schönstes Anderssein: (...).

Sie ermahnt sich in dem Gedicht *Die Verschollenen* selbst, sich den geistigen Freiräumen wieder zu öffnen, denn wenn der Verlust dieser sie nicht zutiefst schmerzen würde, wäre es ihr egal, wenn *der Lenz* mit seiner Farbenpracht sie *mit falbem Herzen, falbem Haar* sehen würde. Doch da von diesem *schönste(n) Anderssein* nur *Haß* übrigblieb, fühlt sie sich von jedem *Trost getrennt*, und der Duft des Flieders macht ihr den Verlust ihrer eigenen geistigen Phantasie und Kreativität so stark bewußt, daß sie den Schmerz darüber kaum ertragen kann. Deshalb sucht Rose diesen *Trost* wieder in der Beschäftigung mit Gedichten, Philosophie und Literatur schlechthin. Denn nur sie geben ihr die Kraft zum Überleben, als die äußeren Verhältnisse immer unerträglicher und hoffnungsloser werden.

Einige der in jenen Jahren entstandenen Gedichte sind in stark überarbeiteter Form im Gedichtband *Blinder Sommer* und im Band *36 Gerechte* erschienen.

Im Februar 1943 entsteht wieder Kontakt zwischen Rose und ihrem Freundeskreis in Bukarest. Angeregt durch Margul-Sperber und Ewald Korn sammelt dieser Kreis Lebensmittel und Kleidungsstücke. Korn, der selbst aus der Bukowina stammt, in Bukarest studiert, dichtet auch und steht dem literarischen Kreis um Margul-Sperber nahe. In Kenntnis von Roses höchst gefährdeter Ghetto-Existenz übernimmt er es, die Spenden einzusammeln und auf den Weg nach Czernowitz zu leiten. Bei dieser Hilfsaktion unterstützt ihn Hanna Kawa, eine emigrierte Dichterin aus Polen, die als Witwe über Czernowitz nach Bukarest kam und jetzt dort lebt.

Abb. 20 Hanna Kawa, die mit großem Mut Lebensmittel und Kleidung in den Jahren 1942 und 1943 zu Rose Ausländer ins Ghetto schmuggelte und damit deren Überleben sicherte. Das Foto zeigt Hanna Kawa 1956 in Paris

Da den rumänischen Behörden ihre jüdische Identität nicht bekannt ist, sie auch nicht, wie Edith Silbermann erzählte, wie eine Jüdin aussieht, sondern eher wie eine Polin, kann sie sich mit Hilfe ihres falschen Passes als Christin frei bewegen.

Hanna Kawa nimmt es unter Mißachtung der persönlichen Gefahr auf sich, diese Hilfsmittel nach Czernowitz einzuschmuggeln.

Da die Stadt nach Auflösung des Ghettos nicht hermetisch abgeriegelt ist, wird es möglich, durch die monatlichen Hilfslieferungen das Leben Rose Ausländers, ihrer Mutter und Bertha Scherzers mit dem kleinen Sohn Harry zu retten. Da auch gelegentlich die rumänische Post Briefe aus Czernowitz befördert, ist der Briefwechsel zwischen Rose und Ewald Ruprecht Korn zumindest teilweise erhalten geblieben.

Am 13. März 1943 schreibt sie:

Sehr geschätzter, lieber Herr Korn!

Ihre herzlichen Worte sind ein Fest meinem Herzen, das lange keinen Feiertag hatte. Doch jetzt kann ich die Wonne solchen Erlebens nicht erschöpfend auskosten. Ein harter Schlag traf mich gestern: ich bin von der Liste der Arbeitenden (die allein hier Lebensberechtigung haben) gestrichen worden. So erlebe ich die Schönheit Ihres Sprechens zu mir wie durch einen dichten Schleier von Wehmut. Aber auch durch dieses Gewebe schimmert sie hell und trostreich. Was soll nun werden? Wird es mir vergönnt sein, Eure monatlichen Grüße zu bekommen und mich ihrer würdig zu freuen?

So nehmen Sie dies mein gedämpftes Gefühl. Wissen Sie denn was mir jetzt und hier Euer Nahesein bedeutet? Gewiß fühlen sie es, da Sie wie ein Engel in mein Schattenreich traten, um das tiefe Dunkel aufzuhellen. Es ist traumhaft wunderbar – und nur Träume sind die Wirklichkeit – die Wirklichkeit aber ist weniger als ein Traum in ihrer schalen Einförmigkeit und mörderischen Entpersönlichung. Traum: das ist Raum ohne Grenzen. Und nur wo die Begrenzung aufhört, beginnt erst die Kunst. (…) Frau Kawa wird Ihnen erklären, warum ich Sie bitte, nicht an die alte Adresse zu schreiben. Frau K. wird Ihnen alles darüber mitteilen. Sie können mir immer durch sie Ihre guten Wünsche senden – und auf diese Weise weit ungezwungener schreiben. ›Rose und Schmetterling‹ ziehen mit. Ach, dieser Frühling – wird er mir Verse bringen? oder nur neues, namenloses Leid?

In aller Innigkeit, Ihre Rose A.[22]

Rose, die Dichterin, leidet darunter, daß sie für das *namenlose (...) Leid* in der *schalen Einförmigkeit und mörderischen Entpersönlichung* der Verfolgung keine geeigneten Worte findet für den *Traum.* Sie, die im Ghetto Gefangene und ständig vom Tode Bedrohte, erfährt, daß sie *von der Liste der Arbeitenden (...) gestrichen* wurde, was in der Regel die Ankündigung der unmittelbar bevorstehenden Deportation nach Transnistrien bedeutet.

In diesem extremen Gefahrenmoment wünscht sie sich um so sehnlicher, ihrem *Leid* einen Namen zu geben, es zu benennen und damit faßbar und begreifbar zu machen.

In der *Begrenzung* des Frühlings 1943 will sie den *Raum ohne Grenzen* wieder durchschreiten lernen, da er allein ihr Überleben ermöglicht.

Rose und Schmetterling

Wenn das weiße Morgenlächeln
über meinem Kelche hängt,
und der Frühluft leises Fächeln
sich in meinem Haar verfängt,
daß mein grüner Körperstengel
sehnsuchtschwer sich überneigt,
kommt ein schöner Falterengel,
der mit mir zum Himmel steigt.

Meine duftige Gewandung
wandelt er zum Flügelkleid,
über Tag und Mittagsbrandung
schweben wir durch lose Zeit.
Und wir schaukeln, und wir strahlen
unsre Seelen in die Luft,
füllen alle Blütenschalen:
er mit Farbe, ich mit Duft.

Die *Rose* und der *Schmetterling* gehören untrennbar zusammen, da sie den Menschen und die Dichterin Rose Ausländer symbolisieren, die von der Intuition geführt wird. Die Intuition, die Schau des Ganzen, gibt erst ihren duftenden Worten die *Farbe*. Sie *füllen* gemeinsam *alle Blütenschalen: / er mit Farbe, ich mit Duft.*

Damals schon bei dem Zwerg mit dem Riesenhaupt – bei ihrem literarischen Vater Elieser Steinbarg – erkannte sie, daß der Mensch, besonders der Dichter, ein Empfangender ist, dem durch die Intuition, durch die göttliche Führung, das innere Schauen und Hören ermöglicht wird.

Durch das innere Sehen und Hören wird der Mensch erst befähigt zu vernehmen, was sinnhaft und was sinnlos ist. Die Intuition verhilft ihm zur Selbstbesinnung. Die Sprache ist das Gefäß, das das Erleben der Besinnung des Menschen auf sich selbst faßbar und aussprechbar macht. In der Sprache stellen wir uns selbst vor und können damit begreifen, was wir fühlen – denn: Wenn ich spreche, höre ich mir zu. Ihr Schreiben ist ein Sprechen mit sich selbst – ein Nichtschreibenkönnen ist der Verlust der Verbindung zur eigenen Identität. Deshalb ist es lebensnotwendig für sie, Worte, Gedichte zu finden, da diese *Traumworte (...) – unser traumatisches Heim in der Heimatlosigkeit* bedeuten.

Im letzten erhaltenen Brief der Korrespondenz mit Ewald Ruprecht Korn, der das Empfangsdatum 2. Mai notiert, schreibt sie:

Nein, es waren keine ›Frühlinge der Verse‹! (wie Korn es ihr gewünscht hatte, d. Verf.) *Es war und ist ein Zauberschlaf, in dem schwarze Träume umhergeistern und in den sich auch einmal ein Traum vom Frühling und Flieder verirrt. Was trotzdem in Versen entstand, spiegelt das Fragmentarische und die Zerrissenheit des Gefühls.*[23]

Immer mehr flüchtet sich Rose Ausländer in ihre Träume. Je bedrückender die Lebensumstände werden, desto stärker beschäftigt sie sich mit geistigen Dingen. Am 28. August 1943 widmet sie Constantin Brunner an dessen Geburtstag eine Betrachtung zum Thema: *Wie hilft mir Constantin Brunner in dieser Zeit?* Dieses handschriftliche Manuskript ist im Nachlaß erhalten geblieben:

(...) Was soll Selbsterziehung sein im Brunner'schen Sinn? Modifizierung der Affekte durch Erkenntnis? Davon verstehe ich wenig. Das Ziel meiner Selbsterziehung war: meiner Sehnsucht nachzugeben, die zum Erlebnis des Schönen strebte. Schönheit ist mir: Weisheit, Reinheit, Einheit: sie ist das Wunder, das Wunderland. Auch die Philosophie, Spinoza und Brunner konnte ich nur in dieser Form, unter dem Aspekt des Schönen, des Wunders erfassen. Sofern Brunner meinen Wunderglauben gefördert hat, das Geheimnis nicht gelüftet, sondern vertieft hat, war er mir Mittel zur Selbsterziehung, und nur insofern dieser Wunderglaube, das Erfülltsein von der Idee des Schönen in mir wirkt, mich erhellt, verdunkelt sich eine andere Hemisphäre des Lebens: diese Zeit. Nur ein Affekt kann den andern verdrängen! Dies bleibt unverrückbar wahr. Philosophie, Kunst, Mystik, das sind die drei großen Passionen, die Erzieher der kleinen Passionen. Und wenn ich auch nicht zu sagen wüßte, wie mich Brunner erzogen hat, so weiß ich doch, daß auch er mich erzogen hat zu meinem passionierten Gefühl. Und diese Passion kann auch der Krieg nicht unterkriegen. Sehr verdunkelt ist sie, es ist wahr. Diese schwarze Zeit, dieses Alpdrücken hat sich vor die Flamme gestellt als eine hohe Mauer. Ich habe diese drei Jahre über das Gefühl eines inneren Starrkrampfes, einer Lähmung, einer erschreckenden Verdunkelung. Doch auch in diese Nacht dringt der Lichtschein jener Flamme, die empor zu züngeln vermag über die Mauer. Vor drei Jahren im Gefängnis sagte ich mir jeden Tag das Gleiche: du träumst, deine Gefangenschaft ist ein Traum, du wirst erwachen. Und so war es auch: Ich weiß nicht wie es kam, daß ich eines Tages wieder zu Hause, zur Freiheit, erwachte. Ich wußte es damals: es war das Wunder, mein Wunder! So auch sage ich mir jetzt immerzu: du träumst, du liegst in tiefem Schlaf, und ein Alpdrücken liegt auf dir – aber es kommt, es kommt ein großes Erwachen, ein großes Wachsein! Selbsterziehung? Nein: Erziehung zum Selbst. Wie hilft mir Brunner in dieser Zeit? Er zeigt mir: sie ist ein Traum, ein langer schwarzer Traum – aber es kommt das Erwachen deines Selbst, zur Helligkeit, zur Zeitlosigkeit!

Ihre Ghettogedichte sind von dem Schockerlebnis geprägt, daß die Zugehörigkeit zum Judentum zum Anlaß für die Verfolgung ihrer Person wird. Neben Bildern von Greueltaten enthalten sie bereits die Frage, ob und wie die überlebenden Opfer auf den Holocaust reagieren können. Bezeichnend dabei ist, daß sie in der akuten Bedrohung der physischen und geistigen Existenz als einzig mögliche Reaktionsform, die dem Opfer langfristig bleibt, die Trauer sieht.

> *(...)*
> *Die Silberbecher rollen aus der Hand.*
> *Die Brunnen sind vergast. Die Lüfte stechen.*
> *Was wir besitzen: eine Klagewand,*
> *an der die Fluten unsrer Tränen brechen.*

Inhalt der Trauer ist die Klage um die Toten und um den Verlust der heilen Vergangenheit, in der die Erfahrungen von Geborgenheit, Nähe, Verbundenheit mit den Dingen und der Natur gemacht werden. Ihre Klage um das Verlorene ist unverhohlen, direkt und schmerzvoll. Bezeichnend ist diese Reaktionsform deshalb, weil Rose dieses Gefühl am vertrautesten ist – kennt sie doch dieses Reaktionsmuster seit ihrer unfreiwilligen ersten Abreise in die USA.

Das Verhängnisvolle daran ist, daß sie, obwohl sie das Lebenszerstörende der Trauer-Beziehung schon 1925 benennt, 1943 immer noch danach handelt.

Die Erkenntnis von Lillian Smith – »Das Herz des Menschen fühlt sich von dem Schmerz, der es am meisten getroffen hat, magisch angezogen. Die meisten von uns scheinen eine Rückfahrkarte zu ihrem Schmerz zu besitzen.«[24] – läßt sich auch auf Rose anwenden.

Die Trauer hält den Menschen in der Passivität gefangen, er kann sich nicht aktiv wehren, weil er glaubt, daß das, worüber er trauert, wie der Tod eines Menschen angenommen werden muß. Darin liegt die große Gefahr – ihr starkes Trauergefühl, das ihr *eine lange, trübe Zeit* schon vertraut ist und das auch noch in dieser Zeit ihr Verhältnis zur Mutter bestimmt, ermöglicht ihr keine andere Reaktionsform gegenüber der *vielgeübte(n) Henkershand.*

Ich muß an Cordelia Edvardson denken, die als junges Mädchen unter diese *vielgeübte Henkershand* fiel. Sie schreibt: »Die Henker und ihre Opfer trugen den Namen Mensch. Wie Blut aus unverheilter Wunde, so sickert das Giftgas von Auschwitz noch heute durch den Riß in unserem Planeten, macht uns das Atmen schwer, uns und künftigen Generationen. Es gibt ein hebräisches Wort, das uns gebietet tikun ha olam – die Welt wiederherzustellen. Vielleicht, wahrscheinlich, ist es unmöglich, die Welt nach Auschwitz wieder zusammenzufügen, aber wir können und müssen die Wunde offenhalten und dafür sorgen, daß sie nicht zu stinkendem, schwärendem Unrat wird.«[25] *Und an einer anderen Stelle sagt sie:* »Die überwältigende Mehrzahl der Opfer grub willig die eigenen Gräber, denn sie waren nicht imstande gewesen, rechtzeitig die eigenen Schlächter zu erkennen. Und selbst als es für Widerstand und heroische Revolution zu spät war, war das Bild des Henkers nicht eindeutig, es war kein roher, brutaler Geselle mit der blutigen Axt in der Faust, bei weitem nicht immer. (...) Auch wir (die Juden) waren ja gute, arbeitsame, pflichttreue Deutsche, deutsche Patrioten, die sich das SS-Motto ›Meine Ehre ist Treue‹ hätten zu eigen machen können. Wir glaubten an dieselben ewigen Werte wie unsere Nachbarn, hatten einander die gleichen Verse ins Poesiealbum geschrieben – Edel sei der Mensch, hilfreich und gut –, wir waren (...) doch Deutsche! (...)«.[26]

Im Gegensatz zu Rose setzt sich Cordelia Edvardson sehr kritisch auch mit der eigenen Opfer-Situation auseinander – mit dem eigenen Anteil des nicht Wahrhabenwollens.

Bei diesem Gedanken darf man aber nicht vergessen, daß der Holocaust die praktische Widerlegung aller westlichen Zivilisation ist. Denn jegliche nur denkbare menschliche Handlungsweise, und sei sie auch die brutalste und dem egoistischen Nutzen instrumental dienstbar gemachte, prallt ab an der Tatsache der Massenvernichtung des NS-Regimes.

Eine Vernichtung der Vernichtung wegen macht das Nicht-Begreifen und Nicht-Wahrhaben-Wollen erst verständlich. Es gibt keine relevante Vorstellung von Unvorstellbarem, und daher haben die Betroffenen oft nicht reagieren können. Der holländische Historiker Louis de Jong hat in einem Artikel die Bewußtseinsfalle Auschwitz treffend geschildert. Er weist darauf hin, daß das Begreifen von Auschwitz dem Versuch gleichzusetzen sei, offenen Auges in die Sonne zu starren.[27]

Zwei Silben verirrt

Wenn die Sonne versengt, die Straße sich schließt,
der Wind das Blut aus den Wolken preßt,
die Erde aufbegehrt mit geschwollnen Vesuvlippen
Geliebtes verschüttet vor deinen Augen

wenn todgeballte Ballen
auf Heim und Heimat fallen
und du bist eingeklemmt in der Kellerecke
zwischen Finsternis und Ratte

rufst du deine Stimme
um MUTTER zu flüstern
nur dieses Wort hat noch Beschwörungsmacht
aber zwei Silben sind verirrt.

Auf der Schimmelwand hängt der Gekreuzigte
und über ihm spreizt sich das Hakenkreuz.

Rose, setzt, um an ihrer Trauer nicht zu ersticken, einen geistigen Gegenpol: die Utopie einer vom Ich neu zu errichtenden Welt. Diese wird in einer weltabgewandten Sphäre *erhabener Reinheit* angesiedelt.

Huldigung

Ich werde neue Wälder wachsen lassen
um deinen Schritt, der alles Blühen liebt.
Nur sanfte Tiere werden deinem blassen
Antlitz begegnen. Nichts was dich betrübt
soll Eingang finden, nur erhaben Reines
darf sich nahn als kündendes Symbol
meiner Verehrung. Sieh, der Quell ist eines,
und Alle müssen einstehn für dein Wohl.

Und alle sollen dich als Herrn verstehen
und deinen Adel wissen, deinen Rang.
Ich aber werde hinter Laubwerk stehen,

selbst unsichtbar, aus allen Dingen spähen
und deinen königlichen Morgengang
mit Nachtigallen schmücken und mit Rehen.

Die Kraft, mit deren Hilfe das *Ich* die destruktiven Mächte überwindet, kommt aus seiner Liebe zum Du. Die Liebe als Prinzip des Schöpferischen ist der Zerstörung diametral entgegengesetzt und kann daher allein *neue Wälder wachsen lassen.*

Das eigentliche, unmittelbare Grauen, wie es die Gedichte indirekt vermitteln, rührt von der Erkenntnis, daß die entsetzlichen Verbrechen geschehen können, ohne daß die Welt daran zerbricht, ja ohne daß das Bewußtsein der Wirklichkeit sich überhaupt verändert. Die Welt nimmt scheinbar unbeeinflußt in lächelnder Teilnahmslosigkeit ihren gewohnten Gang, wie es im Gedicht *Die Söhne* beschrieben wird:

(...)
Verloren sind die Söhne in der Ferne
und in der Heimat bleicht der Mütter Haar.
Doch in den Himmeln bleibt der Stand der Sterne
der alte: unberührt und unfaßbar.

Am schrecklichsten ist jedoch für Rose die Erkenntnis, daß diese unmenschlichen Verbrechen eben von menschlichen Wesen begangen werden:

Noch ist das Lied nicht aus

Noch ist das Lied nicht aus, noch lebt im Leid
der immerdar Verfolgte und Beraubte.
Er weiß: sein Schicksal ist dem Tod geweiht,
und immer schwebt ein Schwert ob seinem Haupte.

Sie sagten einst, sein Gott sei nicht so gut
wie ihrer, so mußte er es büßen.
Fest liegt die Schuld in seinem bösen Blut,
und sie zertraten es mit ihren Füßen. (...)

Das Gedicht *Im Heuschreckenland* versucht durch Fragen nach der Identität der Opfer herauszuarbeiten, was eigentlich geschehen ist.

Im Heuschreckenland
verhungerten wir
und waren eine
Mahlzeit den Raben im Schnee.

Oder waren wir Wolken
im Abendatem
und träumten Erdtrauer?

Oder schwarze Flecken
in einer kranken
Sternkonstellation?

Oder haben wir
fremde Tode getrunken
und liegen begraben
im blutlosen Mond?

Oder haben wir, die Opfer, auch unseren Anteil am Geschehen, wie es sich Cordelia Edvardson fragt? Rose findet für sich keine Erklärung, nur die Beschreibung der Zerstörung ist ihr möglich: *Sie kamen mit giftblauem Feuer unser Blut zu verbrennen. / Wir waren die Scheiterhaufen unsrer Zeit.*

Auch die Überlebenden können ihrer Meinung nach diesem Schicksal letztendlich nicht entkommen.

Aufgrund der schuldhaften Erinnerung, zu der sie verurteilt sind, werden sie zu den eigentlichen Toten, wie es in der bangen Schlußfrage des Gedichtes ausgedrückt wird: *Oder haben wir / fremde Tode getrunken / und liegen begraben / im blutlosen Mond?*

Hier möchte ich noch einmal die Gedanken von Cordelia Edvardson einfügen und sie zugleich näher vorstellen.

Cordelia ist die uneheliche Tochter der »halbjüdischen« Schriftstellerin Elisabeth Langgässer. Sie wächst als katholisches Mädchen auf und erfährt erst mit neun Jahren, als die Judenverfolgung beginnt, nach und nach, daß sie anders als die anderen ist, nämlich eine »Dreiviertel-Jüdin«, da auch ihr Vater Jude ist.

Das Mädchen Cordelia muß 1943 mit vierzehn Jahren allein ins KZ gehen, nachdem sie zuvor von der Gestapo vor die unmenschliche Entscheidung gestellt wird: Entweder sie unterwirft sich den Nürnberger Rassengesetzen, was ihre Deportation bedeutet, oder sie und ihre Mutter Elisabeth Langgässer werden gemeinsam deportiert. Da die Mutter in der Zwischenzeit geheiratet und drei kleine Kinder zu versorgen hat, können wir erahnen, was diese Entscheidung für alle bedeutet – Cordelia unterschreibt.

In ihrem schon erwähnten autobiographischen Buch »Gebranntes Kind sucht das Feuer«[28] arbeitet sie ihre Vergangenheit auf. Ihr zweites Buch »Die Welt zusammenfügen«, aus dem ich vorhin schon zitierte, ist die reflektierte Auseinandersetzung mit ihrer Reise in die Vergangenheit und damit auch die Reise in das jüdische Schicksal.

Sie schreibt: »Diesen Weg (der Bestie ins Gesicht zu sehen) einmal zu gehen, genügt aber nicht. Wie im Märchen muß man ihn mindestens dreimal gehen und vielleicht noch öfter. Ich weiß es, denn ich bin diesen Weg wieder und wieder gegangen und bin immer noch hilflos gelähmt, erstarre wie der Vogel vor dem Blick der gleißenden Schlange, wenn ich meine verbotenen und verschlossenen Räume betrete. Noch habe ich die Fesseln der Schande, der Erniedrigung und der Schuld nicht zu sprengen vermocht. (...)

Mein rasender Zorn – denn es ist ein rasender Zorn – richtet sich nicht nur darauf, daß ich – aber ich spreche ja nicht nur in eigener Sache –, daß wir von dir und einer Vielzahl aus deiner Generation verleugnet worden sind. Ja, auch das macht mich zornig, aber nicht nur das allein. Es ist schlimmer, viel schlimmer und liegt viel tiefer. Du, meine Schwester, bist mein Spiegelbild. Wir beide sind an der Wurzel beschädigt, meine demütige Unterwerfung ist auch die deine, und unsere Schuld ist die Schuld der willigen, der verführten Opfer.«[29]

Die Frage, warum diese Sinnlosigkeit des Geschehens von den Juden selbst oft widerstandslos hingenommen wird, stellt auch Rose Ausländer, und doch geht sie ihr nicht so schonungslos nach, wie es Cordelia tut, die, ohne auf die eigenen Schmerzen Rücksicht zu nehmen, immer wieder zu der »Bestie« geht, um für sich und uns eine Antwort zu finden.

Wollen wir die tausende Tode / tragen, / wie ein König seine Krone trägt, / bis der Gott der Ferne unsern Tagen / eine neue Welt zu Füßen legt.

Cordelia Edvardson zeigt uns, daß wir die Vergangenheit aus uns herausholen müssen, um sie dadurch zu erlösen, damit sie nicht wiederholbar wird.

Sie schreibt: »›Die Vergangenheit ist unserer Barmherzigkeit ausgeliefert.‹ Diese Worte von Lars Gyllensten habe ich als Motto für mein Buch ›Gebranntes Kind sucht das Feuer‹ gewählt. Während der Gespräche nach meinen Leseabenden in Deutschland entdecke ich immer wieder, wie sehr dieses Wort mißverstanden worden ist. (...) Jene Barmherzigkeit, die ich suche, sie wendet sich noch einmal um, sie geht den Weg noch einmal zurück, sie geht auf erfrorenen, wunden Füßen über scharfe, spitze Steine, sie rutscht auf den Knien durch dunkle, schleimige Tunnel, durch die stinkenden Kloaken der Vergangenheit kriecht sie, bedeckt von Unrat jeglicher Art. Doch am Ende dieser Reise, in der Stunde der Gnade, kann diese Barmherzigkeit auch den Mut und die Kraft verleihen, der Bestie ins Gesicht zu sehen, tief drunten in der Unterwelt, das Entsetzen und die Verlockung zu erkennen und zu ertragen, bis man aus der Tiefe der Seele sagen kann: Nein. Nein, ich will nicht. Ich gehöre dir nicht. Ich will frei sein. Frei.«[30]

Auch Roses Satz *Schreiben war Leben. Überleben.* ist der Versuch, »der Bestie ins Gesicht zu sehen«, und in ihren Gedichten aus der Zeit des Exils erkennt sie zunehmend, daß die Flucht aus der Realität in eine utopische Traumwelt ein unzulässiges Verhalten ist. In dem Gedicht *Sturm* kritisiert sie diese Haltung, die einmal ihre eigene war.

Sturm II

Sturm aus nördlicher Richtung
die Stadt erleidet seinen
unbarmherzigen Atem
seine drohenden Feuerzeichen
und Schüsse

Du verkriechst dich
in erträumte Musik
die Fenster sind Trommeln

Bald zieht das Gewitter
vorüber
Wo sind die erznen Instrumente

Wahrhaftig Zeit
zu erwachen
und wach zu bleiben

Das Ich des Gedichtes *verkriecht* sich vor dem drohenden Nationalsozialismus, dessen Bedeutung durch Vergleiche mit *Sturm* und *Gewitter* zum unabwendbaren Naturereignis erklärt wird, *in erträumte Musik*. Dieses ausweichende Fluchtverhalten wird zur Ursache des Schuldgefühls den toten Opfern gegenüber werden. Deshalb trifft das Ich die lebenserhaltende Entscheidung: *Wahrhaftig Zeit / zu erwachen / und wach zu bleiben*, obwohl es weiß, daß das Erwachen die ganze schmerzhafte Bewußtwerdung der verdrängten Schrecken beinhaltet: *Wenn du erwachst / brennt die Stadt / die Toten sind wach / und erwarten dich.* Rose und Cordelia stellen sich schreibend ihrer Vergangenheit und brechen dadurch ihre passive Opferhaltung auf: *Wir werden / Zeugen sein.*

Die *im Blutmoos des Ghettos* und *in der Galgenzeit* erlebten und durchlittenen Grauen sind ein unauslöschbares Trauma im Leben von Rose Ausländer, das sie nur durch Schreiben überlebt und durch Schreiben ein Stück weit immer und immer wieder neu verarbeitet.

Ich rede / von der brennenden Nacht / die gelöscht hat / der Pruth // (...) // vom gelben Stern / auf dem wir / stündlich starben / in der

Galgenzeit // nicht über Rosen / red ich, denn die traumatischen Erfahrungen der Vergangenheit müssen aus der Erinnerung immer wieder aktualisiert werden, um der Schuld des Vergessens zu entgehen. Nur durch die Reflexion auf die Vergangenheit kann überhaupt etwas Neues entstehen: *Immer zurück zum Pruth.*

Der Strom des Sich-Erinnerns wird bei ihr durch den *Pruth*, der durch Czernowitz fließt, symbolisiert. Doch diese Reise in die Vergangenheit *(...) tut weh* und ist *(...) wohl / nicht zu vergessen*, wie es auch Cordelia Edvardson beschrieb.

Denn nicht das Vergessen bringt Heilung, da für Rose das Vergessen einer Krankheit gleichzusetzen wäre, sondern nur das Bewußtmachen, die psychische Verarbeitung: *Trink dich heil / vom unstillbaren Durst / der dich trinkt // Bade dich heil / Alptraum / in den Gelenken // Hier wird kuriert / die Gicht des Vergessens / das Wasser tut Wunder / vergißt nicht / dich zu erinnern.*

Doch der bleibende schmerzliche Aspekt der Überlebenden bezieht sich auf die Erkenntnis, *(...) daß die Toten sich in uns erheben / und immer unbedingter in uns leben.* Das Schuldsyndrom der überlebenden Juden besteht häufig darin, daß sie ihr Überleben als Schuld gegenüber den Ermordeten empfinden, wie zum Beispiel der Selbstmord von Paul Celan zeigt.

Peter Weiss beschreibt es folgendermaßen: »Dann kamen einige Jahre, in denen ich unter einem atavistischen Schuldgefühl litt, daß auch ich hätte jenen Weg gehen sollen, der für mich bestimmt war, und daß ich ein Verräter angesichts jener Millionen sei, die man gefangen hatte.«[31]

In ihrem Gedicht *Anklage* thematisiert Rose das paradoxe Verhalten der Überlebenden, sich der Toten immer zu erinnern, um sie zu trauern und trotzdem weiterleben zu müssen.

Tote Freunde / klagen dich an / du hast sie überlebt // du weinst um sie / und lachst schon wieder / mit andern Freunden // Deine Blumen / auf ihren Gräbern / versöhnen sie nicht // Du trauerst um ihren Tod / und machst Gedichte / aufs Leben.

Die lebenden Toten verfolgen die Überlebenden, sie *zwicken deinen Atem, wollen deine Not, / hassen dein warmes Blut.* Die Toten behalten so lange ihre reale Macht über die Lebenden, bis die in der

Gegenwart aufgearbeitete Vergangenheit sie »erlöst«, wie Cordelia es formuliert, und der Überlebende sagt: »Ich will frei sein. Frei.«

»Der Schmerz um die Toten bleibt so lange blutende Wunde, als die in diesem Schmerz bewußt gewordene Entfremdung nicht überwunden ist.«[32]

In der Zeit des schlimmsten Grauens, als ihr die Arbeitserlaubnis entzogen wird und sie deshalb täglich mit dem Abtransport nach Transnistrien rechnen muß, tauchen Rose, ihre Mutter und die Schwägerin unter. Sie verstecken sich in verschiedenen Kellern und können durch die Unterstützung ihrer Bukarester Freunde überleben:

Wir stiegen in den Keller, er roch nach Gruft. / Treue Ratten tanzten mit unsern Nerven.

In den Keller(n) trifft Rose Ausländer erstmalig mit Paul Antschel, der sich später Paul Celan nennt, zusammen. Er selbst bezeichnet sich als »Paul Celan aus Czernowitz bei Sadagora«[33]. Diese umgekehrte Ortsangabe, die die Hauptstadt Czernowitz dem kleinen Ort Sadagora zuweist, deutet Paul Celans enge Bindung zur Mutter an, die in Sadagora geboren ist. Die Mutter bringt ihm die Literatur nahe – die Begegnung mit Literatur und das deutsche Wort der Mutter werden für Celan identisch. Als sie im Winter 1942/43 in Transnistrien erschossen wird, versucht er das blonde Haar der Mutter, in das er sich als Kind immer vergraben konnte, aus der Asche zu retten.

Paul Celan, der als Einzelkind jüdischer Eltern 1920 geboren wird, macht 1938 die Matura. Schon in der Schulzeit kristallisiert sich sein Interesse für eigene Lyrik heraus. Da er danach auf Wunsch des Vaters ein Medizinstudium beginnt, muß er ein Vorbereitungsjahr an der Universität in Tours/Frankreich absolvieren, denn ein Studium an einer rumänischen Hochschule ist für ihn aufgrund der zugespitzten politischen Verhältnisse nicht möglich.

Er beginnt am 9.11.1938 seine Reise nach Frankreich, die dabei erhoffte Begegnung mit der deutschen Literatur auf deutschem Kulturboden, auf dem er Zwischenstation macht, wird jedoch schnell von der grausamen Realität, die er in Deutschland antrifft, vernichtet. Am Morgen des 10.11.38 – dieses Datum wird zum Ausgangspunkt, unter dem sein künftiges Schreiben stehen wird – trifft er auf dem Anhalter Bahnhof in Berlin ein.

Die Bilder, die sich ihm dort darbieten, hat er erst Jahre später, im Gedichtband *»Niemandsrose«*, preisgegeben.

> »Über Krakau
> bist du gekommen, am Anhalter
> Bahnhof
> floh deinen Blicken ein Rauch zu,
> der war schon von morgen.
> (...)«[34]

Der Rauch der »Reichskristallnacht« liegt am Morgen noch über Berlin, er ist ein Zeichen des Kommenden.

Trotzdem kehrt Celan, nachdem er mit dem Abschlußexamen das erste Studienjahr in Tours absolviert hat, unverzüglich nach Czernowitz zurück. Da Paul in Czernowitz aus politischen Gründen sein Studium der Medizin nicht fortsetzen kann, hat er sich an der philosophischen Fakultät für Romanistik eingeschrieben. Diese scheinbare Zwischenlösung ist jedoch in Wirklichkeit die Entscheidung für den kommenden Lebensweg.

Mit dem Sommer 1940 beginnt für seine Entwicklung als Dichter eine entscheidende Phase. Er verliebt sich in Ruth Lackner. Die intensive Liebe, die beide miteinander teilen, bringt bei Paul Celan ein Höchstmaß an Kreativität im eigenen Schreiben hervor.

Als im Oktober 1941 die Deportationen aus dem eingerichteten Ghetto beginnen, werden auch Pauls Eltern zum südlichen Bug transportiert. Paul hat sich zuvor, als die Zeit drängt, die Verstecke auszusuchen, entschlossen, »ohne Zustimmung der Eltern zu handeln. Er ging allein fort und war davon überzeugt, sie würden ihm in das Versteck folgen. Doch sie kamen nicht. Als Paul am Montag früh« – man hat inzwischen gemerkt, daß die Deportationen immer am Wochenende erfolgen – »die elterliche Wohnung betreten wollte, fand er die Eingangstür verriegelt: die Eltern waren abgeholt worden, der Transport hatte Czernowitz längst verlassen.«[35]

Paul hat sich in Czernowitz verstecken können, er lebt noch, während andere schon hingemordet sind, ein Gedanke, der ihn nicht mehr loslassen wird.

Im Juli 1942, als die rumänischen Arbeitsdienste eingerichtet werden, die etwas Schutz vor möglichen, erneuten Deportationen nach Transnistrien bieten, meldet er sich auf Anraten Ruth Lackners freiwillig. Vom August 1942 bis zum Frühjahr 1944 verbleibt Celan im Arbeitslager am Tirgu Jiu. In dieser Lage wird ihm das Dichten aus Erinnerung zum ersten Mal ein Weiterleben ermöglichen. Außerdem schreibt er unzählige Briefe an Ruth Lackner, denen er die im Lager entstehenden Gedichte beilegt.

Als er die Nachricht erhält, daß seine Mutter erschossen wurde, wird seine Flucht vor den Nazis ohne die Eltern zur lebensbestimmenden Frage, da er sich schuldig fühlt, weil er im Lager nicht an ihrer Seite gewesen ist:

»Was wäre es, Mutter: Wachstum oder Wunde – / versänk ich mit im Schneewehn der Ukraine?«[36]

Als Paul Celan wieder aus dem rumänischen Arbeitslager nach Czernowitz zurückkehrt, findet seine erste Begegnung mit Rose Ausländer statt.

Vom rumänischen Arbeitslager kam Antschel gegen Ende 1943 direkt nach Czernowitz, wo er mich kurz darauf mit gemeinsamen Freunden besuchte und mir seine Verse zeigte.[37]

Ob Paul Celan jetzt Ende 1943 schon in Czernowitz ist oder erst im Frühjahr 1944, wie sein Biograph Chalfen berichtet, bleibt offen. Fest steht, daß sie sich in dieser Zeitspanne zum ersten Mal treffen:

Auch ich (R.A.) habe Paul Celan seit 1943 recht gut gekannt. In jener grauenvollen Zeit besuchte er mich mehrere Male in Czernowitz und las mir seine ersten, richtiger: damals entstandenen Gedichte vor, von denen ich noch einige in seiner Handschrift besitze. Meine damaligen Gedichte, um die er mich bat, lobte er sehr. Wir führten vielstündige, anregende Gespräche, in aller Gelassenheit, als lebten wir nicht im Krieg, wären nicht die zum Verfolgen ›Auserwählten‹ und in unmittelbarer Lebensgefahr. (...) Ich darf mich rühmen, Celan's erste Entdeckerin gewesen zu sein, obwohl seine alten Freunde seine Dichtungen vor mir kannten. Aber sie standen ihnen recht verständnislos gegenüber oder waren gegen sie wegen der ›hermeti-

schen, privaten Symbolik‹. Ich war von seinen originellen Bildern fasziniert und begeistert. Celan's tiefer Ernst überzeugte mich. (...) er verfügte über große dichterische Phantasie und besaß ein ungewöhnlich präzises Sprachgefühl.[38]

Ihr Treffen, ihr gemeinsames Ausdrücken des Erlittenen, ihr gegenseitiges Vorlesen der Gedichte ist ihr Versuch, an dem Erlebten nicht zu ersticken oder zu zerbrechen und in diesen kurzen Stunden das Übersiedeln *in eine andere Wirklichkeit, die geistige* zu schaffen, um an der Realität nicht zugrunde zu gehen.

Bevor Paul Celan Rose persönlich kennenlernt, kennt er schon ihre Gedichte. Ein Freund von ihr überläßt ihm auch den Gedichtband *Der Regenbogen.* Rose, die ihrerseits, wie wir hörten, von seinen Gedichten überzeugt und beeindruckt ist, versucht sich für ihn im Rahmen ihrer bescheidenen Möglichkeiten einzusetzen. Sie weist Celan auf Margul-Sperber hin, der zum entscheidenden Förderer auch dieses jungen Literaten wird.

Als Alfred Kittner zusammen mit Immanuel Weissglas im Frühsommer 1944 nach der Vertreibung der deutschen Armeen aus den Todeslagern Transnistriens zurückkehrt, hat Rose in der Volksbibliothek der Stadt eine Arbeit gefunden, die nur dem Zweck dient, sie vor der Verschleppung nach Rußland ins Donez-Becken zu schützen. Vermittelt wird diese Arbeit durch den Arzt ihrer Mutter, Dr. Zalozieki, der diese über viele Jahre medizinisch betreute.

Zu dieser Zeit lebt Rose mit Dr. Garnier, einem Rechtsanwalt, zusammen, wie Alfred Kittner gegenüber Helmut Braun äußerte. Diese Verbindung ist mit Sicherheit eine Art Zweckgemeinschaft, da keinerlei Hinweise oder Gedichte von ihr über ihn zu finden sind. Wiederum beendet ihre Ausreise in die USA eine Männerbeziehung.

Einige der überlebenden Dichter bilden nun in Czernowitz einen Literaturkreis, der sich bei dem Ehepaar Ginninger trifft. Hier kommen Rose Ausländer, Paul Celan, auch mehrmals Immanuel Weissglas und andere zusammen. Sie lesen sich ihre Texte vor, diskutieren miteinander, kritisieren sich und fertigen Übersetzungen an. In Rose Ausländers Nachlaß verbleiben aus jenen Tagen Gedichthandschrif-

Abb. 21 Dr. Garnier, 1944 bis 1946 Lebensgefährte von Rose Ausländer

ten von Paul Celan, Übersetzungen Shakespearescher Sonette, die Celan und Weissglas im gegenseitigen Wettübersetzen erstellen.

Auch Übersetzungen von Yeats und Oscar Wilde, die die Autoren in Konkurrenz zueinander anfertigen, sind erhalten.

Mit diesen Treffen versuchen die Teilnehmer ihr geistiges Überleben zu sichern, weil sie ihre existenzielle Not hier für kurze Zeit vergessen können: *Wir zum Tode verurteilten Juden waren ungeheuer trostbedürftig. Und während wir den Tod erwarteten, wohnten manche von uns in Traumworten – unser traumatisches Heim in der Heimatlosigkeit. Schreiben war Leben. Überleben.*

In dieser Zeit entsteht Paul Celans Gedicht *»Die Todesfuge«*. Rose selbst schreibt ein Gedicht über Paul Antschel (Celan), das sie ihm widmet:

Für P. A.

Du hast mit deinen Sternen nicht gespart.
Die Fernen drängen sich an deine Tür.
Es bricht der dürre Ast der Gegenwart,
Die guten alten Mächte dienen dir.

Denn wo ist Heimat? Keiner weiß Bescheid.
Wo Schwalben nisten, sind wir nicht allein.
Die Chrysanthemen nehmen unser Leid
Hinüber in ihr leises Anderssein.

Wenn Schatten heut dein Lorbeer sind, verhüll
Das Antlitz, bis die Möwe wiederkehrt.
Es ist so dunkel wie dein Herz es will,
Das staunend seinen Wert von dir erfährt.

Ein Raunen reiht sich deinen Dingen an.
Du steht mit vielen Stimmen schon im Bund.
Vergiß, wann diese kleine Zeit begann.
Die großen Zeiten segnen deinen Mund.

Dieses Gedicht schreibt sie als Dank *Für P. A.*

Du hast mit deinen Sternen nicht gespart – indem er seine Worte, seine Gaben, seine Hoffnungen und Träume an diesen Literaturkreis verteilt, um damit sich und ihnen zu helfen, für einige Stunden wieder Kraft, Wärme und Hoffnung zu tanken. *Die Fernen drängen sich an deine Tür. – Die Fernen* kann sich auf zweierlei beziehen. Erstens auf die fernen *Sterne*, die ihm vom Himmel geschenkt werden, damit er sie dort im Elend ausstreuen kann, zweitens kann es sich auch auf die Menschen beziehen, die selbst fern dieser Begabung sind und die sich an seine *Tür* drängen, weil sie spüren: Dort ist jemand, bei dem ich Trost und Zuversicht finden kann.

Beide Bedeutungsmöglichkeiten bedingen sich gegenseitig.

Es bricht der dürre Ast der Gegenwart – der abgestorbene *Ast der Gegenwart bricht*, wenn *P. A.* seine *Sterne* ausstreut, und die sie empfangenden Menschen erleben für Stunden trotz des Leides und der Trauer wahre Freude.

Denn wo ist Heimat? Keiner weiß Bescheid. / Wo Schwalben nisten, sind wir nicht allein. Diese Frage nach Heimat, an einem Ort und in einer Zeit der Heimatlosigkeit, versinnbildlicht Rose mit dem Symbol der Schwalben. Die *Schwalben* gelten im Volksglauben als Frühlingsboten und Heilungsbringer. Sie stehen als Symbol für die Hoffnung auf das Erwachen des Neuen, dessen, was Heilung bringt, was daher das Alte, Schmerzvolle, *den dürren Ast* ablöst.

Heimat und das Gefühl des Nichtalleinseins empfindet sie dort, wo Menschen leben, die diese Hoffnung auf eine neue, bessere Zukunft mit ihr teilen.

Heimat findet sie bei den Menschen, die mit ihr in *die andere Wirklichkeit, die geistige* übersiedeln. Paul Antschel ist für Rose so ein Mensch, da sie sich bei ihm *nicht allein* fühlt, weil er mit ihr in diese *geistige Wirklichkeit* reist.

Luise Rinser beschreibt dieses Heimatgefühl in ihrer Autobiographie »Winterfrühling«: Sie finde nur dort »Geborgenheit, wo ein Mensch (...) zuläßt, daß seine Mitmenschen an seinem Innersten teilhaben.«[39] Und wo anders wird das »Innerste« so ausgesprochen wie in einem Gedicht? *Dein Antlitz (...) / (...) ist so dunkel wie dein Herz es will, / Das staunend seinen Wert von dir erfährt.* – ein beeindruckender Satz, der mir wie ein Aufruf zum positiven Denken erscheint. Jeder ist selbst für das, was sich in seinem *Herz(en)* abspielt, verantwortlich, und es ist seine Aufgabe, das Lebenszerstörende aus sich herauszuholen, herauszuschreiben, um dem Licht, der Liebe Platz zu geben.

Vergiß, wann diese kleine Zeit begann. / Die großen Zeiten segnen deinen Mund. Paul Celan, dem damals noch unbekannten Dichter, ruft sie diese vorausblickenden Zeilen zu: Er soll die *kleine Zeit* des Grauens und Schreckens vergessen, denn *die großen Zeiten* der Menschheit, die seine Worte nicht vergessen werden, *segnen deinen Mund*, da seine Gedichte in die Ewigkeit eingehen werden. Sie wird recht behalten.

Die Zeit des Versteckens, die sie durch die eingeschmuggelten Hilfsgüter überlebt, endet im März 1944, als die Bukowina durch die vorrückenden russischen Truppen aus den Händen der Nazis befreit wird. Doch wiederum sind die Bewohner dieses Gebietes, wie wir durch ihre Tätigkeit bei der Volksbibliothek erfuhren, Repressalien ausgesetzt. Alle, die eine Arbeitsstelle nachweisen können, verbleiben in der Bukowina, während die übrigen zu Zwangsarbeiten in die russischen Kohlebergwerke des Donez-Beckens verschleppt werden.

Als im Herbst 1945 Rußland große Teile der Bukowina annektiert, wird es der jüdischen Bevölkerung freigestellt, in der Bukowina zu bleiben und damit russische Staatsbürger zu werden oder auszureisen.

Da sich jedoch aus den Erfahrungen von 1944 die Einstellung gegenüber den Russen in Czernowitz grundlegend veränderte, stellen viele überlebende Juden diesen Antrag. Die Umsiedlungsaktion zieht sich über mehrere Monate hin, da die Transportmöglichkeiten per Zug sehr eingeschränkt sind. Paul Celan ist einer der ersten, der die Bukowina verlassen kann. Er geht nach Bukarest.

Auch Rose, ihre Mutter, der in der Zwischenzeit wieder heimgekehrte Bruder mit Familie und Dr. Garnier, ihr Lebensgefährte in den letzten Czernowitzer Jahren, stellen den Ausreiseantrag. Sie können jedoch erst Mitte August 1946 mit einem der letzten Transporte ihre Heimatstadt verlassen und gehen ebenfalls nach Bukarest.

Weil Rose befürchtet, ihre Manuskripte und Briefe nicht mitnehmen zu dürfen, überträgt sie fieberhaft alle Texte, die sie erhalten wissen will, in kleine Notizbücher, die sich am Körper verbergen lassen. In ihrem Nachlaß können wir diese heute noch einsehen. Die Vorsicht erweist sich jedoch als unnötig: Mit allen Manuskripten und den geretteten Büchern wird ihr die Ausreise gestattet.

Der Freigabestempel des Zensors von 1945 ist noch heute in diesen Manuskripten und Büchern enthalten.

Verwundert

Wenn der Tisch nach Brot duftet
Erdbeeren der Wein Kristall
denk an den Raum aus Rauch
Rauch ohne Gestalt

Noch nicht abgestreift
das Ghettokleid

sitzen wir um den duftenden Tisch
verwundert
daß wir hier sitzen

Kaum in Bukarest angekommen, erreicht Rose eine Nachricht ihrer amerikanischen Freunde um Dr. Walter Bernard, der ihr schon einmal 1939 half und riet, nach New York auszuwandern.

Sie haben ihr die Einwanderungspapiere besorgt und stellen die erforderliche Bürgschaft. Allerdings gilt dies Angebot nur für Rose selbst, und sie muß sich sofort entscheiden. In der Hoffnung, daß es ihr gelingen wird, auch die übrige Familie in die USA nachzuholen, wenn sie erst einmal dort ist, sagt sie zu. Zudem glaubt sie in den USA ein materiell abgesichertes Leben führen zu können, wofür in Bukarest wenig Chancen bestehen.

So wird ihre Lesung im Dalles-Saal in Bukarest, die ihre Freunde Dr. Zaloziecki und Alfred Kittner für sie als Begrüßungsfeier organisiert haben, zu einer Abschiedslesung, da sie nur einen Monat in Bukarest bleibt. Denn die erforderlichen Auswanderungspapiere treffen schon im September 1946 ein.

Bei der Abschiedslesung trifft sie viele Dichterfreunde aus Czernowitz wieder, unter anderem auch Paul Celan: *Vor meiner Abreise nach NY im Jahre 1946 traf ich PC noch einmal kurz in Bukarest. A. M.-Sperber hielt einen Vortrag über mich und ich las eine größere Anzahl meiner zuletzt verfaßten Gedichte. Nach der Lesung dankte mir P. Celan herzlich für die ›sehr guten‹ Verse.*[40]

Im völlig überfüllten Dalles-Saal hält ihr alter Freund Margul-Sperber die Einführung: »Die Dichterin Rose Ausländer bedarf keiner Einführung mehr bei einem gedichteliebenden Publikum, dem die Veröffentlichung ihres Versbuches ›Der Regenbogen‹ den vollen Klang ihrer lyrischen Stimme und die kühne Eindringlichkeit ihrer dichterischen Aussage vermittelt hat. Aber weil nun einmal, und wie einst in erbarmungslosen Zeiten gleich den unseren, der Gesang des Dichters leicht übertönt wird vom Röcheln der Not und vom Schrei des Grauens, gilt es, die Erinnerung wachzuhalten an das Werk dieser schwarzen Sappho unserer östlichen Landschaft.

Ich kenne in der Dichtung der Gegenwart kein schlagenderes Beispiel zur Erhärtung des alten Satzes, daß alles Erhabene und Schöne einfacher Art sei, als das Werk Rose Scherzers. (...) Das Gedicht Rose Scherzers (...) spricht das Natürlichste, Selbstverständlichste und Menschlichste so aus, daß es neu und zum ersten Mal gesagt erscheint. Sie ist den Grundmächten verhaftet und nicht den Modemächten. Ihre Sprache, klar, ungekünstelt, und bündig, folgt der großen Tradition, und Ehrfurcht vor der Sprache bestimmt den Ausdruck. Seine Schlichtheit ist oft erschütternd, und wie tiefe Wirkung erzielt, welche Ahnungen des Schicksals und der Grunderlebnisse beschwört in einem ihrer Liebesgedichte beispielsweise der Satz ›und alles wird anders sein …‹!

Und dabei stammt ihre dichterische Eigenart durchaus nicht aus Bezirken des Emotionellen oder verdankt ihre Wirkung Mitteln der ästhetischen Bezauberungen, also etwa musikalischen oder malerischen Elementen. Es ist eine geistige Landschaft in ihr, die seelisch erschüttert, ein denkendes Herz, das singt, wie Ophelia, die sirenengleich dunkle, alte Weisen sang, und es klang wie ein Volkslied, so gestaltet Rose Scherzer das ewige Erlebnis des Frauenschicksals in Formen von erschütternder Einfachheit. (…)

Es liegt auf der Hand, daß eine dichterische Natur, wie die Rose Scherzers, nur auf ihrer eigenen starken Persönlichkeit beruht, den Gesetzen, wonach sie angetreten, gehorchen und sich nur in einer ihrem Temperament gemäßen Art dichterisch ausleben kann. (…)«[41]

Rose selbst liest aus ihrem Band *Der Regenbogen* 24 Gedichte aus dem Zyklus *Ghetto-Motive* und andere, neuere Texte.

Es ist kein frohes Abschiednehmen, zu ungewiß ist die Zukunft, nicht sicher, ob sie sich jemals wiedersehen werden.

Zurück läßt sie ihre alte, kranke Mutter, den Bruder Max mit Familie, ihre Freunde und ihre über alles geliebte Heimat. Mit dem Zug fährt sie nach Marseille und begibt sich dort im September 1946 an Bord der SS Wellesley Victory und tritt zum vierten Male, diesmal allein, die Seereise nach New York an.

Ihre Mutter und ihre Heimat wird sie nie mehr wiedersehen.

Abschied IV

Trauert
um deine Augen
das Licht

Abend
dein spätes Land

Abendland

Weiß
der Schwan
seine Zeit vorbei

Heimliches
unheimliches
Lied

Abend
sein spätes Land

Abendland

VIII »Im Atemhaus wohnen« – Zweiter Amerika-aufenthalt (1946–1964)

Einsamkeit II

Wahrgeworden
die Weissagung der Zigeunerin

Dein Land wird
dich verlassen
du wirst verlieren
Menschen und Schlaf

wirst reden
mit geschlossenen Lippen
zu fremden Lippen

Lieben wird dich
die Einsamkeit
wird dich umarmen

Die *Zigeunerin* prophezeite: *Geh dem schwarzen Mann / aus dem Weg / Er wartet am Fadenkreuz / hier // Aber wisse: du lebst!* – sie lebt, sie hat überlebt, verließ ihre Heimat, verlor *Menschen und Schlaf* und findet *Einsamkeit* hier in Amerika.

Auch die liebevolle Aufnahme durch ihre Freunde in New York, die sie erwarten, kann ihr nicht wirklich Geborgenheit schenken:

»Denken Sie, die Ausländer ist angekommen, war bei den Bickels schon und kommt dieser Tage zu uns, dann geben wir Ihre Adresse, die sie von uns verlangt – inzwischen ist hier ihre:

c/o Königsberg
2856 Grand Concourse
Bronx N.Y.«[1]

schreibt am 4. Oktober 1946 Bernhard Reder, ein Bildhauer aus Czernowitz, an Freed-Weininger, ihren Liebhaber aus Bukarest.

Sie trifft wohl hier Menschen, die sie kennt und mag, so auch das Ehepaar Bickel, das wir auch aus Bukarest kennen, wie das Ehepaar

Ginninger, bei dem die literarischen Treffen stattfanden, doch es sind eben nicht die Menschen, die ihr Heimat vermitteln.

Einsame Weihnachten

Glanz und Schimmer in der Stadt.
Alle Waisen schweigen tief.
Wer heut' keinen Menschen hat,
lauscht ob ihn der Heiland rief.

Glocken tönen dunkelfern,
auf den Dächern blinkt der Schnee.
Einsam hängt ein dünner Stern
unerreichbar in die Höh.

Tannen duften herb und rein.
Bunte Dinge glitzern glatt.
Grenzenloses Einsamsein
in der großen fremden Stadt.

In den Stuben Licht an Licht,
auf den Straßen Strahl an Strahl.
Auf den Heiland warte nicht,
Einsamer am Marterpfahl!

Funken tanzen durch die Nacht.
In dem Saale prangt der Baum.
Viele Jünger sind erwacht,
nur der Heiland liegt im Traum.

Kinder sind wir, groß und klein.
Alle Stuben sind geschmückt.
Über unserm Einsamsein
hängt ein Bruder qualgeknickt.

Dieses Gedicht, das ihre Gefühle an Weihnachten 1946 schildert, verdeutlicht noch einmal ihr *Grenzenloses Einsamsein / in der großen fremden Stadt*, das durch die Abwesenheit des *Heiland*(s), dessen Ankunft ja gerade an diesem Tage zu feiern wäre, ins *Grenzenlose (...)* gesteigert wird: *Auf den Heiland warte nicht, / Einsamer am Marterpfahl!* Auch er, der aus dieser Einsamkeit Erlösung schenken sollte, *hängt (...) qualgeknickt über unserm Einsamsein.* Aber es geht ihr nicht nur psychisch schlecht – ihr durch die Ereignisse und die Not der vergangenen Jahre geschwächter Körper erlaubt es ihr nicht, einer dauernden Arbeit nachzugehen, so daß sie auch materiell nicht Fuß fassen kann. Zudem gelingt es Rose nicht, die erhoffte Einreisemöglichkeit für die Mutter und den Bruder zu beschaffen.

In diese sowohl psychisch wie physisch schwierige Situation trifft die Nachricht vom Tode der Mutter ein.

Sie starb im Alter von 73 Jahren in Satu-Mare/Rumänien, ohne daß die Tochter es geschafft hatte, sie zu sich zu holen.

Requiem I
Meiner Mutter

Aber sie war größer als ihr Sterben.
Ihre armen abschiedlosen Erben
wußten noch nicht, was sie hinterließ,
bis aus ihrer durchsichtigen Gabe
trotz der Undurchdringlichkeit im Grabe
jäh ihr Bild erstrahlte und der Platz
war hinfort ein unerhörter Schatz
Ihr Erscheinen hing als ein Geschmeide
in der Luft – und wurde Trauerfreude.

Ihre armen abschiedlosen Erben – sie verzweifelt an der geglaubten Schuld gegenüber der Mutter:

Rose fühlt sich schuldig,
– weil sie von ihr wegging,
– weil sie sie nicht rechtzeitig zu sich holen konnte,
– weil sie nicht Abschied nehmen konnte bei deren Tod.

Die Mutter

O daß die Toten sich in uns erheben
und immer unbedingter in uns leben.

Wie trat sie ein, die Mutter, Schicht um Schicht?
Ich bin ihr Schatten und sie mein Licht.

Weil sie, Rose Ausländer, lebt und die über alles erhobene Mutter tot ist, fühlt sie sich ihr gegenüber schuldig und erniedrigt sich selbst zu ihrem *Schatten.*

Da aber ein *Schatten* nur leben kann im Angesicht des *Licht(s)*, bricht ihr eigenes Leben durch den Tod der Mutter zusammen.

Die Musik ist zerbrochen

In kalten Nächten wohnen wir
mit Maulwürfen und Igeln
im Bauch der Erde

In heißen Nächten
graben wir uns tiefer
in den Blutstrom des Wassers

Hier sind wir eingeklemmt zwischen Wurzeln
dort zwischen den Zähnen der Haifische

Im Himmel ist es nicht besser
Unstimmigkeiten verstimmen
die Orgel der Luft
die Musik ist zerbrochen

Die Musik ist zerbrochen – zerbrochen auf allen Ebenen ihres Lebens: *Hier sind wir eingeklemmt zwischen Wurzeln / dort zwischen den Zähnen der Haifische // Im Himmel ist es nicht besser* – für sie gibt es kein Entrinnen mehr.

Der unmittelbaren Bedrohung und dem Eingesperrtsein im Ghetto konnte sie noch durch konsequente Abwehr der Realität begegnen, indem sie Strategien entwickelte, die sie die grauenhafte Situation vergessen ließen, aus der sie in eine Traumwelt, *in eine andere Wirklichkeit, die geistige*, flüchtete.

Aber spätestens seit der Zeit ihres Weggehens aus der Bukowina erkannte sie dieses Verhalten als unzulänglich an, da es in ihr Schuldgefühle den toten Opfern gegenüber auslöste.

Wenn du erwachst / brennt die Stadt / die Toten sind wach / und erwarten dich.

Die schmerzhafte Vergegenwärtigung dieser verdrängten Schrekken wird ihr jetzt durch den Tod der über alles geliebten Mutter in einem totalen Zusammenbruch gleichsam aufgezwungen: *O daß die Toten sich in uns erheben / und immer unbedingter in uns leben.*

Durch den Tod der Mutter, die für sie Heimat, Liebe und die Muttersprache symbolisierte, fällt der wesentlichste Halt ihres Lebens weg. Die deutsche Sprache, die für sie Heimat bedeutet hat, ist für sie die Sprache der Mutter. Durch deren Verlust verliert sie gleichsam diese und damit ihre eigene Sprache:

Die Musik ist zerbrochen

Über ein Jahr lang kann sie nicht mehr arbeiten, aber was viel schlimmer ist, sie kann nicht mehr schreiben. Sie muß also die verdrängten Schrecken zulassen. Doch indem sie ihren Schmerz sowohl auf der körperlichen wie geistigen Ebene duldet, geht sie gleichsam durch ihn hindurch.

Hörst du

Der nie stirbt
Tod

Altes und neues
Kapitel

Mit Verrätern verwandt
im schwarzen Orkan
des Krieges

Hörst du
die Klagelieder
die der Dichter
weint!

Der nie stirbt – hat nie die Chance, sich zu wandeln, sein Leben zu verändern, neu geboren zu werden.

Der nie stirbt / Tod // – kann nicht das Alte, Überholte dem *Tod* übergeben, kann es nie absterben lassen, damit Neues in ihm Raum finden kann: *Altes und neues Kapitel.*

Der *Tod* oder die seelische Krise, die Rose jetzt durchlebt, und die

Abb. 22 Das letzte Bild der Mutter mit Max Scherzer 1947 in Satu-Mare, Rumänien

damit verbundene Verzweiflung und Todesangst ermöglichen ihr erst, daß sie sich in einem schmerzhaften Prozeß vom *alten Kapitel* löst, um etwas *neues* entstehen zu lassen.

Mit Verrätern verwandt / im schwarzen Orkan / des Krieges // – die seelische Krise *verrät* dem Menschen das, was er vorher wohlbehütet unter Verschluß gehalten hatte, was nicht an die Oberfläche seines Bewußtseins dringen konnte. In der Krise trifft den Menschen die Erkenntnis, daß er sein altes Leben verändern muß, genauso blitzartig wie ein *Orkan.* Dessen Heftigkeit und Intensität zieht ihn ins *schwarze Loch*, wo Gut und Böse, Richtig oder Falsch miteinander kämpfen.

Luise Rinser beschreibt ihre seelische Krise in dem Essay »Hitler in uns selbst?« folgendermaßen: »Wirkliche Heilung erlangt nur der, der den Mut hat, wie die Existenzialisten das Nichts zu durchschreiten, das Nichts, das tiefer ist als der tiefeste Skeptizismus. Nur wer einmal das Gefühl der äußersten Verlassenheit, der eisigsten Leere kannte, in dem Sinn etwa, wie Christus rief. ›Mein Gott, warum hast du mich verlassen‹ – nur der wird sich wandeln können.«[2]

Indem Rose in dieses *»Nichts«* fällt, ein *»Nichts«* ohne den Lebensanker Mutter, den sie zuvor immer zum Leben benötigte, durchlebt sie diese unnennbaren, namenlosen Schrecken und den Verlust von geliebten Menschen noch einmal auf einer körperlich-geistigen Ebene.

Der Himmel II

Meine Mutter
schenkte mir die Erde

und hat mir
den Himmel vermacht
der mir die Mutter
gab
und nahm

Die Krise *verrät* ihr, daß sie sich nie wirklich von der Mutter gelöst hat, um ein eigenes Leben zu führen.

Requiem II

Mutter, Wesen, das um mich gewesen
wie die Luft und wie der Atem rein.
Mütterlich den Guten und den Bösen
wie der ausnahmslose Sonnenschein.

Mutter, sanfteste der sanften Frauen,
schön und leise und in schlichter Zier.
Helle Heiterkeit der Sommerauen
hing als steter Schimmer über dir.

Hast mit deinem Schicksal nicht gestritten,
Ohne Klage trugst du deine Pein.
Hat dein armes Herz nun ausgelitten?
Darfst du weiter dort ein Engel sein?

Ich möchte kurz das Gedicht *Ins Leben* von 1925 in Erinnerung rufen – *Sie speist mich eine lange, trübe Zeit / mit schwarzer Milch und schwerem Wermutswein.* Wieviel »Arbeit« der Verdrängung hat sie geleistet, um heute, bei ihrem Tod, all dies vergessen zu haben: *Mütterlich (…) / wie der ausnahmslose Sonnenschein.*

In dem ihr aufgezwungenen Zusammenbruch geht Rose durch ihren Schmerz hindurch, nimmt ihn wahr, ohne ihn erneut zu verdrängen, und kann deshalb das *alte Kapitel*, das durch das Buhlen um die Liebe der Mutter gekennzeichnet ist, loslassen, um dem *neuen*, eigenen, erwachsenen Leben der Rose Ausländer Platz zu geben. Nach dem Überwinden der Krise kann sie ohne den Lebensanker Mutter weiterleben, da sie jetzt diesen in sich selbst gefunden hat.

Verbundenheit I

Zwischen mir
und diesem Zigarettenstummel
und dieser gesprungenen Teetasse
und diesem Safranblick
der mir alles Safranhafte
verständlich macht
herrscht eine Verbundenheit
wie nenn ich sie

Lieber nicht
Jede Bezeichnung wäre irreführend
würde nicht alle Elemente enthalten
nicht die Beziehungen aller Elemente
zu einander und zu mir
würde nicht alle Moleküle ins Spiel bringen
die mitspielen

Ich will nichts vermissen
an dieser Verbindung und Bindung
auch der Zigarettenstummel
darf nicht fehlen
er hat seine bestimmte Rolle
und bei der geringsten Verschiebung
bricht alles zusammen

In diesem Gedicht beschreibt sie die Notwendigkeit dieser Krise, weil sie ihre Not wendet. Die *gesprungene Teetasse* erlaubt ihr erst *diese(n) Safranblick*, diesen krokusgelbblütenähnlichen Blick aus dem Schnee, der Kälte, der ihr einen neuen Blick für *alles Safranhafte*, alles frühlingshafte, erwachende Keimen in ihrem Leben ermöglicht. Die Begriffe *Heimat, Liebe, Muttersprache*, die zuvor durch die Mutter besetzt waren, vermag sie nun selbst auszufüllen, indem sie der mißbrauchten Sprache den verlorenen Sinngehalt und die verletzte Würde wiedergibt.

Hörst du / die Klagelieder / die der Dichter weint // – erst als Rose den Sprachverlust als Zustand todesähnlicher Starre und des versteinerten Nichtlebens durchlebt hat, vermag sie wieder das Unfaßbare, *die Klagelieder*, sprachlich zu fassen und damit wieder zu leben. *Die Klagelieder / die der Dichter / weint //* – sind die zuvor existenziell erfahrenen Erlebnisse, die wirklich geweinten Tränen, sind gelebtes Leben.

Luise Rinser konstatiert in dem schon erwähnten Essay dazu: »Am Ende des Weges durch das Inferno des Nihilismus steht das Vertrauen. (...) Nennen wir es heute Lebensvertrauen« – bei Rose ist es ein spezielles Sprachvertrauen, das sie durch das Hindurchgehen durch die Krise findet. Ich sage bewußt nicht: wiederfindet, da sie etwas völlig *Neues* findet: Sie findet einen Ort, an dem sie atmen kann, der ihr emotionale Sicherheit und damit Heimat bietet; Heimat, die nicht mehr an bloße Liebe der Mutter gekoppelt ist.

Rückkehr

Über dürren Decken
aus Stroh und Gestrüpp
knistert wieder
der Sterne unverletzter Glanz
Durch Ritzen hölzerner Welten
tropft der Sprühregen ihrer Strahlen
auf Dunkelgärten und Stoppelfelder

Nachtblüten öffnen Safranlippen
und reden auferstandnen Duft
ins Ohr der Luft
ins Lauschen der Betrübten
und Ungeliebten
Die Poren der erkrankten Träume schlürfen
den Heiltrank aus umsternten Kelchen
das aromatische Geflüster
verschwisterter Regionen
Und jedes Du hat wieder ein Gesicht

Doch bis zu dieser *Rückkehr* ist es ein weiter Weg. Nur sehr, sehr langsam überwindet sie die Krise, und daher ist es auch bezeichnend, daß Rose die ersten Gedichte, die sie ab Ende 1947 wieder schreibt, zunächst in Englisch verfaßt. *Nach mehrjährigem Schweigen überraschte ich mich eines Abends beim Schreiben englischer Lyrik. Einer meiner ersten Englischtexte fing an: ›Looking for a final start‹ (Ich suche einen endgültigen Beginn).*

Langsam beginnt sie wieder Anschluß an Menschen zu suchen, die wie sie Deutsch sprechen und emigriert sind. Sie nimmt wieder an deren kulturellem Leben teil. 1947 bis 1949 gehört Rose der Gruppe »The New Yorkers« an, die auf Initiative der deutschsprachigen Zeitung »Aufbau« gegründet wurde. Diese Gruppe wird von der aus Dresden stammenden Jüdin Rose Löwenthal geleitet und setzt sich aus deutschsprechenden Überlebenden aller von den Nazis überrannten europäischen Länder zusammen, die froh sind, in der Emigration Schicksalsgenossen zu finden. Sie wandern, tauschen Erlebnisse aus, politisieren und machen sogar gelegentlich Badeausflüge oder tanzen zu Jukeboxmusik.

Es ist eine sehr bunte, unternehmungslustige Gesellschaft von Vierzig- bis Fünfzigjährigen, die sich auch untereinander anfreunden.[3] Im Rahmen der Aktivitäten dieser Gruppe organisiert Mimi Grossberg, eine Jüdin aus Wien, die erste Lesung für Rose und sich selbst am 23. April 1949.

Ab 1949 findet sie für ihre englischen Gedichte sowie für einige Übersetzungen von Gedichten Else Lasker-Schülers, Adam Mikkiewicz' und Christian Morgensterns Publikationsmöglichkeiten in

»The Raven Anthologie«, »Different«, »Pegasus«, »Epos«, der »Epos Anthologie«, in »Voices« und in einzelnen Bänden der »Voyage Press New York«.

1948 beginnt sie sich zudem mit Hilfe des Immigrationsspezialisten Abraham Orlow um die erneute Anerkennung ihrer amerikanischen Staatsbürgerschaft zu kümmern. Orlow erreicht dies mit dem Hinweis auf das Leid ihrer Jahre von 1940 bis 1946. Trotz dieses äußeren Versuches, in New York Fuß zu fassen, bleibt ihr die Stadt jedoch fremd. Dem Lebensstil, der von Hektik und Existenzkampf geprägt ist, kann sie sich nur schwer anpassen. Ihre Kontakte beschränken sich im wesentlichen auf die deutschsprachigen Emigrationskreise, wodurch ihre Isolation und Beziehungslosigkeit natürlich verstärkt wird. Sie lebt im ständigen Bewußtsein des Exils und der verlorenen Heimat, und selbst Bekannte aus Czernowitz, die sie zum Teil hier wiedertrifft, vermögen sie aus ihrer Isolation nicht herauszuholen. Einige Namen möchte ich erwähnen: Sehr sporadisch sieht sie hier wieder Freed-Weiniger, der jedoch kaum Zeit für sie hat, da er, wie Rose im nachhinein schreibt, *immer verliebt (war), (ich glaube, Du hast sogar Casanova übertroffen).*[4]

Alte Bekanntschaften aus der Czernowitzer Zeit leben auch hier fort: Der Bildhauer Bernhard Reder und seine Frau, der Lehrer Chami Ginninger und seine Frau, ihre Jugendfreundin Vera Hacken und ihr Mann Emanuel. Aus ihrer ersten New-York-Zeit kennt sie Dr. Walter Bernard, mit dem sie auch jetzt weiterhin in Kontakt steht. Zudem macht sie in diesen Jahren die Bekanntschaft des Dichters Alfred Gong und seiner Frau Norma, die auch aus Czernowitz stammen. Die Freundschaft zu Mimi Grossberg entsteht aus den Treffen der Gruppe der »New Yorkers«. Der Rundfunkredakteur Peter M. Lindt sowie die Rundfunkjournalistin Florence Becker-Lennon, die beide beim Sender WEVD arbeiten, der ein teilweise deutsches Programm ausstrahlt, zählen zu ihrem Bekanntenkreis. Und doch bleiben es *Fremde*.

Entfremdung

Wir treffen uns
hinter der Heimat
im Haus mit
gebrochenem Flügel

schenken uns Fremde
einer des andern
Findling

Staub auf den Lippen
wortein wortaus

wir tragen Meilensteine
wohin

Dein Atem weht
in andre Richtung
ich falle
aus deinen Pupillen
ins Dickicht

Ich erkenne dich nicht

Die Menschen aus der ehemaligen Heimat haben sich einander entfremdet. Selbst mit dem Du, das eine unmittelbare Beziehung eines Menschen mit dem anderen kennzeichnet, ist keine Kommunikation mehr möglich.

Am 6. März 1950 findet Rose Arbeit als Übersetzerin und Fremdsprachenkorrespondentin bei der international tätigen Speditionsfirma Freedman & Slater in New York, wo sie bis zum 8. Dezember 1961 tätig ist. Diese Arbeit wird nach Auskunft von Emanuel Hakken sehr schlecht bezahlt, und zudem findet Rose in dieser Tätigkeit keine Befriedigung, wie ihr Prosatext *24 Stunden* beweist.

Sie reflektiert darin die stattfindende Entfremdung vom *eigenen Leben*, die zugleich eine Entfremdung von der *eigenen* Zeit ist. *In der Achtstundenmühle mahlst du das Mehl des täglichen Brots: Litanei getippter Geschäfte und Kalkulationen. Pausenlos raunen die Sekunden im Blutgewebe.* Diese *tägliche Runde der Routine* wird nur durch die Erinnerungen aufgebrochen: *Plötzlich steht die tote Großmutter hinter der Schreibmaschine und gibt Signale mit einem schwarzgelben Fähnchen.*

Häufige Krankheiten erzwingen lange Arbeitspausen, die von ihr wahrscheinlich sogar dankbar angenommen werden.

Verschiebung der Konstellation

Stunden aus unsterblicher Langeweile
im Büro als gäbe es keinen
Berg aus Erz kein Gedicht von Feuer
keine Liebe von Rang

Wolkennester: weiße Briefbogen
am blauen Baum
jenseits des Fensters
Ich wage Engel zu denken
schneide mir aus der Scheibe
ein Viereck Himmel
unendlich teilbar durch Engel

Worte die ihnen dienen
strömen in die Maschinen
verschieben mit transparenter Kraft
die Konstellation der Körper

Das Büro auf dem Erzgipfel
ist ein Sonntagsgebäude
aus Flügelfenstern fließen
Engel in Quellengestalt
die Sonne diktiert ihnen
Briefe in Versen
an die Feen der Luft
Adler besorgen die Post

In diesen New Yorker Tagen zieht sie häufig um, von einem möblierten Zimmer ins nächste, von einem armen Viertel ins nächste. Rose hat nie eine eigene Wohnung und lebt nur aus ihren Koffern. Ihre Lebensverhältnisse bleiben sehr bescheiden.

Rose schafft den sozialen Aufstieg, den sich alle Emigranten erhoffen, nicht. Hier in den USA, wo nur der Dollar regiert und Materialismus herrscht, ist kein wirklicher Platz für eine Frau, die zuerst Ordnung in ihrem inneren Trauma schaffen muß, die ihre Erfahrungen schreibend zu verarbeiten versucht. In einem Land, in der die Masse wohl hungrig liest, aber keine Bücher, sondern »Magazines«, kann sie keine geistige Heimat finden. Rose, in der das literaturinteressierte Czernowitz lebt, fällt hier in ein geistiges Vakuum, was ihre Heimatlosigkeit potenziert. Hier ist kaum Raum für die Wahrnehmung von Lyrik, zudem noch von einer Frau, die am unteren Ende dieser Wohlstandsgesellschaft steht. Ihre stetigen Wohnungsumzüge führen daher auch nicht wie bei vielen Emigranten in gehobenere Gegenden, sondern sind ein Zeichen dafür, daß ihr Geld immer knapper wurde, da sie auch als kranke Frau hier keine erneute wirtschaftliche Chance vorfindet.

Abb. 23 Rose Ausländer in New York im Jahre 1951

Rose zieht in immer noch billigere Bleiben und teilt das Los vieler anderer Exilanten, die auf gepackten Koffern weiterleben. Ihre Heimatlosigkeit vermag Rose hier in New York nicht abzuschütteln. In einem bitter ironischen Artikel »We Refugees« setzt sich 1943 Hannah Arendt mit dem illusionären Optimismus derjenigen auseinander, die eben in New York ankommen und nicht als Flüchtlinge, sondern als Emigranten verstanden werden wollen:

»Wir taten unser Bestes, um anderen Leuten zu beweisen, daß wir ganz gewöhnliche Einwanderer seien. Wir erklärten, daß wir uns ganz freiwillig auf den Weg in ein Land unserer Wahl gemacht hätten, und bestritten, daß unsere Situation irgend etwas mit ›sogenannten jüdischen Problemen‹ zu tun hätte. (...) Wir wollten uns eine neue Existenzgrundlage schaffen, das war alles. Man muß ein Optimist sein und sehr stark sein, wenn man eine neue Existenz aufbauen möchte. Also legen wir großen Optimismus an den Tag. (...) Mit unserem Optimismus stimmt etwas nicht. Es gibt unter uns jene seltsamen Optimisten, die ihre Zuversicht wortreich verbreiten und dann nach Hause gehen und das Gas aufdrehen oder auf unerwartete Weise von einem Wolkenkratzer Gebrauch machen.«[5]

Hannah Arendts Text führt vor Augen, wie sich eine Jüdin, wie sich Rose hier nach den erlittenen Qualen fühlt. Hier kann sie nicht auf Verständnis und Rücksicht hoffen, hier muß verdrängt werden, um sich zu assimilieren, und gerade das erlaubt ihr ihre Psyche nicht.

Trotzdem sind diese Jahre für ihre spätere Lyrik von entscheidender Bedeutung. Zum einen findet sie wirklich zum *endgültigen Beginn* ihres Schreibens, zum anderen vollzieht sie einen vollständigen stilistischen Wandel.

Ihren *endgültigen Beginn* findet sie 1956 in dem Gedicht *Der Mohn ist noch nicht rot*, das zu ihren ersten wieder in Deutsch verfaßten Gedichten nach ihrer Krise zählt.

Der Mohn ist noch nicht rot

Sieh die leise Mutter unter Sternen
blau und weiß und voller Mondgebete
so gehen meine Stunden und Sekunden
immerfort im kleinen Kreise
wie die Mühle immerfort im Kreise

Muß nicht bald der Fürst mich holen
in der Asche sind noch meine Sohlen
Wolke webt mein Tuch aus Blitz und Tau
Himbeerrosen tropfen auf den Saum
Die Minuten ziehn in engen Kreisen
um mein Warten
immerfort im bangen Kreise um mein Warten

Berge bücken sich mit goldnem Schnee
Mutter nähte meinen weißen Mantel
hermelinverbrämt mit Sternekragen
Berge bücken sich mit goldnem Schnee
Wartet ungeduldige Aschenjahre
Fürsten eilen nicht die Ewigkeit hat Zeit

Der Mohn ist noch nicht rot in meinem Haar

Erneut richtet sie darin ihren Blick auf die nun schon neun Jahre tote Mutter. *Sieh die leise Mutter unter Sternen*, die noch immer die Gedanken einer längst erwachsenen Frau prägt. Rose ist 55 Jahre alt, als sie bitter erkennt: *Wolke webt mein Tuch aus Blitz und Tau / Himbeerrosen tropfen auf den Saum* – sie gesteht sich ein, daß sie eine Frau ist, die immer noch ihre eigene Lebensenergie aus dem Zerstörenden und dem Nährenden ihrer Mutter weben läßt: *Mutter nähte meinen weißen Mantel / hermelinverbrämt mit Sternekragen.*

In diesen Zielen, die eine Art Schlüsselerlebnis beinhalten, begreift sie, daß sie sich immer noch unter dem *weißen Mantel* der Mutter versteckt, der von ihr ge*näht* und mit ihrem *Sternekragen* besetzt ist – der durch sie besetzt ist, aber wo ist sie? Wo ist ihr Ich – wo ist Rose Ausländer?

Klarer und bitterer hätte sie es nicht formulieren können, aber gerade hier kann man ihr größte Achtung vor dieser Offenheit und dem Mut entgegenbringen, in einem Alter, in dem sich viele schon zur Ruhe setzen, ihre *Aschenjahre* abzuschütteln, erwachsen zu werden und den *endgültigen Beginn* zu wagen.

Doch *Der Mohn ist noch nicht rot in meinem Haar* – diese gewonnene Erkenntnis setzt erst die Chance frei, ihr eigenes *Tuch zu weben*. Die durchlebte Krise ist für Rose im wörtlichsten Sinne notwendig, weil sie ihre Not, ihre spezielle Mutterbeziehung, ins Gute wendet. Jetzt erst ist die 55jährige Frau wirklich erwachsen.

Nachdem sie durch das *»Nichts«* bzw. das Schweigen hindurchgegangen ist, kann sie ihre zerbrochene Existenz in der *Mutter Sprache* zu einem neuen Mosaik der Wahrheit zusammensetzen, aber erst, als die vorher zusammenhängende Wirklichkeit in Bruchstücke zerfallen ist.

Mutter Sprache

Ich habe mich
in mich verwandelt
von Augenblick zu Augenblick

in Stücke zersplittert
auf dem Wortweg

Mutter Sprache
setzt mich zusammen

Menschmosaik

»Wie sollten das Leid der Opfer von Auschwitz und die Trauer der Überlebenden dichterisch zum Ausdruck kommen, wenn das, was sich in den Gaskammern des SS-Staates ereignet hatte, den Atem und das Wort verschlug?«[6] – wenn nicht über das Medium, nämlich die Lyrik, die den Betroffenen das Atmen im Aussprechen all dieser entsetzlichen Realitäten erst wieder ermöglicht!

1949 schrieb der Philosoph Theodor W. Adorno unmittelbar nach seiner Rückkehr aus dem Exil folgenden Satz: »Nach Auschwitz ein Gedicht zu schreiben, ist barbarisch, und das frißt auch die Erkenntnis an, die ausspricht, warum es unmöglich ward, heute Gedichte zu schreiben.«[7]

Viele Intellektuelle in Westdeutschland verstanden diesen Satz als ein Darstellungsverbot, und viele von ihnen schienen bereit, einem solchen Verbot zu folgen. Die Wirkung, die von diesem Satz ausging, war tiefste Kulturskepsis – was denn sollten und konnten Gedichte noch sein oder bedeuten nach dem Holocaust? Adornos Verbot, das übergroße Leid und das unvorstellbare Sterben des jüdischen Volkes nicht einmal in Gedichten nennen zu dürfen, errichtet ein Tabu, gerade dort, wo nicht Verstummen, sondern das Reden über all dies Entsetzliche notwendig wäre, um eine Wiederholbarkeit auszuschließen. Und gerade die Lyrik, die von den jüdischen Autoren nach Auschwitz geschrieben wurde, und darunter ist auch die von Rose Ausländer zu sehen, hat diesen Satz von Adorno ins Unrecht gesetzt.

Die Sprache überdauerte Auschwitz in einigen ihrer erhabensten Gedichten. Und sie blieb stimmhaft, wenn auch fast stumm, vor allem als die Sprache der Opfer. »Erreichbar, nah und unverloren, blieb inmitten der Verluste dies eine: die Sprache. Sie, die Sprache blieb unverloren, ja, trotz allem. Aber sie mußte hindurchgehen durch furchtbares Verstummen, hindurchgehen durch die tausend Finsternisse todbringender Rede. Sie ging hindurch und gab keine Worte her für das, was geschah, aber sie ging durch dieses Geschehen. Ging hindurch und durfte wieder zutage treten, ›angereichert‹ von all dem. (...)«[8], sagte Paul Celan, der das Überleben des Holocausts nicht überlebte. Er begeht 1970 in Paris Selbstmord. Gerade den Überlebenden darf die Darstellung von Schmerz, Leid und Trauer auf keinen Fall verwehrt werden, denn wo wären die Millionen Toten zu begraben, wenn nicht auch in Gedichten? 1966 nimmt Adorno diesen Satz zurück: »Das perennierende Leiden hat soviel Recht auf Ausdruck wie der Gemartete zu brüllen, darum mag es falsch gewesen sein, nach Auschwitz ließe kein Gedicht mehr sich schreiben.«[9]

Wolfdietrich Schnurre stellt in seinem Aufsatz »Dichten nach Auschwitz?«[10] dreizehn Thesen gegen die Behauptung, daß es barbarisch sei, nach Auschwitz ein Gedicht zu schreiben auf, die ich hier ausschnittweise zitieren möchte:

»6. Die menschliche Sprache ist nicht zum Verstummen, sie ist zum Sprechen gemacht. (...)

9. Lyrik ist sinnlich. Also meint sie das Leben. Also verteidigt sie es. Und da soll sie, nach einem derart globalen Todessieg, schweigen?

10. Lyrik ist abstrakt. Also meint sie den Geist. Also verteidigt sie ihn. Und da soll sie, nach einer so endlos währenden Herrschaftsphase des Ungeistes, aufhören zu denken?

11. Die Lyrik hat sich im Niemandsland zwischen gestern und morgen eine auch von der Politik nicht zu haltende Vorpostenstellung erkämpft. Ihr die streitig zu machen, gar sie von dort vertreiben zu wollen, hieße, eben einer Gefühllosigkeit, jenem Gleichmut erneut Vorschub zu leisten, die, zur Menschenverachtung degeneriert, an den Kriegsgreueln vorbei, nach Auschwitz geführt haben. Lyrik stabilisiert das Gefühl. Und das Gefühl ist rebellisch.

12. Was also soll der heutige, nach Auschwitz schreibende Lyriker tun? –: Mit latenter Intuition, sensibler Intelligenz und magnetischem Assoziationsmaterial, Auschwitz im Rücken, den Menschen vor Augen, Gedichte machen, die statt die Sicht zu vernebeln, für Klarheit am Himmel sorgen.

13. Ob nicht, nach Auschwitz noch Schlaf zu finden, weit ärger ist, als nach Auschwitz Gedichte zu schreiben?«

Indem Rose ihre verdrängten Schmerzen in ihrem Zusammenbruch zulassen mußte, geht sie gleichsam durch sie »hindurch«, wie Celan konstatierte. Dieses »Hindurchgehen« ermöglicht ihr gleichzeitig, an das »Nichts«, an diesen Schmerz Fragen zu stellen: *(...) ich komme / zu wem / mit Fragen / warum wozu //.*

Ihr Sprachverlust, *(...) und alle Worte wurden starr und stumm,* ermöglicht ihr das erneute Schreiben. Ihr durchlebtes Schweigen muß als Konsequenz aus der Todeserfahrung in den Gedichten immer mitreflektiert werden: *Im Aschenregen / die Spur deines Namens // Es war / ein vollkommenes Wort // Feuer / hat es gefressen,* denn auf den Tod kann nur durch Symptome des Todes, wie Verstummen, angemessen reagiert werden. Nur indem sie danach versucht hat, sich ihn in seinen Auswirkungen anzueignen und auch sprachlich auszudrücken, besteht für sie die Möglichkeit, ihn faßbar zu machen und damit zu überwinden.

Diese Auseinandersetzung erfolgt in der Sprache, als dem wesentlichen Bestandteil der dichterischen Identität: Sprache bestimmt den Zugang zur Realität, vermag »Wirklichkeiten zu entwerfen«[11], wie Celan in seiner Bremer Rede festhält, denn daraus erwächst ihr schöpferisches Potential, eine vollere und präzisere Welt zu schaffen.

Die Schwierigkeit, für das Gemeinte noch ein Wort zu finden, liegt bei Rose noch vor der Entstehung des Gedichts. Die Spuren der Qual des Hervorbringens der Worte sind im Gedicht selbst kaum mehr wahrnehmbar, da sie sie durch ihren Zusammenbruch schon durchlebt hat:

Was später über uns hereinbrach, war ungereimt, so alpdruckhaft beklemmend, daß – erst in der Nachwirkung, im nachträglich voll erlittenen Schock – der Reim in die Brüche ging. Blumenworte welkten. Auch viele Eigenschaftswörter waren fragwürdig geworden in einer mechanisierten Welt, die dem Mann ohne Eigenschaften, dem entpersönlichten Menschen gehörte. Das alte Vokabular mußte ausgewechselt werden. Die Sterne – ich konnte sie aus meiner Nachkriegslyrik nicht entfernen – erschienen in anderen Konstellationen.

Rose vollzieht den Formenwandel in ihrer Abkehr vom Reim und Metrum, doch dem Bruch einer Liquidation von Sinn überhaupt, wie ihn Paul Celan vollzieht, folgt sie nicht. Im Gegenteil, Rose versucht in ihren Gedichten diesen gerade wieder zu rekonstruieren:

Versöhnlich

Versöhnlich
mein Ghettoherz
will sich verwandeln
in eine hellere Kraft

Gerade die Erfahrung des Todes und das Durchleben des Verstummens scheint »die Geburt des neuen Wortes, die die Wiedergeburt des alten ist«[12], zu erfordern. Rose unternimmt Rettungsversuche, um der mißbrauchten Sprache den verlorenen Sinngehalt wiederzugeben.

Schallendes Schweigen

Manche haben sich gerettet

Aus der Nacht
krochen Hände
ziegelrot vom Blut
der Ermordeten

Es war ein schallendes Schauspiel
ein Bild aus Brand
Feuermusik
Dann schwieg der Tod
Er schwieg

Es war ein schallendes Schweigen
Zwischen den Zweigen
lächelten Sterne

Die Geretteten warten im Hafen
Gescheiterte Schiffe liegen
Sie gleichen Wiegen
ohne Mutter und Kind

Die spezifisch neue *Konstellation*, in die ihre verletzten *Blumenworte* eingebunden werden, wird *das atmende Wort.*

Ich suche

Ein Gedicht
gefunden
ich suche das Zwischenzeilwort
im Buchstabentanz
Konsonanten Vokale
ich taste die Länge und Breite
der Wörter
suche erfinde
das atmende
Wort

Das *atmende Wort* soll ihr helfen, Inhalte adäquater, präziser und wahrer zu formulieren. Die Sprache wird für sie nach dem Überwinden ihrer Krise der einzige Ort werden, wo sie atmen kann, wo sie emotionale Sicherheit findet.

Dichten wird zu Atmen und Atmen zu Dichten. Damit ist auch verbunden, daß Dichten ihr Leben ermöglicht und umgekehrt.

Gib mir

Gib mir
den Blick
auf das Bild
unsrer Zeit

Gib mir
Worte
es nachzubilden

Worte
stark
wie der Atem
der Erde

Das *atmende Wort* ist für sie jedoch nicht einfach in den Dingen vorzufinden, wenngleich es dort gesucht werden muß, sondern mit der Suche geht die dichterische Erfindung einher.

Suchen heißt daher, sich sehend und hörend auf die Wirklichkeit einlassen, sich dem, was in ihr an Lebendigkeit in einer nicht menschlichen Sprache spricht, zu öffnen. Atmen ist für sie eine Daseinsform aller Dinge, einschließlich der Gedanken und Gefühle, und gleichzeitig eine grundlegende Form der Kommunikation der Dichterin mit der sie umgebenden Welt.

Das entbindet aber nicht von der Aufgabe, für das Gedicht *Menschenwörter* zu finden; sie werden nicht von der Wirklichkeit diktiert, aber wenn der schöpferische Akt gelingt, geschieht für Rose das Wunder, daß das gefundene, erfundene Wort sich als ein atmendes, mit Leben erfülltes Wort erweist.

Im Atemhaus
Für Hans Bender

Unsichtbare Brücken spannen
von dir zu Menschen und Dingen
von der Luft zu deinem Atem

Mit Blumen sprechen
wie mit Menschen
die du liebst

Im Atemhaus wohnen
eine Menschblumenzeit

Verfolgt man den Gedanken *Dichten gleich Leben* zu Ende, muß man einräumen, daß es ihr – wie Celan – nicht möglich gewesen wäre, das Überleben zu überleben, wenn sie dies nicht gefunden hätte.
Aus diesem gedanklichen Ansatz heraus ist auch die immense Bedeutung von Marianne Moore auf ihr Leben und Werk zu sehen.

Vom 10. bis 20. Juli 1956 nimmt Rose an der New Yorker »City of Writers Conference at Staten Island« am Wagner College teil. Dabei lernt sie Marianne Moore kennen, eine vierzehn Jahre ältere amerikanische Lyrikerin. Sie gehört mit ihren originellen, oft ironisch-witzigen und intellektuell geprägten Gedichten zu den bedeutendsten amerikanischen Lyrikerinnen des 20. Jahrhunderts. Ihre Gedichte haben den Charakter von offenen Meditationen, deren Vorbild vermutlich in religiösen Praktiken zu suchen ist. Marianne Moore ist von den englischen und deutschen Gedichten Rose Ausländers begeistert.

In Roses englischen Gedichten finden wir schon vereinzelt die Abkehr vom Reim, so etwa in dem Gedicht *Edge of precipice*, was auf eine Auseinandersetzung Roses mit der amerikanischen Moderne schließen läßt.

Marianne Moores Begeisterung für ihre deutschen Texte geben uns zudem den Hinweis, daß Rose 1956 schon vor dieser »Writers Conference« wieder in Deutsch schreibt.

Warum schreibe ich seit 1956 wieder deutsch? Mysteriös, wie sie erschienen war, verschwand die englische Muse, kein äußerer Anlaß bewirkte die Rückkehr zur Muttersprache. Geheimnis des Unterbewußtseins – kein äußerer Anlaß, sondern ein innerer Prozeß. Da Lyrik die tiefste Ausdrucksform des Menschen ist, durch die Gefühle freigesetzt werden können, ist es nur natürlich, daß sie ihr emotionales Leben in der Sprache formuliert, die ihr am nächsten ist, nämlich der Muttersprache. Da ja gerade im Schreiben von Gedichten der Mensch Zugang zu unbewußten, verdrängten Gefühlen und den damit verbundenen Inhalten findet und diese zu öffnen vermag, kann dieser heilende Prozeß nur in der Sprache erfolgen, an die all diese Gefühle gebunden sind. Das Schreiben eigener Gedichte wird zur Autokommunikation, zu einem Dialog mit sich selbst, da der geschriebene Text für den Autor selbst zu einer Botschaft von sich, über sich, für sich, aber auch an andere wird.

Das Gedicht wird zum Medium, in dem der Dichter selbst sich zu begreifen versucht, um damit ein Gefühl von Sinn, ein vertieftes Verstehen seiner selbst, seiner Beziehungen und seines Lebens in der Welt zu erlangen, und diesen Dialog führt er in der Sprache, die ihm am vertrautesten ist, nämlich der Muttersprache.

Auch andere Schriftsteller bezeugen diese Tatsache: Joseph Brodsky, der in diesem Kapitel schon erwähnt wurde, schreibt nach wie vor seine Gedichte in Russisch, während er seit seiner Ausbürgerung aus Rußland 1972 in die USA seine Essays, Theaterstücke und Romane in Englisch verfaßt.

Lyrik, der emotionale Ausdruck des Menschen überhaupt, kann am tiefgehendsten nur in der Muttersprache entstehen – daher ist es weder *mysteriös* noch ein *Geheimnis des Unterbewußtseins*, daß Rose wieder in Deutsch zu schreiben beginnt.

Marianne Moores bedeutender Einfluß ist deshalb darin zu sehen, daß sie Rose nicht nur in ihren modernen, lyrischen Ansätzen bestärkt, sondern ihr darüber hinaus rät, zukünftig ihre Gedichte ausschließlich in Deutsch, in ihrer Muttersprache, zu schreiben und sich auch um die Veröffentlichung dieser Gedichte zu bemühen, was ihr auch sehr schnell u.a. mit dem Gedicht *Das Spital* am 31. Mai 1957 im »Aufbau« New York gelingt. Zum Abschluß der »Writers

Conference« verleiht Marianne Moore Rose einen Ehrenpreis des Wagner College.

Aus dem Briefwechsel der beiden Frauen bis 1963 wird deutlich, wie sehr sie ihr erneutes Schreiben in Deutsch begleitet:

»Every word a blessing, dear Rose. ours too. ›Lauter wie Licht zu Kristall‹ (...)«, schreibt ihr Marianne Moore am 8. Oktober 1956 auf einer Postkarte[13], oder in einem Brief vom 11. September 1956 schreibt sie:

»Beautiful words that are beautiful thoughts, Rose –
dir Ur-
Baum in mir
in jeder Kreatur (...)[14]

In diesem Brief bezieht sie sich auf das von Rose für Marianne Moore verfaßte Gedicht *Der Ur-Baum. Für Marianne Moore.*

Der Ur-Baum
Für Marianne Moore

Licht strahlentsandt
Bäume preisen
Birnen Pflaumen Trauben preisen

Schnee des Mittags
Sonnenschein
Monde im gesponnenen Raum
Klargesicht
aus Licht

Kern der Qual
schattenwund
Licht des Meeres
komm her
in die Stadt
näher verwundeten Wänden
komm nur

Feuerweiß du
der Ur-
baum in mir
in jeder Kreatur

Weiß
Immun gegen Farbe und Preis
Gnadenreis
in mir in dir
überwachse das Tal der Schatten
leuchte der Qual
mehre sie Licht

Aus Roses Antwortbrief vom 5. Oktober 1956 kann man entnehmen, wie wichtig ihr diese Begegnung mit Marianne Moore ist:

That letter is you: I hear your voice, I see your delicate face, the sudden turn of your head, the quick, astonished glance of your kind eyes. This is You as I instantly (love at sight): Generous, warm, impulsive, benign, intrinsically humble with a genuine enthusiasm for the talents of others. And what an intuitively accurate understanding You have! So rare! Yes, your sweet letter is your ›seelisches‹ portrait, and I am the happy owner. (…)

With all my love and admiration,
always gratefully
yours, Rose[15]

Diese liebevollen Briefe lassen erfahren, wie aus Bekanntschaft und kollegialer Förderung eine Freundschaft wird, die von tiefer ge-

Abb. 24 Briefmarke Marianne Moore

genseitiger Wertschätzung geprägt ist und die bis 1964 besteht, als Rose die USA verläßt.

Nach dem Entschluß, wieder in Deutsch zu schreiben, und ihrer Erkenntnis, *Der Mohn ist noch nicht rot in meinem Haar*, umspannen ihre weiteren Gedichte bis 1963 den Versuch, ihre eigene *Musik* zu finden und *Unstimmigkeiten, (die) verstimmen*, für sich selbst neu zu stimmen. Sie beginnt den Weg, ihr eigenes *Tuch* zu *weben*, zu gehen. Daß dieser Weg viele verschiedene Gehversuche, aber auch Rückschritte (im Sinne von rückblickend) in sich bergen muß, ist selbstverständlich – umfaßt dieser Rückblick doch ein 55jähriges Leben.

Es ist sicher auf der einen Seite ein schmerzvolles Aufarbeiten, das weh tut, aber auf der anderen Seite genausoviel Freude und Glück schenkt – findet sie doch auf diesem Weg ihren größten Schatz: sich selbst.

Finden IV

Tiefe Trauer
helle Freude

Worte
suchen mich
ich finde sie

Aber bis dorthin gilt: *Träum es ein.*

Träum es ein // Du wirst ein Märchenbaum sein / unter Pflaumenbäumen / grün-violett // – sie träumt es im Herbst ihres Lebens *unter Pflaumenbäumen* und wagt diesen Traum schreibend zu verwirklichen – schreibt *grün*, da sie nun *seine Muttersprache* versteht:

Grün

Wie ein Wild verfolgte ich das Grün
Immer lief es mir voran
ließ sich nicht fangen
Da mußte ich's mit grünen Lauten locken
da mußte ich die grüne Sprache lernen

Ich übte den kleinen herzgeformten Kleelaut
das krause Flüstern der betauten Minze
Die Orgelklänge des Laubs
die immergrünen Tannentöne

Ich lernte mit der hellen Geduld der Liebe
die Vokale von den pangrünen Wäldern
Die Konsonanten traten hervor
aus dem eigenen Urwald
dem uralten Rauschen grüner Erinnerung

Nun ist es zahm das Grün
in Wald und Wiese
erzählt mir seine Schatten und
seine verzweigten Schattierungen
denn ich verstehe seine Muttersprache

und schreibt *violett* – die Farbe ihres *Fliederbaum(s) mit rötlich-violetten Dolden* – ihr *schönstes Anderssein*:

In alle innersten Reiche

Die Wurzeln bohren
den Wald aus der Scholle

Die Bäume strahlen
(...)

Aber der Geist will
hinauf und hinunter
hinaus und hinein
in alle innersten Reiche

Auf ihrem Weg *ein Märchenbaum sein* muß sie sich erst auf die Suche nach sich selbst machen, in sich die *Märchen* finden, die sie anderen erzählen will – dazu bedarf es der Klärung der Frage: *Wer bist du / hier und / im Hintergrund //.*

Diesen *Hintergrund* versucht sie auf vielfältige Weise auszuloten:

– Sie sucht ihn in sich selbst:
Der unheimliche Fremde
Nicht mit dem Ohr
– Sie leuchtet ihren historisch-biographischen Hintergrund aus:
Windbelaubte Wellen
Im Erdrohr der Angst
Der Pfad war verwachsen
– Sie setzt sich mit ihren gegenwärtigen Erfahrungen sowohl in Amerika als auch bei ihrer Arbeit auseinander:
Thanksgiving
Empire State Building
Die Sekunde
– Sie versucht ihre sich anschließenden Reiseerlebnisse, auf die ich noch eingehen werde, festzuhalten.

Diese intensive Auseinandersetzung erlaubt es ihr, ihr erschüttertes Sprachvertrauen auch sprachlich zu überwinden und der mißbrauchten Sprache den verlorenen Sinn und die verletzte Würde zurückzugeben.

Die alte Poetik wird von ihr aktualisiert, indem sie ihr eigenes Verstummen und dessen Verarbeitung um das *veraltete Wort* gruppiert und es somit in einen neuen semantischen Bedeutungszusammenhang stellt – nur deshalb darf es sich als *unverbraucht* erweisen.

Diese Bestands- und Standpunkterklärung ermöglicht ihr, ihre eigene *Musik* anzustimmen, eine *Musik*, die für sie stimmt, die sie stimmig macht.

Neue Dimensionen

Lauter das Oval
das Auge sternfarben
Stimme die ins Staunen ruft

Laß mich das veraltete Wort
aussprechen
Liebreiz
Neue Dimensionen
gruppieren sich
um den Ton

Härter ist heute
die Sprache
in Stahl gefaßt
aber auf den zwei Linien
stehn die Lettern
lieb-reiz
unverbraucht

IX »Jedes Du hat wieder ein Gesicht«

Auferstandener Sohn

Die Musik der Blüte
tönt auf
Der Ton ist Güte
weiß und grün
Nicht ein Chamäleon
mit erborgten Farben
nein eine selbständige Person
von sicherer Färbung
und Eigenheit
April
auferstandener Sohn
der Zeit

Sie ist jetzt eine *selbständige Person*, deren *Nachtblüten öffnen Safranlippen / und reden auferstandenen Duft / ins Ohr der Luft / ins Lauschen der Betrübten / und Ungeliebten / (...) Und jedes Du hat wieder ein Gesicht //.*

Als Rose beginnt, ihr eigenes *Tuch* zu *weben*, ihr *Menschmosaik* aus der *Mutter Sprache* zusammenzusetzen, erwacht wieder ihr Lebensmut, ihre Lebensfreude. Sie plant, aufgrund des in ihr reifenden Wunsches, eine Europareise.

»Eines Abends im Frühjahr 1957 rief sie mich (Mimi Grossberg, die Rose aus der Gruppe ›The New Yorkers‹ kennt, d. Verf.) an. Ob ich vielleicht nach Europa fahren wolle? Sie könnte mir ein damals nicht leicht zu erhalten gewesenes Bootticket der Holland-America-Linie überlassen, da sie nun Gelegenheit habe, selbst mit einem viel billigeren ›Freighter‹ zu fahren, und wir könnten uns dann in Österreich treffen und einige Zeit zusammen verbringen. Und ich sagte ja. In Wien wohnten wir in einer Pension in der Hörlgasse, nahe dem Ring, nahe der Votivkirche. Ich nahm Ruth überall hin mit, wohin ich selbst nach all den Jahren wieder wollte. Nach Schönbrunn zur Glorette, zu meinen Verwandten, mit denen wir auf den damals noch existierenden Cobenzel fuhren, nach Grinzing, auf den Kahlen – und Leopoldsberg (...). Ich fuhr mit Ruth nach Mödling, wo es den tiefgrünen Föhrenwald noch immer gab und die alten Ruinen und wo Ruth vor Entzücken immer höher und höher stieg und nicht rastete, ehe sie jeden lockenden Gipfel erstiegen hatte! Auch in Salzburg waren wir und in Luzern, wo wir alle Winkel und Gäßchen der Altstadt durchwanderten bis zu den Türmen, denn Ruth mußte überall ganz oben sein – früher gab sie nicht nach (...). Ich fuhr viel früher als Ruth nach New York zurück.«[1]

Die Photos, die Mimi Grossberg von Rose, die sie mit ihrem jüdischen Vornamen Ruth anspricht, auf dieser gemeinsamen Reise aufnimmt, zeigen eine glücklich strahlende, mit sich im Einklang lebende Frau, die sehr elegant und jugendhaft gekleidet ist. Ihr Blick schaut offen und freudig in die Kamera – ihre Augen schweifen nicht mehr in die Ferne wie damals mit Ignaz – es scheint, als hätte sie gefunden, was sie immer suchte: sich selbst.[2]

»Wir fotographierten damals viel und ich habe noch einige dieser Aufnahmen. (...) Manche waren ganz originell. Am Cobenzl fotographierte uns mein Cousin, da steht Ruth, sehr groß, schwarz und schlank, ich daneben, klein, ganz licht, fast verschwindend. Und es war Ruths Idee, daß wir einander im Belvederegarten in Salzburg gegenseitig aufnahmen, jede einen der dicken, groben Gnomen umfassend, die dort stehen.«[3]

Rose fährt also los – setzt die geplante Reise um. Mit dem Schiff kommt sie in Le Havre, Frankreich, an und reist nach Paris. Leo Sonntag, ein Freund aus Czernowitz, den wir aus dem Ethischen Seminar kennen, vermittelt ein erstes Treffen mit Paul Celan, dem sich am 28. Mai ein zweites Treffen anschließt.

Erst 1957 sah ich ihn [Paul Celan] wieder in Paris: im Frühjahr lud er mich mehrere Male zu sich ein, las mir sehr viel Neuerstandenes vor, das später im ›Sprachgitter‹ erschien, war sehr aufgeschlossen und herzlich. Im Herbst 1957 trafen wir uns wieder in seiner Pariser Wohnung, wieder las er mir zwei Stunden lang neue Gedichte und seine großartige Übersetzung des ›Trunkenen Schiffs‹ von Rimbaud vor. Er wollte Gedichte von mir lesen, ich zeigte ihm nur 6, die ich mitgebracht hatte. Vier davon fand er ›sehr, sehr, sehr schön‹, das fünfte ›auch gut‹, das sechste gab er mir wortlos zurück.[4]

Paul Celan, der bei ihrem ersten Treffen sehr abweisend ist, gestattet ihr ein zweites, und im November schließt sich ein drittes Treffen an. Er macht Rose mit der deutschen Moderne bekannt, die ihr nicht allzu fremd ist, da sie ja schon die amerikanische Moderne kennt. Trotzdem ist dieses Zusammentreffen für sie wichtig, da sie zum einen den Erfolg Paul Celans mit seiner Schreibweise erfährt und dadurch indirekte Bestätigung für ihre erhält, und er ihr zudem empfiehlt, ihre Gedichte *Blinder Sommer, Ruf und Kristall, Das unhörbare Herz, Immer Atlantis, Die Tür* und *Im Osten des Herzens* an verschiedene Zeitungen und Zeitschriften zu senden. Darüber hinaus will er sich für eine Veröffentlichung einsetzen.

Rose schickt daraufhin die Gedichte, die Celan für gut empfand, für die »Akzente« an Hans Bender. Dieser nimmt *Im Osten des Herzens* an und publiziert es 1959.

Auch in einer sehr traurigen Weise findet sie in dieser Wiederbegegnung eine Bestätigung ihres Weges:

Paul Celan

In hermetischer Stille
begraben
sein blutendes Wort
aus der Herzkapsel
gepreßt
von sternschwarzen
Flügeln getragen
entfaltet stechendes Licht
dessen Schatten ihn
schrecklich
erleuchtete

Sie, die ihr Wundschweigen aufbrechen konnte, indem sie das *atmende Wort*, das lebenswarme Wort findet, erkennt, erfühlt seine *hermetische Stille*, seine luftdicht abgeschlossene und damit tote *Stille*, in der sein *blutendes Wort begraben* liegt und ihn zum Verstummen zwingt. Peter Jokostra erzählt mir in einem Brief vom 4.11.1993 von Celans Besuch in seinem Hause kurz vor dessen Selbstmord: »Er wollte einmal in Paris mich dazu bewegen, mit ihm gemeinsam aus dem Leben zu gehen. Er sah sich antisemitischen

Angriffen in der BRD ausgesetzt, einem hilflos reagierenden Staat. Er rauchte nicht mehr als 100 Zigaretten am Tage, er aß Schokolade en masse und war dick und schwammig geworden. Er war bereits ein lebender Toter. Er sprach scharf gegen Hilde Domin (›Ihre Gedichte sind nicht gut‹), aber er ließ die Rose gelten, und dann schoß er wieder wie stets eine volle Breitseite auf die Golls ab, besondere auf die Claire, haßerfüllt.«

Sprache ist gelebte Sprache, eine nie fertige Sprache, da sie fließt wie das Leben, im Fluß ist – Sprache ist Fluß. Celan, der sein *blutendes Wort in hermetischer Stille* begräbt, unterbindet diesen Fluß und damit im Grunde seine eigene Lebendigkeit.

Es ist tragisch, daß er diesen Fluß der Sprache, den er nach dem Überleben des Holocausts unterbindet, da er das Scheitern des sprechenden Menschen vorführen will, gerade in seinem Freitod in der Seine wieder sucht.

Rose, die nach ihrer Rückkehr nach New York 1958 brieflich mit ihm in Kontakt bleiben will, erhält keine Rückantwort.

Ich glaube, weil ihr Aufbrechen dieses Wundgeschwiegenseins ihn in seiner *hermetischen Stille* bedrohte.

Doch zurück ins Frühjahr 1957. Als Höhepunkt dieser an schönen Erlebnissen reichen Reise empfindet sie ihren Italienaufenthalt. Italien ist und bleibt ihr Traumland – ihr Leben lang.

Abb. 25
Rose Ausländer
in Pisa 1964

Italien I

Immer träume ich zurück
zu deinen Städten
Venedig Rom Florenz
Siena Neapel

Zum Ammalfiweg
zu San Michele
zu deinen Schätzen

Ich verständige mich
mit vier Worten
ja nein rechts links

Die Menschen verstehen mich
antworten mir
mit gütigen Gesten
jeder Blick ein
Willkomm-Gruß

Italien
mein Immerland

Sie besucht die Dolomiten, die Riviera, Neapel, Rom und endlich Venedig:

Mein Venedig

Venedig
meine Stadt

Ich fühle sie
von Welle zu Welle
von Brücke zu Brücke

Ich wohne
in jedem Palast
am großen Kanal

Meine Glocken
läuten Gedichte

Mein Venedig
versinkt nicht

Hier in Italien, besonders in Venedig, kann sie, die jetzt von sich sagt: *Ich lebe / in meinem Mutterland / Wort* eben mit diesem *Wort* sich neue Entwürfe von Heimat gestalten. Jetzt, da sie ihr Trauma Holocaust verarbeitet hat, kann sie zu dem Glauben finden, daß Menschen wohl den Holocaust verschuldet haben, aber andererseits nur Menschen wieder die Atmosphäre von Liebe und Geborgenheit vermitteln können.

Diese heilende Atmosphäre findet sie für sich in Italien, dort vor allem in Venedig.

Venedig I

Goldner Schmutz
Mosaik aus Palazzi und Wellen

St. Markus-Platz:
Siamesisches Zwillingsviereck
im Taubenschaum badend

Alle Gondeln fassen nicht
den Körper deiner Unwirklichkeit
Alle Gondeln fassen nicht
deine Schwermut unter dem Süßsang

Leih mir den Glockenton deiner Gläser
Lehr mich das Latein deiner Zaubergassen
Schenk mir einen Strahl
vom Tintorettostern

Schläfe an Schläfe
mit dem medialen Mond
fliegen Kähne
ins Labyrinth
der Kanäle

In diesem Gedicht faßt Rose die Erscheinung wie die Wirkung der Stadt in sehnsüchtige Bilder aus Architektur, Kunst und Gondelfahrt. Sie zeigt ein Venedig, das wir bereisen, sehen können und aus der lyrischen Tradition kennen. Aber gleichzeitig vermittelt es den Zauber, der von dieser Stadt ausgeht und der auch sie verzaubert hat:

Schläfe an Schläfe / mit dem medialen Mond / fliegen Kähne. Hier taucht die Assoziation *fliegen* auf, die sie allgemein mit Italien verbindet:

Bei Leonardo lernte ich fliegen.

Italien, das sie als Heimat der Künste und Künstler darstellt, wird *mein Land*, denn *Deine Haut ist blau wie die Blume / die der Dichter einst / an die Stirn steckte.*

Hier weist Rose auf den inspirativen Einfluß dieses Landes auf die Dichter und die Sehnsucht der Romantiker nach Italien hin. Das *fliegen*, das sie hier lernt, bedeutet das Hinter-sich-Lassen aller Unfreiheit und versinnbildlicht damit die Freiheit, die sie im *Wort* gefunden hat. Schließlich können dort Träume zu Wirklichkeit, d.h. zu künstlerischer Wirklichkeit werden, hat doch *Vivaldi (ihren) Traum vertont.*

Einverstanden II

Mein Freund und ich
sind einverstanden
Wir fahren nach Italien
Venedig ist
die schönste Stadt der Welt
Da sind wir daheim
Über Brücken gehn
unsere Herzen spazieren
Die Leute lächeln

sie sind einverstanden

Venedig übertrifft für sie nicht nur alle anderen Städte an Pracht und Schönheit, vielmehr entsteht ihr Zauber durch die Freiheit, Lebendigkeit und Wärme, die das Herz in dieser Stadt empfindet.

Durch die Menschen, die *lächeln*, fühlt sie sich geborgen und kann dort von einem Zuhause sprechen.

Auch in ihrem Gedicht *Ich will* heißt es: *Mein Heim / ein herrlicher Palast.*

Zurück in New York, notiert sie in *Offener Brief an Italien*: *Mein Italien / ich schreibe dir aus Amerika / daß ich dir huldige*, da sie sich mit keinem anderen Land, abgesehen von der Bukowina, so verbunden fühlt.

Im Sommer 1957 wohnt Rose in München, wie der Schriftsteller Michael Ende am 20.1.1994 ihrem späteren Verleger Helmut Braun in einem Brief mitteilt. Sie besucht also das Land der Mörder, umkreist es nicht, wie bisher angenommen, sondern verweilt dort einige Wochen, wie sie auch auf einer Karte aus Florenz an Mimi Grossberg schreibt:

In München hatte ich unerfreuliche Tage – miserables Wetter, konnte niemanden erreichen, alles auf Urlaub, verreist, usw. –

Ihre Freunde Vera und Emanuel Hacken machen Rose Ausländer mit Michael Ende bekannt. Über seine Begegnung mit ihr erzählt er:

»Mein Zusammentreffen mit Rose Ausländer fand im Jahre 1957 statt, den Monat weiß ich nicht mehr, es wird aber wohl im Sommer gewesen sein. Die Bekanntschaft kam zustande durch Vera Hacken, eine Jugendfreundin von R.A. aus Czernowitz, Frau von Dr. Emanuel Hacken, einem Kinderarzt aus Czernowitz, später dann in Amerika Psychiater. (…) Vera Hacken war russische Jüdin, Regisseurin und Autorin vieler Theaterstücke und Erzählungen in Jiddisch. Nachdem ich sie durch meine erste, inzwischen verstorbene Frau Ingeborg Hoffmann (…) kennengelernt hatte, interessierte sie sich sehr für meine literarischen Bemühungen. Aus diesem Grund wollte sie mich mit R.A. bekannt machen, über die wir gemeinsam im Bayerischen Rundfunk eine Sendung gemacht hatten, bei der ich und meine Frau auch Gedichte von R.A. lasen. An die erste Begegnung mit der Dichterin erinnere ich mich noch recht gut, weiß aber nicht mehr, in welcher Straße Münchens sie damals wohnte. Wenn ich nicht irre, handelte es sich um eine kleine Pension, in der sie ein Zimmer gemietet hatte. Dieses Zimmer war eigenartig: Die Fenster waren mit Decken zugehängt, und der ganze Raum wirkte wie ein einziges Lager, eine ›Matratzengruft‹, wie Vera es zu nennen pflegte. R.A. verließ es so gut wie nie. Sie lebte darin wie in einer Höhle, einem immerwährenden Versteck. Ich durfte ihr einige meiner Gedichte vorlesen und ein ziemlich umfangreiches Märchen-Ballett-Libretto. Nach anfänglicher Scheu und Zurückhaltung war sie dann sehr gesprächig und sagte mir viele ermutigende Dinge. Das Gespräch drehte sich natürlich in erster Linie um Poesie und Literatur, die anderen Künste schienen sie nicht sonderlich zu interessieren. Die Wirkung, die von ihrer Person ausging, ist schwer zu beschreiben.

Sie schien sehr in sich eingesponnen, wie in einen seelischen Kokon – nach außen wirkte sie hilflos, fast kindlich, nicht recht von dieser Welt, wie ein kleines Mädchen, das alt geworden war, ohne aufgehört zu haben, ein kleines Mädchen zu sein. Die Ereignisse dieser Welt, von denen Vera ihr berichtete, nahm sie entweder gar nicht zur Kenntnis – so als habe sie nicht verstanden – oder aber mit großem, mir ein wenig übertrieben scheinendem Staunen.«

Rose erscheint in diesen Jahren mit zwei verschiedenen Gesichtern: Auf der einen Seite ist sie die Frau, die das Reisen, die ein Wiedersehen mit den Landschaften Europas genießt und auf der anderen Seite ist sie eine Frau, die wohl ihre Krise überwunden hat, trotzdem aber in ihrem *»seelischen Kokon«* gefangen bleibt.

Auch aus ihrem *neue(n) Körper* blickt ein Teil ihres *alten Gesichts*: *Du bist ein neuer Körper, aber der Spiegel ist ein Zauberer und zeigt dir dein altes Gesicht. Du gehst in die Gasse die neu ist aber dein Auge ist ein Zauberer und zeigt dir die gestrige Gasse.*

Am 29. Oktober 1957 schreibt Rose aus Rom an Mimi Grossberg und kündigt ihre Rückreise an.

Wer wohl die versuchte Geschichte mit dem Münchner Job aufgebracht hat? Ausgerechnet München, das mir so tief verleidet ist, daß ich es nie wieder sehen will! In Rom ja – da würde ich sofort zugreifen – und in Wien, unserem geliebten Wien (trotz allem!) mit den märchenhaften, vogelbesessenen Wäldchen, wie gern würde ich da leben – Nun aber Liebe, muß ich gestehen: Ich bin so total erschöpft, daß ich gar keine Reiselust mehr habe, und – was ich schon gar nicht erwartet habe – ich sehne mich nach New York zurück – es klingt mir selbst unglaublich, ist aber wahr. Es ist schon die zweite Heimat geworden – Heimat ist zuviel gesagt, aber kommt doch dem Gefühl am nächsten, daß ich New York als Zuhausesein empfinde.

Am 6. November 1957 ist Rose in Marseille, geht von dort nach Paris, wo sie, wie schon erwähnt, zum dritten Mal Celan aufsucht – sie besucht ihn, angereichert mit all dem *Lächeln* und dem Gefühl des *Einverstandenseins* aus ihrem geliebten Italien –, kein Wunder mehr, daß sie seine *hermetische Stille* erspüren kann.

Am 15. November schifft sie sich, zum fünften Mal nun, nach New York ein. In Rotterdam besteigt sie die »Black Falcon« der »Black Diamond Line« und erreicht am 25. November 1957 den Hafen in New York.

Da sie vor ihrer Abreise im Mai ihr möbliertes Zimmer wegen der zusätzlichen finanziellen Belastung aufgab, bittet sie Mimi Grossberg auf einer Karte aus Florenz vom 17. Oktober 1957, ihr ein neues möbliertes Zimmer zu mieten: *Vielleicht findet Ihr eine kleine billige Wohnung für mich.* In einem Brief vom 29.10.1957 schreibt sie ihr, wieviel das Zimmer genau kosten darf: *(...) Nun ich muß erst mal ein Zimmer möglichst zentral gelegen haben, privat oder billiges Hotel oder bei YMCA – aber nur ein separates Einzelzimmer! $10–15, lieber unter $10.*

Die nächsten Monate lautet ihre Adresse: c/o Bernard, 1010 Hartman Lane, Far Rockaway 91, L.I. Vermutlich steckt hinter dem Namen »Bernard« ihr alter Freund Dr. Walter Bernard, was darauf schließen ließe, daß sie keine geeignete Wohnung fand und bei ihm unterschlüpfen konnte. Da ihr auf ihrer Reise auch ein Koffer verlorenging, bittet sie zudem Mimi Grossberg, dafür zu sorgen, daß die Versicherung zahlen wird. Angekommen in New York, erlebt Rose erneut:

Keinezeit I

Keinezeit keinezeit keinezeit
singen Räder
singen Chromvögel
alle dienen ihnen singen
keinezeit keinezeit keinezeit

Hallo sag ich in der Stadt
hallo sag ich den Rädern
hallo sag ich den Chromvögeln
Antwortet mir die Stadt
antworten mir die Räder
antworten mir Chromschnäbel
keinezeit keinezeit keinezeit

Doch diesmal wirkt es nicht so bedrohlich, da

Bald wird es schnein
schon nähen Nadeln ein das Haus
hat keine Tür das Haus aus Schnee
Weh dem der keine Heimat hat
der Wintermärchen Weiß
Theaterkarten Flocken weißverschwistert.
O Shakespeareschnee ein Märchen Wahrheit
Wohl dem …

Vermutlich denkt sie bei *Shakespeareschnee* auch zurück an Paul Celan, der einst im Wettstreit mit Weissglas dessen Verse übersetzte und den sie eingefroren in seiner *hermetischen Stille* zurückließ – *Weh dem der keine Heimat hat.*

Wohl dem … von nun an publiziert sie keine Gedichte mehr in englischer Sprache, verzichtet sogar darauf, in einem von Dr. Alfred Dorn betreuten Lyriksammelband in der »Falcons Wing Press of Colorado« dreißig ihrer englischen Gedichte zu veröffentlichen.

Rose schreibt wieder ausschließlich in ihrer Muttersprache Deutsch, und es gelingt ihr auf Anhieb, neue und auch ältere Texte in Zeitungen wie »Der Aufbau« und »Neue Staatszeitung Herold« in New York unterzubringen. Sie nimmt ihre journalistische Tätigkeit wieder auf und arbeitet unter anderem für die Zeitschrift »Die Stimme« in Tel Aviv.

Gedichte und Übersetzungen von ihr werden in »The New Orlando Poetry Anthologie« publiziert. Häufige Lesungen in literarischen Vereinigungen, im Austrian Institut, im deutschsprachigen Programm des Rundfunksenders WEVD sichern ihr Aufmerksamkeit.

So findet am 7. Juni 1962 im Austrian Institut, New York, eine solche Lesung von ihr statt, zu der auch Marianne Moore kommt.

In einer Besprechung dieses literarischen Abends heißt es: »Der Abend war besonders gekrönt durch die Anwesenheit der großen, wenn nicht größten amerikanischen Dichterin Marianne Moore.«[6]

Mimi Grossberg versichert, daß Marianne Moore nur wegen Rose gekommen und daß diese darüber sehr beglückt gewesen sei.

Auch in Deutschland tauchen seit 1958 erste Texte von ihr wieder auf. Am 4. August stellt Michael Ende die Dichterin in der Sendung »Der Kulturspiegel« des Bayerischen Rundfunks erstmals in der Bundesrepublik Deutschland vor und läßt Gedichte von ihr vortragen.

Im Frühjahr 1960 bemüht sie sich für das Akademische Jahr 1960/61 um ein Stipendium der »Conference on Jewish Material Claims against Germany, New York«. Das Stipendium wird ihr für verschiedene Buchprojekte genehmigt.

In dieser Phase von 1957 bis 1963 erlebt Rose Ausländer äußerste Produktivität. Eine Unmenge von Texten scheint sich in den Jahren des Schweigens in ihr aufgestaut zu haben – sie erlebt im wahrsten Sinne ihren zweiten Frühling:

Ostern im Schnee

Ins zauberische Schneefeld pflanzen
weiße Engel Ostereier
Sie wachsen im Schnee mit dem Safran

Ich spiele mit dem Urei in der Sonne
sie brütet meinen Aschenbrödeltraum aus
Goldene Gewänder des Sternengeschmeide
legte Herzog Lenz in ein Osterei

Ich schmück mich jeden Abend neu
und tanze
mit dem Mond
Adagio

Jung wie Küken
diese Ostertage
Muttersonne brütet das Ei der Sage

diese Ostertage – wo Grün sich erneuert – Wir haben / ein anderes Muster bestellt / Safrankelche / Flasche mit rotem Gedenkwein / Erinnerungsbrot / im blattgeflochtenen Korb / die bunten mythenbemalten Ostereier – runden sich ab im *auferstandene(n) Sohn / der*

Zeit, der *eine selbständige Person / von sicherer Färbung / und Eigenheit* hervorbrachte.

Wer von Schilda kommt

Wer von Schilda kommt
hat keinen Paß
die Grenzen sind bewacht
von Menschen aus Papier
Fremdling was suchst du hier

Rund ist der Mond
in unserer Stadt
jeder darf ihn tragen als Hut
steht jedem gut

Unser Schnee ist ohne Spur
keiner rühr ihn an nur
die Sonne wenn's ihr paßt
ist bei uns zu Gast
Was ist GRENZE und wofür
Welcher Mond wohnt hier

Wer zu uns von Schilda kommt
muß einen Degen überqueren
namenlosen Menschen aus Papier
zu Willen sein und lernen
daß der Mond ein Kraterhut
der Nacht und daß es gut
ist fremd zu sein bei uns

Am 8. Dezember 1961 muß Rose, krankheitsbedingt, endgültig ihre Tätigkeit bei Freedman & Slater aufgeben. Sie lebt nunmehr von ihrer kleinen Altersrente und den gelegentlichen Entgelten aus ihren verschiedenen Publikationen – aber sie lebt für ihren Traum, *ein Märchenbaum sein*, den sie jetzt um so intensiver leben kann:

Die Stille

Wenn du in einer
Welt aus Lauten lebst
die eines Tages verstummen
Räder still stehn
Aeroplane nicht mehr dröhnen

steht sie plötzlich vor dir
Engelin aus Kristall
aber nicht stumm
denn die Stille
hat eine Stimme

Rose versucht nun auch als Verfolgte des Naziregimes anerkannt zu werden und eine Entschädigung von der Bundesrepublik Deutschland zu erhalten. Nach einem langwierigen Verfahren wird ihr 1966 eine Entschädigung und eine Rente von der Bundesrepublik zugesprochen.

Da die deutsche Sprache wieder ihre Arbeitssprache als Lyrikerin ist und sie mit ihr in den USA immer im Exil leben würde, beschließt Rose Anfang 1963, nach Europa zurückzukehren.

Mit 62 Jahren vollzieht sie einen gewagten Schritt – gewagt deshalb, weil sie erneut in dieses unendliche Wiedererinnern auch örtlich zurückkehrt, um endlos von neuem anzufangen.

Zeit I

›Die gute alte Zeit!‹ Die Zeit ist weder gut noch alt, noch jung, noch böse. Die Zeit ist *nicht.* Wir *sind die Zeit, gut, böse, jung, alt. Unser Ungemach und Unrecht schieben wir der Zeit in die Schuhe, die sie nicht hat, weil sie keine Füße hat, weil sie nicht existiert. Sie ist unser Sündenbock, die arme, zeitlose Zeit.*

›Die gute, alte Zeit!‹ Die Zeit ist weder gut noch alt, noch jung, noch böse. Die Zeit ist *nicht.* Wir *sind die Zeit, gut, böse, jung, alt* – Die *Zeit* ist sie selbst, und damit entfällt die Ausrede – »ich bin zu alt für einen Neuanfang«, denn ich bin immer alles zugleich:

– meine Vergangenheit, in der ich *gut, böse, jung, alt* war,
– meine Gegenwart, in der ich *gut, böse, jung, alt* bin,
– meine Zukunft, weil ich auch in ihr Gegenwart und Vergangenheit sein werde, also *gut, böse, jung, alt.*

Sie ist die *Zeit*, die sich entscheidet, entscheidet, dorthin zurückzukehren, wo ihre Wurzeln, ihre sprachlichen Wurzeln liegen.

Die Tür
Für Marianne Moore

Die Tür
nicht das Ding aus Holz
Die Tür
offen zu offnen Türen
zu offnen Wegen
zu Wald

Der Wald
nicht Bäume aus Holz
Der Wald aus atmenden Bäumen
Bäume aus atmendem Grün
Bruderberührung der Luft
Luft geatmet
in die offne Tür

Die Tür
nicht das Ding aus Holz

– die ihr ihre *Tür / offen zu offnen Türen / zu offnen Wegen / zum Wald* öffnete – die *Tür* zurück in ihre Muttersprache.

Im Mai 1963 verläßt Rose die USA mit dem Schiff und trifft im Juni 1963 in Wien ein.

Unendlich

Vergiß
deine Grenzen

Wandre aus

Das Niemandsland
Unendlich
nimmt dich auf

Wandre aus – sie und ihr Bruder Max, den sie in Wien trifft, haben dasselbe vor. Er und seine Frau Bertha sowie die zwei Kinder erhalten endlich die Ausreisegenehmigung aus Rumänien und befinden sich in einem Durchgangslager für jüdische Auswanderer in Wien. Deshalb reist Rose dorthin – es ist das erste Wiedersehen nach 17 Jahren.

(...)
und du mein Bruder
nächster Anverwandter
den ich liebe
(...)

Die Geschwister Rose und Max mögen sich sehr – daher beschließt Rose, während einer vierwöchigen Reise nach Israel zu ergründen, ob es für ihren Bruder und sie die Möglichkeit gibt, nach Israel auszuwandern.

Sie hofft, *das Niemandsland*, in das sie auswandern möchte, hier in Israel zu finden, denn *Zwischen nichthier und nichtdort / ruht das ungenannte vorgekannte Land* – auf dessen Suche sie sich befindet. Das *vorgekannte Land* ist das *Land* ihrer Heimat, wo Menschen leben, die sie liebte, wo ihre Muttersprache gesprochen wurde. Da es diese Heimat nicht mehr gibt, sucht sie das *ungenannte (...) Land*, dem sie erst einen Namen geben muß, den Namen: neue Heimat.

Gerade dieser Name ist wichtig, da ein Mensch, der im *Niemandsland* wohnt, ein Niemand, ein Namenloser ist und damit fremd, isoliert und identitätslos bleibt. Da Rose ja aber gerade ihre eigene Identität, ihre eigene *Färbung* und *Eigenheit* gefunden hat, braucht sie für diesen neuen Namen, der *im Atemhaus wohnt*, einen Platz, einen Ort. Das Finden ihrer eigenen Identität, die aus der *Mutter Sprache* zusammengesetzt ist, schließt damit automatisch eine Heimatsuche für diese mit ein. Rose, die sich jetzt endlich gefunden hat, sucht für ihr Haus einen Ort, für ihr Worthaus einen Platz – sie sucht einen Bauplatz, um diesem Haus eine Adresse geben zu können. Denn nur mit einer Adresse bin ich erreichbar und unterliege nicht der Gefahr, vergessen zu werden – denn sie kennt zu genau *verschollene Namen und Daten / woher wohin.*

Dieses Land hier, dieses Land, in dem die Israeliten vor 2000 Jahren lebten, hat für die Juden eine große Bedeutung, da sie seither mit der Situation der Zerstreuung und Verfolgung konfrontiert sind. Nach ihrer Massenvernichtung im Dritten Reich bietet der 1948 geschaffene Staat Israel den überlebenden Juden eine neue Möglichkeit der Heimat und damit der Identität.

Roses Reise soll klären, ob das Land ihrer Väter für sie diese neue Heimat sein könnte.

Israel I

Hügel hüpfen
grünen Flaum auf den Wangen

Jungwald
beschützt die
alten Schollen

Palmen standhaft im
Sonnengestöber

Komm Wolke
seltne Gefährtin
beschwichtige das
tobende Blau

Ein Kaktusgebirge bist du
Israel
von Heinzelmännchen bewohnt
Sie tragen deine Ableger
in alle Lande

Gestützt
auf den Stab des Hohelieds
besteigen wir
deine Stacheln

Wir melken die
magern die fetten Jahre

Wir pflanzen Zedern
Wir hoffen auf
Anfang

Durch die Nennung zweier Etappen der jüdischen Geschichte, der *magern und der fetten Jahre* in Ägypten, unterstreicht sie, daß Israel eine neue Existenzmöglichkeit, eine neue Heimat für viele Menschen geschaffen hat. Dies kommt auch in *Israel II* zum Ausdruck. *Zurück / ins zukünftige / Meinland Deinland* – nach zweitausendjährigem Exil ist für die jüdische Gemeinschaft als Ganzes die Rückkehr in die Heimat möglich geworden.

Doch für die Jüdin Rose zeigt *Israel* ein kritisches Bild: *Nicht ins Schlaraffenland / komm / ins stachelige Hier*, und ihr Zurückkommen, wo *Stacheln grünen*, verdeutlicht ihr, daß dort nicht ihre *Wurzeln* liegen. Sondern *In den Rhein / werf ich die ausgegrabenen / Wurzeln des Pruth / da schwimmt mein Haus / die Welt auf dem Dach*. Sie entscheidet sich damit, ihr *Haus* auf ihre sprachlichen *Wurzeln* zu bauen, nicht auf ihre jüdischen. Vielleicht auch, weil der Versuch der Juden, in Israel Heimat und Frieden zu finden, nur erkauft werden konnte durch den Unfrieden eines anderen Volkes, der Palästinenser, die ein Volk ohne Heimat geworden sind. Dieses *stachelige Hier kann der heimatlosen* Rose Ausländer keine wirkliche Heimat bieten.

Dieser Israelbesuch bleibt der einzige in ihrem Leben, aber trotzdem schreibt sie: *Wenn ich die Augen nach Osten / schließe /*

schwingt Jerusalem auf dem Hügel / fünftausend Jahre jung / herüber zu mir / im Orangenaroma.

Als Rose nach Wien zurückkehrt, ist ihre Schwägerin tot. Der Bruder und dessen Kinder beschließen, in die USA auszuwandern. Sie verlassen Wien und lassen sich in New York nieder.

Harry Scherzer, Roses Neffe, erzählte mir bei meinem Besuch in New York, daß sein Vater, Max Scherzer, nach dem Tod seiner Frau unbedingt in die USA gehen wollte, da er sich dort gute Chancen für einen Neuanfang erhoffte. Harry und seine Schwester jedoch wären lieber in Europa geblieben, auch Israel wäre ihnen recht gewesen.

Als sie dann in New York waren und ihr Vater große Eingliederungsprobleme hatte, da er kein Englisch konnte und immerhin schon 57 Jahre alt war, so daß er auch keinen guten Job mehr bekam, wäre er am liebsten nach Israel ausgewandert – doch jetzt wollten die beiden Kinder nicht mehr zurück, da Harry und Catharine sich inzwischen eingelebt hatten und mittlerweile dort sogar studierten.

Wandre aus – aber bedenke, du weißt nicht wirklich, was dich erwartet. Rose tritt in Wien mit dem Bergland-Verlag wegen der Herausgabe ihrer Gedichte in persönlichen Kontakt. Die Verbindung zu diesem Verlag eröffnete ihr vermutlich Alfred Gong, ein Lyriker aus der Bukowina, den sie nach 1951 in New York kennenlernt und der wie sie den kulturellen Emigrationskreisen angehört.

Alfred Gong, der wie Paul Celan 1920 geboren wurde, ist ein Sohn jüdischer Eltern. Er studiert an der Universität in Czernowitz, bis er 1940 ausgeschlossen wird. Es erfolgt die Deporation der Familie durch die Sowjets, dann Ghetto, KZ – von dort gelingt Alfred Gong mit falschen »arischen« Papieren die Flucht in den Bukarester Untergrund. Nach dem Krieg geht er 1946 bis 1951 nach Wien, und emigriert dann nach New York, wo er wie Rose Mimi Grossberg kennenlernt.

Beide, sowohl Rose wie Mimi Grossberg, finden Kontakt zu Rudolf Felmayer, der seit 1955 im Bergland-Verlag die Reihe »Neue Dichtung aus Österreich« herausgibt. Mimi Grossberg veröffentlicht zwei Bände von sich in dieser Reihe. Alfred Gong gelingt es ebenfalls, 1961 seinen zweiten Lyrikband »Manifest Alpha« dort herauszugében, den er Rose im März 1962 mit der Widmung »Für die First Lady der deutsch-dichtenden Czernowitzer: Rose Ausländer – in herzlicher Verbundenheit«[7] schickt.

Dieses Buch bespricht Rose am 22.6.1962 in der jüdischen Exilzeitschrift »Aufbau«, die in New York herausgegeben wird, unter dem Titel *Neue Verse von Alfred Gong*.

Rose selbst sendet schon 1961 300 Gedichte an Rudolf Felmayer, die aus einzelnen überarbeiteten Texten der *Ghettomotive* sowie aus Gedichten bestehen, die in den Jahren 1957–61 entstanden sind.

Sie bittet ihn, sie in einem Buch zu veröffentlichen. Im Juni 1963 trifft sie dann persönlich mit Felmayer zusammen – ein Zettel in ihrem Nachlaß dokumentiert dies: »Für Frau Rose Ausländer zum Kennenlernen ihres etwas verzweifelten Herausgebers, herzlich Rudolf Felmayer – Wien, 21. Juni 1963.« Die Äußerung »ihres etwas verzweifelten Herausgebers« bezieht sich auf die Tatsache, daß Felmayer 1963 ihre Manuskripte, die sie ihm schon 1961 zuschickte, nicht ernstlich geprüft hat und sie ihn offensichtlich jetzt endlich dazu bewegen will. 1964 findet diese Durchsicht dann auch endlich statt: »Die Dichterin / der Dichterin!

Für Rose Ausländer anläßlich der Durchsicht ihrer Manuskripte, von Rudolf Felmayer. Wien, 26. Juni 1964«.

Rudolf Felmayer, ein Wiener, schreibt selbst Lyrik und hinterließ 1970 bei seinem Tod acht Lyrikbände. Seine besondere Leistung ist zudem: »(...) er war der Beschützer und Helfer der jungen österreichischen Dichtergeneration, und in seinen ab 1950 erschienenen Lyrikanthologien vertreten zu sein, galt viel. Auch die Gedichte mancher Exilautoren wurden dort zum ersten Mal seit 1938 wieder gedruckt. (...) Mimi Grossberg«.[8]

Zu einer Buchveröffentlichung von Rose wird es 1965 im Bergland-Verlag kommen.

Als ihr Bruder und die Kinder Wien verlassen, reist sie erneut nach Italien und Spanien.

Reisen II

Täglich
verwandelt

Die Gesterngasse schwand
Anders die Häuser heute geschichtet
Menschen führen fremde Worte
im Mund

Ein Geleise verläßt dich
eins kommt auf dich zu
heißt dich willkommen

Eine Stadt geht schlafen
Eine andre steht auf
im verzauberten Augenraum

Du füllst die Koffer
mit Namen

Krankheiten zwingen sie jedoch zu häufigen Kuraufenthalten. Nach kurzer Zwischenstation in Barcelona und Wien geht sie noch einmal für mehrere Monate nach New York zurück, wo in der Zwischenzeit ihr Bruder lebt.

Obwohl sie sich immer gewünscht hatte, ihm wieder nahe zu sein, entschließt sie sich trotzdem, endgültig New York den Rücken zu kehren und zurück in ihre sprachliche Heimat zu gehen.

Im Juni 1964 kommt sie wieder in Wien an: *Seit vielen Jahren trug ich mich mit der Absicht, in ein deutschsprachiges Land zu gehen, da ich mir nur so ein geistig und dichterisch-anregendes und erfülltes Leben verwirklichen konnte. Schließlich habe ich mich vor 2 Jahren dazu aufgerafft, war erst ein knappes Jahr in Wien, fand es aber zu provinziell und literarisch allzu vercliquet.*

Wer dort nicht einem literarischen Freundeskreis angehört – und ein Neuer wird nicht aufgenommen – wer nicht entweder dem konservativen oder dem ›modernen‹ Flügel angehört, wird total ignoriert, überhaupt zeigt man einem ›Fremden‹ die kalte Schulter, ich habe bei den freundlichen und liebenswürdigen Wienern viel weni-

ger Herzlichkeit und Entgegenkommen gefunden, als im – wie die Österreicher sagen ›kalten Deutschland‹, die ›Kollegen‹ und besonders die ›Kolleginnen‹ lehnen von vorneherein jede ›Konkurrenz‹ ab. In Wien habe ich auch den Antisemitismus viel öfter zu spüren bekommen als in Deutschland.[9]

In einem Brief vom 18.11.1964 schreibt sie aus Wien an Peter Jokostra: *Momentan heißt meine Heimatlosigkeit Wien – diese provinzielle, kleinbürgerliche Großstadt. Janus-Wien – zwiespältige Märchenstadt: einerseits schlagsahnesüß, überliebens-würdig, andererseits engherzig. Kleinlich. Die eine Seite: Kulturbeflissen, rege (sehr erfreulich: die österreichische Gesellschaft für Literatur hat endlich die versiegelte Tür in die Welt, ins Freie geöffnet), die andere: rosenumduftet im geistigen Dornröschenschlaf.*

Der Wiener Historiker Hans Safrian bestätigt den österreichischen Antisemitismus in seinem 1993 erschienenen Buch »Die Eichmann-Männer«[10]. Er beschreibt darin, daß die »Eichmann-Männer« weder angetrieben noch gezwungen werden mußten. Sie waren aber auch keine kühlen Technokraten, die allein in Kategorien von bürokratischer Effizienz dachten. Vielmehr erschienen sie als Männer, die sich als die Herren Europas dünkten und voller Tatendrang den Völkermord organisierten. Ihre Aufgabe erledigten sie mit Präzision, Beharrlichkeit und Brutalität. Einen »Führerbefehl« zur Vernichtung der Juden, so spitzt Safrian seine These zu, brauchten sie gar nicht. Der hohe Anteil von Österreichern, die sich nicht allein im Eichmann-Referat, sondern auch als Kommandanten der Konzentrationslager und anderswo im Terrorapparat der SS finden lassen, ist daher kein Zufall. Die staatlich sanktionierte Enthemmung von Gewalt als Antriebskraft für die Judenverfolgung war hier vielleicht stärker als im Reich selbst – ein Faktum, wie er meint, mit dem sich Österreich, das sich lange Zeit als ein von den Deutschen besetztes Land stilisiert hat, erst allmählich auseinanderzusetzen beginnt.

Dieses »Faktum« weht ihr in Wien entgegen:

(...)
Es war meine Stadt
weil ich sie liebte

Unnahbar die Menschen
der ewige Widerspruch

Das Leben lächelte
süß und grausam
wie immer

Ich litt drüben (USA) während aller Jahre sehr unter dem fremdsprachigen Milieu und sehnte mich alle Jahre nach einem deutschsprachigen Milieu, und bedaure, nicht viel früher hergekommen zu sein, es hätte mein Leben und meine literarische Arbeit sehr gefördert. Ich brauchte und brauche den direkten lebendigen Kontakt mit der deutschen Sprache und den deutschsprechenden Menschen – es ist: ich möchte es fast eine Lebensnotwendigkeit nennen. In N.Y. hatte ich oft das Gefühl des Erstickens – und in den letzten Jahren habe ich ausschließlich in deutschsprechenden Kreisen verkehrt, keine englischen Bücher gelesen und mich nur auf deutsche Lyrik konzentriert. – Schließlich habe ich mich für Düsseldorf entschieden, weil ich hier einen grösseren Bekanntenkreis habe, als in jeder anderen Stadt, es ist gut gelegen, zwischen Köln und Duisburg, wo ich auch ein paar Bekannte habe, nicht zu weit weg vom schönen Hamburg, wo ich eine Lesung Neruda's erleben durfte, nur ein paar Stunden von Frankfurt, wo ich die Messe besuchte und in der Paulskirche das einzigartige Erlebnis der Friedenspreisverleihung an Nelly Sachs hatte. Auch Berlin ist von hier leicht erreichbar, diese großartige Stadt, wo ich auf Schritt und Tritt (erinnert werde), von der ich begeistert bin, wo jeder mir überaus freundlich und gastfreundlich begegnete und ich viele anregende Gespräche mit interessanten Menschen hatte. – (Berlin würde mich aber wegen der politischen Lage stören und in München kenne ich keinen Menschen).[11]

Die Gründe, die Rose bewegen, nach Deutschland, nach Düsseldorf zu gehen, sind jetzt verständlich. In Düsseldorf leben in der dortigen jüdischen Gemeinde etliche Landsleute aus Czernowitz und anderen Bukowiner Orten. Dr. Jacob Silbermann, der jetzt ebenfalls in Düsseldorf mit seiner Frau Edith lebt und als Jurist arbeitet, rät ihr, sich auch hier niederzulassen. Bis zu ihrem Tode bleibt diese Stadt ihr Wohnsitz.

X »Die Wirklichkeit wiederfinden« – Rückkehr in den deutschen Sprachraum

Rose Ausländer ist seit dem 31. März 1965 in Düsseldorf. Auch dort mietet sie keine Wohnung, sondern lebt in verschiedenen Pensionen, so zum Beispiel in der »Pension Cordes« in der Gustav-Poensgen-Str. 9/I und zwischendurch bei Freunden. Wieder lebt sie aus dem Koffer, genauso rastlos wie in Amerika und immer bereit zu neuem Aufbruch.

Aus einer Vollmacht, die sie Käte Reiter, einer Lyrikerin aus Düsseldorf, übergibt, können wir ihre Habseligkeiten, die sie früher auf ihren Europareisen immer mitgeführt hatte, erfahren:

Hiermit bevollmächtige ich Frau Käte Reiter, Düsseldorf, (...) aus meinem Zimmer, Gustav Poensgenstr. 9/I, das ich seit ungefähr 7 1/2 Jahren (also seit Mitte 1965) als Untermieterin der Frau Elisabeth Cordes bewohne, während meiner Abwesenheit manche mir gehörenden Sachen, die ich benötige, sei es aus dem dreiteiligen Schrank, den acht Koffern, den beiden Nachtkästchen, Schubladen der Kommode usw. für mich zu entnehmen.

Rose Ausländer

Den 30. August 1972[1]

Im Anschluß befindet sich eine Liste, die den Inhalt der acht Koffer aufzählt, der im wesentlichen aus Kleidung, ein paar Büchern, Manuskripten und Notizen besteht.

Wieder sind die gepackten Koffer ihr Begleiter. Rose kommt in ein Deutschland, das im Schatten von Auschwitz lebt. Beide, sowohl das Kollektiv der Täter wie der Opfer, leben in jeweils gegensätzlicher Weise mit der Erinnerung an das Ereignis, oder sind bemüht, ihr auszuweichen. Als im Jahr 1945 nach dem Sieg über das nationalsozialistische Deutschland die nazistischen Verbrechen am europäischen Judentum enthüllt werden, herrscht bei vielen Juden aller Länder die selbstverständliche Erwartung, daß Deutschland – wie 1492 in Spanien, als es 400 Jahre dauerte, bis sich nach der Vertreibung neue Juden ansiedelten – ein gebanntes Land sein werde, in dem niemals mehr Juden leben sollten. Robert Wettsch spricht für viele, als er 1946 nach einem Besuch im besiegten Deutschland schreibt: »Wir können nicht annehmen, daß es Juden gibt, die sich nach Deutschland hingezogen fühlen. Hier riecht es nach Leichen, nach Gaskammern und nach Folterzellen. Aber tatsächlich leben heute noch ein paar Tausend in Deutschland. (...) Der Rest jüdischer Siedlung soll so schnell wie möglich liquidiert werden. (...) Deutschland ist kein Boden für Juden.«[2] Der jüdische Weltkongreß erklärt 1948, im Jahr der Gründung Israels, daß kein Jude mehr deutschen Boden betreten werde. Am schärfsten betonen die zionistischen Organisationen diesen Standpunkt und lassen später lange keine Vertreter der Juden in der Bundesrepublik zu Zionistischen Kongressen zu. Doch die Vorstellung, daß Deutschland für Jahrhunderte ein Land ohne Juden sein werde, erfüllt sich nicht. Anders als in Spanien findet eine Rückkehr statt. Eine große Zahl osteuropäischer Juden flüchtet sogar nach Deutschland, da die polnischen Juden in ihrer Heimat neuem Antisemitismus und Pogromen ausgesetzt sind.

Die durch ständige Zu- und Abwanderung fluktuierende Gruppe der Juden in Deutschland ist einer doppelten Isolierung ausgesetzt. Sie lebt im Land der Mörder als ein beständiges Zeugnis deutscher Schuld, und sie erfährt gleichzeitig die Mißbilligung von Juden in aller Welt für ihr Verbleiben in Deutschland.

Die erste entscheidende Phase der Geschichte der Juden im besiegten Deutschland ist die Phase von der Befreiung 1945 bis zur Beendigung der Massenauswanderung und der Verabschiedung des sogenannten Wiedergutmachungsgesetzes von 1952. Noch 1950 äußert der Sprecher des in diesem Jahr gegründeten Zentralrates der Juden, daß der Schleier des Vergessens über die Untaten immer fester und undurchdringlicher werde. Erst Ende 1949 hat die Adenauer-Regierung, unter Druck der USA und vor allem dem von John McCloy, begonnen, eine Politik gegenüber den Juden und Israel zu formulieren. Doch die neue Juden- und Israel-Politik wird zunächst nur für außenpolitische Zwecke formuliert. Die Idee, den Verbleib der Juden als passives »Kriterium der Demokratie« (Dr. van Dam, 1. Generalsekretär des jüdischen Zentralrates), oder als »examen in democracy« anzusehen, wie Erik Verg am 29.6.1950 in »Die Zeit« schreibt, wird im Laufe der Wiedergutmachungsverhandlungen in ihr Gegenteil verkehrt. Einige Politiker treten im Ausland als Botschafter und Interpreten der neuen deutschen Demokratie auf. Viele wetteifern geradezu darin, sich bei den in Deutschland verbliebenen Juden anzubiedern, freundschaftliche, auf jegliche Kritik verzichtende Beziehungen zu Israel zu propagieren und salbungsvoll an das »schicksalhafte Verhängnis« zu erinnern, dem die meisten jüdischen Deutschen zum Opfer gefallen sind. Die große Mehrheit der Deutschen ist nur allzugern bereit, nicht über die wirklichen Ursachen, Versäumnisse und absichtlichen Weichenstellungen nachzudenken, die zur Errichtung der nationalsozialistischen Gewaltherrschaft, zu den bisher unvorstellbaren Verbrechen und schließlich zum Völkermord führten. Infolgedessen unterbleibt in der Bundesrepublik eine von der ganzen Bevölkerung anzustrebende und daher von der politischen Führung konsequent durchzuführende Reinigung des öffentlichen Lebens. Die NS-Prozesse sind in den 50er Jahre weniger gefragt als die Jagd auf Kommunisten. Viele Deutsche verstehen diese als »Nestbeschmutzung«. Zur selben Zeit erreicht Konrad Adenauer in Moskau die Entlassung vieler deutscher Kriegsgefangener. Mit diesen kommen aber nicht nur einfache Soldaten und Offiziere zurück, sondern auch Mörder. Nach den Nürnberger Prozessen und dem Ulmer Einsatzgruppen-Prozeß des Jahres 1956 ist es der erste Frankfurter Auschwitzprozeß, der weltweit für Aufsehen sorgt. Er beginnt 1963 und endet 1965. In dieses Deutschland fällt die Rückkehr Rose Ausländers in den deutschen Sprachraum. Sie wohnt jetzt als jüdische Bürgerin in Deutschland, um *die Wirklichkeit wieder(zu)finden.*

Sehr bald macht Rose durch Vermittlung von Dr. Jacob Silbermann die Bekanntschaft von Susanne Gräfin zu Münster. Diese wird zu einer wichtigen Bezugsperson für sie, die sich intensiv um Rose kümmert. Von Susanne Gräfin zu Münster, deren Mann Teilhaber einer renommierten Düsseldorfer Privatbank ist, erhält sie neben materieller Unterstützung viel menschliche Wärme und Zuwendung. Zudem organisiert sie einige Lesungen für die Dichterin. Dieser Kontakt bleibt bis ca. 1985 bestehen.

1965 veröffentlicht Rudolf Felmayer endlich ihren zweiten Lyrikband *Blinder Sommer* im Bergland-Verlag Wien, zu dem ihr Alfred Gong in einem Brief vom 21. September gratuliert:

»Sehr geehrte Frau Ausländer,

herzlichen Dank für die Nachrichten und besonders für Ihr schönes Buch, das ich nun langsam und aufmerksam studiere. (...) Augenblicklich beneide ich Sie nur um das Gefühl, das Sie empfanden, als Sie Ihren Erstling (man darf es so nennen, weil seit 1939 so viel Pruthwasser dahinfloß) in den Händen hielten. Meinen herzlichsten Glückwunsch.«[3]

Ihr Band findet bei der Kritik einige Beachtung. So wird er am 19. November 1965 in der »Allgemeinen Zeitung« von Dieter Hülsmann besprochen:

»Rose Scherzer-Ausländer hat einen ihr eigenen Stil in ihren Dichtungen gefunden, der, fern der verbalisierten Experimente der jüngsten Gegenwart, mit Montage und loser Augenblicksreflexion nichts zu tun hat. Dafür ist ihr die Dichtung ein viel zu ernstes Feld, das sie betreten hat. Und fern solcher Experimente behauptet sich ihre, fast möchte man sagen, konservative Form des Gedichts, die sich durch Knappheit und innere wie auch äußere Konzentration auszeichnet. Poetische Äußerungen wie das Titelgedicht ›Blinder Sommer‹, aus dem hier die Zeilen zitiert sein mögen: ›Das Himbeerfeuer ist erloschen – / es ist ein Aschensommer in der Welt. / Die Menschen gehen mit gesenkten Lidern am rostigen Rosenufer auf und ab‹, lassen erkennen, daß hier eine Dichterin am Werk ist, die die innersten Bereiche des Menschen erforscht, zugleich aber auch das Äußere – seine äußere Situation in der Welt nicht vergißt. Es ist Resignation, wenn sie feststellt ›Es ist ein blinder Sommer in der Welt‹, aber zugleich liegt darin Hoffnung, die mit ihre persönliche Dichtung bestimmt. (...) All ihren Gedichten liegt Selbsterkenntnis und Erkennung ihrer Mitmenschen, ihrer persönlichen Situation wie auch der der anderen zugrunde, und das macht ihre dichterischen Arbeiten wertvoll, macht sie gültig und beständig.«

Da aber der Verlag nur 500 Exemplare drucken läßt, von denen 1976 noch 165 am Lager sind, die Helmut Braun, ihr späterer Verleger, für die Rechte der *Gesammelten Gedichte* aufkauft, können wir uns vorstellen, daß abgesehen von den Beleg- und Rezensionsexemplaren nur wenige Ausgaben das Publikum erreichen.

Durch das Erscheinen des Bandes wird Rose 1965 zu einer Veranstaltungsreihe für Dichterinnen der Stadt Meersburg eingeladen. Dort erhält sie nach Wahl durch das Publikum für das Gedicht *Schnee im Dezember* als bestes aller vorgetragenen Gedichte einen Ehrenpreis der Stadt.

Schnee im Dezember

Dezember
sag ich und leg mir
Schnee auf die Augen und leg die Augen
zurück einen Augenblick
in den Kasten wo die alten Dezember
aufbewahrt liegen aufgebahrt
die toten Dezember die Toten
Eis auf den Augen

Wieder
ein Winter hinter dem Krieg
spinnt Flügel aus Schneelicht spinn
deine Wiederlegende
Dezember

Fährt ein Schlitten aus Schnee
zum Himmel Wer hat
den Schlüssel Verheißung
mit Fäusten aus Eis wehrt sich
die Erde Schnee wasch sie weiß

Hinter dem Krieg
Elgreco-Dezember
öffnet die Augen im innersten
Wieder

Unter den Zuhörern bei dieser Lesung, an der viele bekannte Lyrikerinnen teilnehmen, befindet sich auch Ursula Binder-Hagelstange, die Cousine des Schriftstellers Rudolf Hagelstange, der damals für den Verlag Hoffmann & Campe die Reihe »Cabinet der Lyrik«

herausgibt. Sie empfiehlt ihm die Gedichte Rose Ausländers. Auf Hagelstanges Bitte hin schickt Rose an den Verlag Hoffmann & Campe eine Gedichtauswahl, für die sie am 30. Oktober 1966 den Silbernen Heine-Taler des Verlages erhält. Die Prämie des Preises ist die Zusage, die ausgezeichneten Gedichte als Buch zu veröffentlichen. Daraufhin erscheint 1967 ihr dritter Lyrikband *36 Gerechte*. Dieser Band erregt bei der Kritik und in den Medien einiges Aufsehen:

»Die Gedichte des Bandes ›36 Gerechte‹ sind die lyrischen Zeugnisse eines persönlichen Schicksals, in ihnen spiegelt sich – in Klage, Beschwörung und Erinnerung – das Leben der Dichterin. (...) Das Zentralthema der meisten Gedichte Rose Ausländers ist das Schicksal der Verfolgung und Bedrohung, der Flucht und der Emigration, die Klage um die ermordeten Angehörigen und Freunde. Die Vergangenheit bleibt gegenwärtig (...).[4]

Für dieses Buch wird ihr 1967 der Droste-Preis für Dichterinnen der Stadt Meersburg verliehen. Im Text der Verleihungsurkunde vom 28. Mai 1967 heißt es:

»(...) Diese Auszeichnung will ein lyrisches Schaffen würdigen, in welchem Kunstverstand und Sensibilität, Leiderfahrung und unbeirrbare Humanität zwingenden und wegweisenden Ausdruck gefunden haben. In diesen Versen, die das Bemühen um die äußerste Präzision poetischer Sprache und Empfindung geprägt hat, erhebt sich eine warme lyrische Stimme über den Gräben und Gräbern, die mit Haß und Gewalt aufwarten. Hier ist die Sprache Medium des Dichtenden und Heimat zugleich.«[5]

Sie selbst notiert: *Ich habe das, was man ›Wirklichkeit‹ nennt, auf meine Weise geträumt, das Geträumte in Worte verwandelt und meine geträumte Wortwirklichkeit in die Wirklichkeit der Welt hinausgeschickt. –*

Poesie: dies gesteigerte Lebensgefühl, diese sonderbare Gedankensprache. Und siehe: die Welt ist zu mir zurückgekommen.

Viele Leser haben mir geschrieben: herzliche Briefe, Briefe, die mir Fragen stellten und Briefe, die mich erschütterten. Ich habe meine Freunde gewonnen: Ich bin in Kontakt mit der Welt.

Oft bin ich gefragt worden, warum ich schreibe und was mein

Abb. 26 Rose Ausländer bei der Droste-Preis-Verleihung 1967

zentrales Interesse sei. Nun: Ich schreibe aus innerem Drang, ja ich darf sagen: aus innerem Zwang, quasi für mich selber. Aber ich publiziere für meine Mitmenschen. Ich gehöre nicht mir selber. Ich gehöre den Worten, die zu mir kommen und meinen Mitmenschen, namentlich meinen nächsten Angehörigen, Menschen, die mir sehr nahe stehen, die ich liebe. Menschen, denen meine Traumwirklichkeit etwas bedeutet, die sie erfreut oder gar – wie manche mir versicherten – denen sie hilft.

Ich habe viele ›zentrale‹ Interessen: Ich bin sehr naturverbunden – (...) Mehrere Jahre verfolgten mich die Erfahrungen der Verfolgung, des Exils und der Heimatlosigkeit. Probleme über Leben und

Tod, Vergangenheit, Zukunft, Zeit, Sprache, das Mysterium des Kosmos' beschäftigten und beschäftigen mich, sowie das Thema: mein jüdisches Volk. Doch mein wesentlichstes Interesse gilt den Menschen, dem Menschlichen, dem Frieden und Gerechtigkeit unter den Menschen. All dies versuche ich mit Worten auszudrücken.

Ich glaube an das Wunder des Worts.[6]

Weiß nicht wie

Wie kann man
heute noch dichten
fragt die Welt

Mein Gedicht
weiß nicht wie
es schreibt sich mir zu

Das Gedicht, welches in dem Buch *Ein Stück weiter* 1979 veröffentlicht wird, beschreibt ihren Weg, den sie seit ihrer Rückkehr nach Europa konsequent, Schritt für Schritt geht. Obwohl sie nicht weiß, wie der nächste Schritt aussehen wird, den sie auf *Ein Stück weiter* zugeht, geht sie im Bewußtsein, daß Leben immer Bewegung und Wandlung ist und daher intensiv Leben ein ständiges Weitergehen, Abschiednehmen, Loslassen, Sterben auf ein *neues Kapitel* hin bedeutet.

Noch einmal versucht sie einen beruflichen Neuanfang zu finden. Am 28.10.1969 findet in der Hotel-Pension Hirtenhof in München zwischen dem Verlag J. Pfeiffer und ihr ein Gespräch statt: »Sehr verehrte gnädige Frau! Wir beziehen uns auf unsere Unterredung von heute früh, mit der wir das Übereinkommen getroffen haben, daß Sie uns auf Teilgebieten unseres Verlagsschaffens lektoriale Beratungen leisten. Für zusammenhängende Aufgaben auf diesem Gebiet wird freilich Ihr Wohnsitz in München eine Notwendigkeit sein. Wir hoffen, daß Ihnen für Ihre Umsiedlung keine Schwierigkeiten im Wege stehen.«[7] Doch dieses Arbeitsverhältnis kommt nicht zustande. Vermutlich ist sie nicht bereit, nach München zu ziehen.

Dienen

Ich diene
meinem Schmerz
meiner Angst
meiner Freude

Das Wort
dient mir

Mit ihm
diene ich
euch

Jetzt ist zu verstehen, warum sie sagt:

Ich schreibe (...) aus innerem Zwang, quasi für mich selber. Aber ich publiziere für meine Mitmenschen.

Diese *Mitmenschen* werden 1967 durch die Auszeichnung mit dem Droste-Preis endlich aufmerksam auf Rose Ausländer und ihr lyrisches Werk. In der Folgezeit erscheinen ihre Gedichte und ihre Kurzprosatexte häufig in Anthologien, Zeitungen und Zeitschriften. Die FAZ, die Rheinische Post, die Düsseldorfer Nachrichten, Neues Rheinland, die Stuttgarter Zeitung, die Süddeutsche Zeitung und viele andere publizieren jetzt Gedichte von Rose Ausländer. Der Süddeutsche Rundfunk, der Norddeutsche Rundfunk, der WDR, SFB, Rias und der Österreichische Rundfunk senden ihre Gedichte und Texte fast regelmäßig.

In Anthologien wie »Lyrik aus dieser Zeit«, Eßlingen 1967, »Welch Wort in die Kälte gerufen«, Berlin (DDR) 1968, »Blick auf Rom«, Gütersloh 1968, »Tür an Tür«, Wien 1970, »Motive«, Tübingen 1971, »Pen«, Tübingen 1971, »Satzbau«, Düsseldorf 1972, und vielen anderen finden wir ihre Texte. Literaturzeitschriften wie »Akzente«, »Literatur und Kritik«, »Neue deutsche Hefte«, »Hortulus«, »Quadrate« usw. nehmen Gedichte der Rose Ausländer auf.

Trotzdem dauert es noch einmal bis 1972, bis erneut ein Gedichtband von ihr erscheint. Auch diese Publikation ist streng genommen wie die vorherigen eine »Nichtpublikation«, da sie durch ihre geringe Auflage nur einem sehr, sehr kleinen Leserkreis zugänglich ist.

Der Band von 1972 heißt *Inventar* und ist eine bibliophile Kostbarkeit, die mit Siebdrucken von Otto Piene ausgestattet ist. Da lediglich 100 Exemplare gedruckt werden, ist das Buch kurz nach seinem Erscheinen vergriffen.

In den ersten Düsseldorfer Jahren, wo sie auch ihre erste Publizität in Deutschland erreicht, reist sie sehr viel.

1966 wird Rose als Verfolgte des Naziregimes anerkannt und erhält dadurch eine finanzielle Entschädigung und eine Rente zugesprochen, die ihr sich ihren Traum vom Reisen erfüllen läßt. Denn Reisen kostet Zeit und Geld – und über beides verfügt sie jetzt, wobei das letztere als immer noch bescheiden anzusehen ist.

Wieder besucht sie Frankreich –

Südliche Landschaft

Aus dem Nichts
erlöst
diese Blumen
jede in ihre Farbe vertieft

Düfte
Stengel und Staubgefäße
Münder genährt
von geläuterter Luft

Ruhend bewegt
Berge und Bäume
verdichtetes Harz
im Fichtenatem
erdwärts
in grünen Kapseln
Wein

Eingewurzelt im Licht
die Sonne geht auf
im Pflanzengeist
hier am Hang vor dem Abhang
wo der Tag sich aufrichtet
an Wipfel und Stamm

Du
ein Gewächs im Aroma der Sprache
verzweigt
mit dem Sonnensystem
mit der irdischen Landschaft
und dem Wortschatz der
inspirierten Luft

besucht das Land, wo selbst die *Blumen* sich in ihr Inneres, *in ihre Farbe vertief(en)*. Dort fühlt sie sich *Ruhe bewegt*, d.h, eingebunden in den unendlichen Bewegungs- und Denkprozeß des Menschen, der erkannt hat, daß jenseits seiner Verstandeswahrheiten eine absolute Wahrheit existiert, die den Menschen *bewegt*. In dieser *Südlichen Landschaft* fühlt Rose ihre Bezogenheit auf *Berge und Bäume*, auf *verdichtetes Harz* und erlebt sich selbst als Teil dieses Stoffwechsels der Natur *im Fichtenatem*.

Hier begegnet der Leser wieder Gedanken aus Brunners Lehre! Diese *geläuterte Luft* läßt auch Rose, *erdwärts / in grünen Kapseln / Wein,* erfahren, daß der Geist Jesu, den er seinen Jüngern im Wein schenkte, dort auf die Erde und die Menschen hin bezogen lebt. *Eingewurzelt im Licht* dieser Hoffnung, dieser Botschaft *geht die Sonne (...) auf / im Pflanzengeist,* da jede ihren Platz und ihren Wert in der Schöpfung kennt.

Rose, *ein Gewächs* aus dem viersprachigen Czernowitz, fühlt in der *Südlichen Landschaft* ihre Verzweigungen: mit den Menschen, die diese Erde bewohnen, *und dem Wortschatz der / inspirierten Luft* – den Worten, die ihr die Inspiration zuflüstern – *Ich habe das Unsichtbare gerochen und geschmeckt / es liegt mir auf der Zunge / ein Fremdwort / für dich.*

Hier in dieser Landschaft fühlt sie sich wohl, weil dort Menschen leben, die wie sie die Kraft und den Mut besitzen, dem *Licht* standzuhalten, da sie selbst *eingewurzelt im Licht* sind.

Vor ihrer Reise nach Frankreich holt Rose sich bei Peter Jokostra Rat, mit dem sie seit 1963 in engem brieflichen Kontakt steht, da er ein Reisebuch über Frankreich veröffentlichte.

Peter Jokostra ist selbst Lyriker, Literaturkritiker und Herausgeber verschiedener Lyrikanthologien und veröffentlicht Erzählungen, Romane und essayistische Arbeiten. In seinen Worten lebt das Ja zum Leben, lebt die Liebe. Sie zwingt ihn den Weg aus dem Labyrinth zur Bruderschaft des Menschen zu gehen. Ein Weg, der für ihn eine ständige Auseinandersetzung, ein Kampf gegen die »Dämonen mit Zähnen aus Mörtel und Draht«, aber auch zugleich eine leidenschaftliche Liebe zu den »verurteilten Dingen« ist. In Peter Jokostras Worten leben die Schätze des Erfühlten und Erfühlbaren. »(...) Denn die Farbe des Feuers / ist die Farbe unserer Liebe / Das Wort Liebe aber / wird der Anlaß unseres Kampfes sein. / Und damit beginnt die Geschichte / des neuen Menschen. (...)«[8]

Im Jahre 1963 sendet ihm Rose sechs ihrer Liebesgedichte, da er beabsichtigt, 1964 im Limes-Verlag eine »Anthologie moderner Liebeslyrik« herauszugeben. Drei ihrer Gedichte finden schließlich dort Aufnahme: *Bis an den Nagelmond*, *Im Labyrinth* und *Entfremdung*.

Aus dieser Zeit stammt ihre Bekanntschaft, die sich im Laufe der Jahre zu einer intensiven Brieffreundschaft ausweitet. Peter Jokostra schreibt auch viele Rezensionen zu ihren jetzt erscheinenden Lyrikbänden.

Doch zurück zu ihrer geplanten Reise – Peter Jokostra schreibt am 2.5.1966 an Rose:

»Mein Reisebuch – ›Einladung nach Südfrankreich‹ – ist erschienen und in der Welt der Literatur sozusagen mit einer Laudatio in Großformat begrüßt worden. Also kann man nur noch mit Jokostra in der Tasche in den Süden reisen.«[9]

Diesem Brief ist das Buch beigefügt – und tatsächlich wird es zum Leitfaden für ihre Reise.

Rose hat es durchgearbeitet, mit Anstreichungen und Anmerkungen versehen und auf der mitgedruckten Landkarte ihre Reisestationen abgehakt. Anschließend geht sie zur Kur nach Montecatini – sie ist wieder in ihrem geliebten Italien, sieht noch einmal Rom und zum letzten Mal Venedig:

Venedig II

Venedig sehen
und leben
um Venedig wiederzusehen
(...)

Träum weiter
das Märchen Venedig

Auch in die Schweiz zieht es Rose, gleich drei Gedichte widmet sie dem Jungfraujoch.

Lesungen, Veranstaltungen, Preisverleihungen und Tagungen führen sie nach Stuttgart, Reutlingen, München, Hamburg und an den Bodensee. Da die Dichterin Hölderlin sehr verehrt, besucht sie Tübingen und seinen »Turm«.

Tübingen

In der beschützten Stadt
giebelrotes Gassengebirge
jahrhundertedicht

Wahn
vom Neckar
getauft

Hügelgefährten
Hölderlin-treu

Unter schmächtigem Stein
der Staub
atmet

Am 8.9.1965 lernt sie Peter Jokostra persönlich kennen. Rose besucht ihn in seinem Haus in Kasbach am Rhein. Diese Bekanntschaft bietet ihr eine wichtige geistige Auseinandersetzung. Ihre Briefe sind Gespräche, die uns heute helfen zu erfahren, was sie fühlt und was sie denkt. So schreibt sie zum Beispiel am 5.4.1965 an ihn:

Ich bin im Spinozistischen Sinne nach Atheistin. Meine religiösen Themen sind anti-religiös oder mythisch zu verstehen.

Am 9.6.1966 erreicht Peter Jokostra ein Brief aus dem Jüdischen Kurhotel in Bad Nauheim: *Lieber Petrus,*

ich ›lass mir die Kur bezahlen – von wem?‹: vom lieben Gott, ja, vom alttestamentarischen jüdischen Gott: die Düsseldorfer Synagogengemeinde hat mir diesen Aufenthalt schon einige Male angeboten – erst jetzt habe ich mich entschlossen, die freundliche Einladung anzunehmen. (...) Hier hättest Du, lieber Jossel, so viele polnische Juden getroffen, als Du Dir wünschtest – aber mit mir sind sie garnicht zufrieden, seit ich am heiligen Sabbat ein Bad nahm und eine Tasche trug. Ergo: Ich bin eine Ketzerin, eine Ungläubige – und ›den Glauben verlieren, heisst an Gott und seinem Volk Verrat üben‹ klärte mich eine Gottgefällige auf. Also – wo gibt es Menschen, die den Mitmenschen und seine Welt-Anschauung respektieren?

Und in einem weiteren Brief vom 9. Dezember 1968 aus New York an Peter Jokostra heißt es:

Am ›Heiligen‹ Abend werde ich an Euch denken, denkt auch ein bisschen an mich, wenn Ihr unter dem schoenen Baum ›Stille Nacht, heilige Nacht‹ singt – ein reizend-naives Lied, das ich noch immer liebe. Es ist ja auch mein Jesus, unser juedischer Christus, an den ich im geistigen Sinne glaube. Aus diesen Briefstellen erfahren wir ihren Glauben, ihren Mythos vom Menschlichen an sich. Zuerst ist da einmal das Jüdische in ihrer Poesie, markiert durch den immerwiederkehrenden Hinweis auf die Bedeutung des *Wortes*. Dieses Wohnen im Wort ist ein fester Bestandteil der jüdischen Tradition mit all dem Wunderbaren, was sie hervorgebracht hat, und nicht zuletzt ist es ja gerade diese Tradition des Wortes, die das Judentum bis heute, trotz der Verfolgungen, überleben ließ. Doch darüber hinaus wurzelt ihre Bildersprache ebenso in der christlichen Tradition, die sie zusammen mit dem Jüdischen zu einer Identität verschmilzt.

Peter Jokostra, den ich bat, ihre Zeilen vom 9.12.1968 zu interpretieren, meint: »Aber was hat Rose nun mit dem von dir zitierten Satz gemeint? Ich interpretiere so, daß der Jude Jesus ja auch ihr jüdischer Jesus war, ebenso wie ihr Vokabular, ihre Bildersprache. Christliches und Jüdisches wird bei ihr eine Identität, eben einfach

Menschliches. Die humanistische Grundtendenz, die Jahrhundertkultur, war und ist noch jüdisch und christlich und animistisch. Denn auch vorchristliche, vorjüdische Vorstellungen wuchern in Roses Poesie. Märchen und Wirklichkeit sind in ihrer äußerst produktiven Phantasie eine Einheit, sind auch auswechselbar.«[10]

Respekt

Ich habe keinen Respekt
vor dem Wort Gott

Habe großen Respekt
vor dem Wort
das mich erschuf
damit ich Gott helfe
die Welt zu erschaffen

Rose beansprucht niemals, die Welt oder sich selbst aus eigener Machtvollkommenheit erschaffen zu können, sondern sie erlebt im poetischen Wort die Schöpfung immer wieder neu, so als ginge sie, wie am ersten Tag, aus dem Wort und dem Atem Gottes hervor.

Das *Wort Gott* nötigt ihr keinen *Respekt* ab, aber sie hat *Respekt* vor dem *Wort* der Schöpfung, durch das der Mensch in die Welt erschaffen wurde.

Den Menschen sieht sie dabei als Schöpfer und Geschöpf in einer Person. Diese religiös anmutende Überzeugung, die Worte in eine Sphäre des Ewigen, Geheimnisvollen, ja beinahe Göttlichen erhebt, bildet die Basis für ihren Glauben an eine im Grunde *heile* und intakt gebliebene Welt. Da sich für sie die Dinge auf eine Sphäre der Urbilder und der wahren Erkenntnis zurückbeziehen lassen, kann auch ihr Glaube an die *Wahrheit* der Beziehung und damit an die Existenzberechtigung der alten *Königs*wörter nicht zerstört werden.

In dir

Über dir
Sonne Mond Sterne

Hinter ihnen
unendliche Welten

Hinter dem Himmel
unendliche Himmel

Über dir
was deine Augen sehen

In dir
alles Sichtbare
und
das unendlich Unsichtbare

In ihr lebt die Ahnung und die Sehnsucht vom einstigen Leuchten dieser Urbilder, die selbst durch den Holocaust nicht zerstört werden konnten. Rose sucht eine Ursprache, die sich durch diese Ereignisse nicht verunreinigen ließ:

Laß mich finden / das Urwort / damit ich teilhabe / an mir / wo du mich aufspürst / Dämon / zwischen Stern und Straße / im guten Omen / Freude.

Rose sucht in ihren Gedichten den Weg zum *wahren* Sprechen, welches die Dinge bei ihrem *richtigen* Namen nennt – dieser Weg führt über das eigene Innere, Unbewußte zurück zu einer ursprünglichen Schau der Dinge, die ihnen und damit auch ihren Beziehungen den eigentlichen Sinn wieder zurückgibt.

Diese Schau kann aber nur »auf dem Weg (…) einer vernunftmäßigen Läuterung unseres Seelenlebens (…) wiedergewonnen werden (…)«, wie Paul Celan formuliert:[11]

»Aus den entferntesten Bezirken des Geistes mögen Worte und Gestalten kommen, Bilder und Gebärden, traumhaft verschleiert und traumhaft entschleiert, und wenn sie einander begegnen in ihrem rasenden Lauf und der Funken des Wunderbaren geboren wird, blicke ich der neuen Helligkeit ins Auge, (…) ihr Licht ist nicht das

Licht des Tages, und sie ist von Gestalten bewohnt, die ich nicht wiedererkenne, sondern erkenne in einer erstmaligen Schau.«

Ihr psychischer Zusammenbruch 1947 hat Rose an diese Ur-quelle geführt, und ihr Vertrauen in die grundsätzliche Intaktheit der Sprache erwächst aus dieser Krise.

Rose glaubt an die rettende, leitende und verwandelnde Kraft der Sprache, die den Menschen zu heilen vermag.

Deshalb kann sie am 22.11.1967 an Peter Jokostra schreiben:

Ja, auch diese reduzierte Existenz bejahe ich – allen Widerständen zum Trotz bin ich ins Dasein verliebt! Wenn ich auch immer Nein schreie und schreibe – hinter dem Schattenwort sagt das Lichtwort Ja. Staub, gewiß, aber lebendiger Staub.

Werben

Die großen Worte
sind verlorengegangen

Es heißt
mit winzigen Wörtern
werben
um Frieden und Liebe

im Namen der Religionen
im Namen der Ermordeten
im Namen der Lebenden
die leben wollen
im Gold und Grün
unsrer Erde

1968 fliegt Rose zum ersten und letzten Mal in ihrem Leben nach New York:

(...)
Fliegend
auf einer Luftschaukel
Europa Amerika Europa

ich wohne nicht
ich lebe

Zum ersten Mal *fliegt* sie wirklich, da alle vorherigen Reisen per Schiff unternommen wurden – zum ersten Mal in ihrem Leben besitzt sie soviel Geld, um eine Flugreise bezahlen zu können.

Sie geht nach New York, weil ihr Neffe Harry heiratet. Harry Scherzer erzählte Helmut Braun bei seinem Europabesuch im Sommer 1993, daß seine Tante, als sie die kleine Wohnung des Brautpaares anschaute, völlig ohne Verständnis war, daß jemand sich eine Wohnung mit eigenen Möbeln einzurichten versucht – überhaupt, daß sie sich eine eigene kleine Wohnung und nicht nur ein Zimmer gemietet hatten, verstand sie nicht, die immer nur aus und mit ihren Koffern lebte.

Ich möchte noch einmal kurz ihre Kindheitsbotschaft zurückrufen: »Sei nicht zugehörig« – nicht einmal zu einer eigenen Wohnung fand Rose Bezug: *Ich wohne nicht / ich lebe* – bis zu ihrem Tod werden diese Worte Gültigkeit besitzen.

Trotzdem erwägt sie damals ernsthaft, doch wieder dorthin zurückzukehren, um noch einmal »sich zugehörig« fühlen zu können – New York mit Familienanschluß? Nein, die Botschaft bleibt unausgelöscht!

In Düsseldorf fühlt sich nämlich Rose trotz ihrer jetzigen Popularität sehr allein: *Seit Anfang Juni (1967) habe ich keinen Kontakt mit Menschen, die mir etwas bedeuten. Ich lebe seelisch-geistig isoliert – es ist sehr, sehr schwer.*[12]

Ihr Empfinden der seelischen Einsamkeit muß auch als ein Spiegel in ihr erkannt werden. Rose, die in jenen Jahren die Unterstützung durch Susanne Gräfin von Münster sowie von der Düsseldorfer Schriftstellerin Käte Reiter und der Schriftstellerin und Publizistin Lore Schaumann erfährt, kann die erteilte Hilfe oft gar nicht als solche wahrnehmen. Denn sie erkennt durch ihr eigenes Kindheitsmuster des Nichtdazugehörens gar nicht, daß sie in Wirklichkeit nicht alleine ist, sondern die Wertschätzung und Fürsorge anderer erfährt.

Peter Jokostra erzählte mir in einem Brief vom November 1993 folgende Episode: »Wir hatten einmal, als sie (Rose) bei uns war, eine flinke 5jährige Tochter Simone (oder war die damals 10jährige Florine die Übeltäterin). Jedenfalls sagte die naseweise Jokostratochter zu der großen Dichterin Rose Ausländer: ›Du bist unsere zweitbeste Freundin.‹ Roses Gesicht verfinsterte sich. Sie sagte mit der ihr eigenen grollenden Stimme: ›Und wer ist Eure beste Freundin?‹ Roses Mienenspiel war unvergeßlich. Simone hatte ihr etwas Schönes sagen wollen, wußte ja selbst nicht, wer nun unsere ›beste‹ Freundin war.«

Rose ist keine einfache Freundin. Viele stößt sie vor den Kopf, und die meisten Freundschaften gehen früher oder später in die Brüche.

Erneut gewährt mir gerade hier Peter Jokostras Offenheit wichtige Einblicke. Am 14.11.1993 schreibt er mir: »Zur menschlichen Gestalt, zum Charakter Rose Ausländers widerfuhr mir etwas Merkwürdiges: Je länger ich sie kannte, umso ferner rückte sie mir. Ihr Verhalten war oft rätselhaft abweisend, streng, geradezu bösartig. Es gab die Szene, die mir Eva Zeller (sie hält 1977 die Laudatio bei der Verleihung des Ida-Dehmel-Preises an Rose Ausländer) berichtet hatte, empört und enttäuscht. Eva Zeller wollte Rose besuchen – mit dem obligatorischen Blumenstrauß –, aber sie wurde abgewiesen. Rose ließ sie nicht herein mit der Begründung: ›Ja, wissen Sie nicht, daß heute der höchste jüdische Feiertag ist?‹ Also kein Besuch, keine Blumen.«

Rose, die sich *seelisch-geistig isoliert* fühlt, ist auch selbst dafür verantwortlich, aufgrund ihrer eigenen inneren Isoliertheit. Keiner kann mehr wirklich sich mit ihr verbinden, da sie eine solche Verbindung gar nicht zuläßt.

Es bleibt also trotz dieser wärmenden Vorstellung eines Lebens mit einer Familie im Hintergrund bei einer zehnmonatigen Amerika-Tour, einer Erinnerungsreise in den Mittelwesten, zu all den Orten, in denen sie während ihrer Amerika-Jahre lebte oder die ihr durch andere Gründe wichtig sind.

Niagara Falls II ist ein Gedicht, das von dieser Reise Zeugnis gibt – das letzte Mal stand sie 1926 an dieser Stelle.

Niagara Falls II

Den erträumten Sonntag finden
bei den Niagarafällen
die Wirklichkeit verlieren

Hier
stürzt das Wasser
von Hochterrassen
uns zu Füßen

ein schäumender Halbkreis
und eine wassergerade Linie
die zwei Länder
verbinden

Der Wassermund
gebietet uns zu schweigen
er hat das Wort

Die Wasserohren hören nur
die brausende Sprache
ihrer schäumenden Lippen

Es heißt Abschied nehmen
von den unwirklichen Wasserfällen
daheim
die Wirklichkeit wiederfinden

Den erträumten Sonntag finden – den Tag, an dem Gott sich ausruhte und erkannte, daß seine Schöpfung gut war – diesen Tag sucht sie dort, wo das Wasser als Chiffre für die Bewegung und Verwandlung in geballter Urkraft herunter *stürzt* – dort glaubt sie *die Wirklichkeit verlieren* zu können, das heißt, sich in ihr *schönstes Anderssein* verwandeln zu können.

Doch Rose findet etwas ganz anderes: *Es heißt Abschied nehmen / von den unwirklichen Wasserfällen / daheim / die Wirklichkeit wiederfinden* – sie weiß jetzt, daß sie von ihren Träumen *Abschied nehmen* muß, um *daheim* im Wort *die Wirklichkeit wiederfinden* zu können.

Ja sagen

Ja sagen
zum Leben

das mit dir
und deinen Worten
spielt

Wortspiele
voller Heimlichkeit
Tücken und Wunder

Lust- und Trauerspiel
deines Daseins

Rose will jetzt *Ja sagen / zum Leben*, will sich zu all seinen Höhen und Tiefen bekennen, will sie leben und sich nicht mehr in *eine andere Wirklichkeit* hineinträumen.

Sie, die bisher ihre verlorene Heimat immer in ihren Erinnerungen an die Bukowina suchte:

Das Dorf Sonntag

Hinter der Montagmauer
liegt das Dorf Duminika
das ich in meiner Freizeit
gern besuche
(...)

erkennt hier an den *Niagara Falls*, daß sie jetzt wirklich ihre sprachliche Heimat gefunden hat, zu der sie sich trotz aller auch dort empfundenen Einsamkeit bekennt – gleichzeitig akzeptiert sie ihr »Nicht-zugehörigsein«, da sie spürt, daß sie es nicht aufzulösen vermag – und erlöst sich dadurch, indem sie diese Botschaft als ihre eigene annimmt.

Dadurch fühlt sie sich nun in Deutschland zum ersten Mal seit ihrem Verlassen der Bukowina wieder *daheim*. Das Gefühl des Angekommenseins am Ziel ihrer Träume erlaubt ihr zum *Lust- und Trauerspiel / (ihres) Daseins Ja (zu) sagen.*

Daher verhilft ihr diese Erinnerungsreise, den endgültigen Schritt zum bedingungslosen *Ja* ihrer sprachlichen Heimat zu vollziehen.

Theodor Fontane formulierte schon im 19. Jahrhundert den Sachverhalt, daß Heimat nur als negativer Begriff existiert, d.h, er kann erst durch deren Abwesenheit wahrgenommen werden:

»Erst die Fremde lehrt uns, was wir an der Heimat besitzen.«[13] Rose erkennt hier im englischen Sprachraum erst die volle Bedeutung, die ihr der deutsche schenkt – nämlich endlich wieder *daheim* zu sein.

Denn nur dort wird sie *die Wirklichkeit wiederfinden.*

Am 10.2.1969 schreibt sie Peter Jokostra aus New York:

Lieber Piotr,

wohl Dir, dass Du die Stadt der unbegrenzten Unmoeglichkeiten nicht kennst! Hier steck ich eingeschneit, vom 40-Meilen-Wind umheult, von einer langen, schweren Hongkong-Grippe und den Folgen einer graesslichen Ueberschwemmung in meinem Zimmer (Rohrbruch) zermuerbt – und kann nicht zurück ins ›gelobte Land‹ meiner dritten Heimatlosigkeit. Nach allem in diesen 9–10 Monaten hier Erfahrenen erscheint mir jedes Land in Europa als ›Heiland‹. In welchem europäischen Land, in welcher Stadt setzt man sich einer ernsten Lebensgefahr aus, wenn man sich abends allein oder zu zweit – auf die Straße wagt? Weder in der Untergrundbahn noch in seinem Haus ist man seines Lebens sicher. Sie erzählt ihm weiter, daß sie am 13.3.1970 mit dem Schiff nach Bremen zurückfahre, da wegen eines Hafenstreiks am 6.1. kein früheres Schiff gehe und sie die Flugreise nicht vertrug: *Dumm, dass ich keine Flugreise vertrage und auf ein Schiff angewiesen bin.*

Versöhnung

Wieder ein Morgen
ohne Gespenster
im Tau funkelt der Regenbogen
als Zeichen der Versöhnung

Du darfst dich freuen
über den vollkommenen Bau der Rose
darfst dich im grünen Labyrinth
verlieren und wiederfinden
in klarerer Gestalt

Du darfst ein Mensch sein
arglos

Der Morgentraum erzählt dir
Märchen du darfst
die Dinge neu ordnen
Farben verteilen
und wieder
schön sagen

an diesem Morgen
du Schöpfer und Geschöpf

Die in der Vergangenheit verlorenen, einst selbstverständlichen Qualitäten des Menschseins wie Freude, Vertrauen und Schöpfertum werden im Zeichen der *Versöhnung* zu neuem Leben erweckt. *Du darfst ein Mensch sein / arglos* – der wieder sein Vertrauen zu Gott und zu seiner eigenen Schöpfungskraft gefunden hat. Obwohl der Zustand des Glücks ein momentaner ist, da er auf diesen speziellen *Morgen* eingeschränkt wird, ist er doch wiederholbar – da *Wieder ein Morgen / ohne Gespenster* erwacht.

Verschmerzen

Schön
wenn der verwundete Mensch
seine Narben
verschmerzt

sich gesellt
zum stillen Stein
zum beredten Wasserfall

und sich erkennt
im Blick der Nachbarpupille

In der deutschen Sprache, in ihrem *Atemhaus*, erlebt Rose die Einheit mit der Schöpfung und die Selbsterkenntnis im anderen, das verriet ihr der *beredte (...) Wasserfall.*

Zwei Koffer lagert sie vor ihrer Abreise beim Bruder ein, der sie noch heute besitzt. Sind es zwei Koffer, die sie beim Sichten ihres Gepäcks als Verschmerztes einstuft und sie daher zurücklassen will, oder dienen sie als Sicherheit für den Fall der Rückkehr?

Da Rose ihren Bruder Max niemals bittet, die zwei Koffer bei seinen Besuchen in Düsseldorf mitzubringen, auch als längst klar ist, daß sie niemals wieder zurückkehren wird, nehme ich das erstere an, zumal sie Manuskripte und Veröffentlichungen sowie alte Texte darin zurückläßt.

Am 9. Dezember 1968 schreibt sie an Peter Jokostra aus New York: *Das Leben in der USA ist keine Freude mehr. Ich will am 6.1.1969 mit dem Schiff nach Bremen zurückfahren und will am 16./17./18. wieder in Düsseldorf sein.*

Ihre Zeit des Reisens dürfen wir uns nicht als eine beschwerdefreie Zeit vorstellen, denn Rose leidet an *Rheuma, Magenbeschwerden, die Nerven gehen mit mir durch, man muß zu sich selber, zu seinem Schicksal zurückkommen, es gibt keinen Waschgang* – es sei denn, sie hätte wirklich ihre Kindbotschaften aufzulösen vermocht[14].

In einem anderen Brief schreibt sie:

Colitis – Gastritis und Arthritis feiern ein Fest in mir.[15] Deshalb geht sie auch im Juni 1966 zur Kur nach Bad Nauheim, von wo aus sie an Peter Jokostra schreibt:

Du und Annemarie [Jokostras Frau] *sind mir die liebsten Menschen in Deutschland.*[16]

Im Mai 1967 schließt sich eine Kur in Wörishofen an. Vor ihrer Abreise aus Düsseldorf bricht sie auf der Straße zusammen: eine Erschöpfungs- und Schwächeattacke.[17]

Kurort

Trink dich heil
vom unstillbaren Durst
der dich trinkt

Bade dich heil vom
Alptraum
in den Gedanken

Hier wird kuriert
die Gicht des Vergessens
das Wasser tut Wunder
vergiß nicht
dich zu erinnern

jenes Fichtenfest
Dorna
im sprühenden Quecksilberbad

Hinter drohenden Bergen
stand schon in voller Rüstung
trefflich getarnt
das Heer

Zudem ist Rose im Jahre 1967 *seit vielen Monaten schwer deprimiert. Nur ein paar Verse über Israel sind entstanden.*[18]

Särge

Gewohnt
auf den Schultern
Särge zu tragen
schwer
vom Abfall der Zeit

Dann ruh ich
hölzern
im Gras
das mich trägt
als wär ich
ein Sarg

Jokostra tröstet sie: »Du bist an vielen Stellen krank. Aber doch keineswegs im Spirituellen!«[19] Und genau zwei Jahre später rät er ihr: »Du bist zur Zeit frustriert! Du hast einen krankhaften Familienkomplex, so kommt es mir manchmal vor. Wir müssen unserer mächtig werden. (...) Du hast kein organisches Leiden. Es gibt wenig wirkliche Krankheiten!«[20] Deshalb rät er ihr, sich in psychologische Behandlung zu begeben und ihn zudem zu besuchen.

Da zwischen ihrem ersten Treffen und jetzt drei Jahre liegen, schreibt sie als Antwort zurück: *Ein Wiedersehen nach mehr als 3 Jahren ist überfällig. Die letzten 2–3 Monate in Düsseldorf waren bös. (...) Jede Reise ist für mich gerade so schwierig wie das Besteigen des Matterhorns.*[21]

Das geplante Treffen findet schließlich am 19. Mai 1970 statt.

Ihr Gesprächsthema ist mit Sicherheit der erst kurz zurückliegende Selbstmord Paul Celans, da beide ihn kennen und sein Leben und Werk verfolgten. Kurz nach *seinem gruseligen Tod*[22] schreibt Rose das Gedicht *In Memoriam*, das im Mai 1970 in der FAZ veröffentlicht wird. Auch Peter Jokostra, der mit ihm befreundet war, schreibt zur selben Zeit an einem Celan-Buch.

In Memoriam Paul Celan

»Meine blonde Mutter
kam nicht heim«
Paul Celan

Kam nicht heim
die Mutter

nie aufgegeben
den Tod

vom Sohn genährt
mit Schwarzmilch

die hielt ihn am Leben
das ertrank
im Tintenblut

Zwischen verschwiegenen Zeilen
das Nichtwort
im Leerraum
leuchtend

Rose hat auf einfühlsame Weise in diesem Gedicht Paul Celans Lebenstragik zum bitteren Wort verholfen. Er versuchte die Landschaft der Bukowina, seine Heimat, die auf der Landkarte ausgelöscht wurde, samt den Menschen, die in ihr lebten, zu fassen, um selbst weiterleben zu können. Da aber seine Wunde durch die Tatsache, daß auch seine Mutter darin unterging, so tief war, *ertrank* (er selbst) *im Tintenblut.*

In diesen Jahren findet Rose nicht nur durch Peter Jokostra, sondern auch durch Freunde aus Düsseldorf viel Unterstützung. So ist sie zum Beispiel, wie schon erwähnt, mit der Journalistin Lore Schaumann und der Lyrikerin Käte Reiter befreundet, die ihr bei Bedarf auch Unterkunft gewähren, Lesungen organisieren und kritische Anregung bei ihrer lyrischen Arbeit geben. Lore Schaumann und Käte Reiter laden auch Freunde in ihre Wohnung ein, vor denen Rose die Gelegenheit hat, ihre Gedichte zu lesen.

Am 14. März 1970 findet eine solche Lesung um 17.30 Uhr in deren Wohnung statt.[23] Rose liest veröffentlichte und unveröffentlichte Arbeiten, anschließend gibt es ein kaltes Büffet. Viel Unterstützung erfährt sie auch durch Rolfrafael Schroer. Er betreut Rose Ausländer intensiv von 1969–1974. Doch auch mit ihm kommt es zum Bruch.

Namhafte Autoren und Autorinnen bemühen sich um Rose Ausländer und ihr Werk. So entsteht eine hilfreiche Freundschaft zu Marie-Luise Kaschnitz. Vermutlich lernt Rose diese Dichterin durch Käte Reiter kennen, da in vielen Briefen oder Karten Grüße von Marie-Luise Kaschnitz an Käte Reiter mitgeschickt werden.

Zum 70. Geburtstag von Kaschnitz im Februar 1971 schreibt Rose: *Wieviel Realität und Traumwirklichkeit? Wieviele Verzweiflungen, Verzauberungen, Verhüllungen und Enthüllungen? Wieviele ausgesprochene und ungesagte Worte? Wir wollen nicht zählen.*

Wir genießen das ungezählte Ganze, das ganze Sprach- und Lebensmysterium.

Vor dem Mysterium, das sich in Ihrer Sprache so laut manifestiert, verneige ich mich und bin dankbar, es erleben zu dürfen.

Ihre Rose Ausländer[24]

Marie-Luise Kaschnitz versucht 1973 Roses Gedichte im Insel-Verlag unterzubringen[25]. Doch findet sie dort keinen Widerhall. »Inzwischen hat Frau B. (für die Insel) telephonisch so gut wie abgelehnt, will oder kann im Augenblick keine Gedichte annehmen, ich glaube es hat keinen Sinn, ihr eine Auswahl zu schicken.«[26]

Aber Kaschnitz will sich weiter für Roses Gedichte einsetzen und wird deshalb mit Frau Claassen in Verbindung treten: »Eher der Frau Claassen, die ich nun schon brieflich vorbereitet habe und die uns sagen wird, an welchen der Herren (sie hat leider nichts mehr zu sagen) – ich mich wenden soll. Sollte der Claassen-Verlag mehr Gedichte wollen, können Sie ja noch Neues sammeln und dazugeben (...).«[27]

Trotz des Einsatzes von Marie-Luise Kaschnitz gelingt es Rose nicht, ihre Gedichte im Claassen-Verlag unterzubringen.

Rose schreibt ihr zurück: *Sehr liebe, vielbewunderte Dichterin, in einer Zeit seelischer Dürre erreichten mich Ihre lieben Worte: ein Trost! Wehe uns, wenn wir uns alles zu Herzen nehmen, was manche Leser und Kritiker sagen! Schreiben ist wie das Leben: das geht zwar immer einen Schritt weiter. Aber nicht immer aufwärts. ›Ein Wort weiter‹ – horizontal, nicht durchaus vertikal – auf, ab, etwas stärker, etwas schwächer – nach der inneren Lebenslinie. Keiner ist immer gleich stark. Ich habe leicht, anderen ›predigen‹, die ich an mir selber verzweifle!*[28]

Marie-Luise Kaschnitz findet nicht nur ihre Gedichte »herrlich«[29], sondern sie setzt sich auch für deren Veröffentlichung ein. Zudem schreibt sie in der FAZ vom 16.2.1974 über Rose Ausländer und gestaltet das Nachwort in ihrem Band *Andere Zeichen*, der 1975 erscheint.

»Ein Nachwort schreibe ich, wie schon gesagt gern, vielleicht nicht so lang, um 3 Seiten, weil auch mir das Bereden, Zerreden von Gedichten zuwider ist.«[30]

Miteinander
Für Marie Luise Kaschnitz

Du
und der Kirschbaum
und die rasende Straße
und der Ozean
und der Blitz

Du
und deine Angst
und dein Zorn
und dein Aberglaube
und dein Glaube
        ›Let My People Go‹

Du
und der Stern
und das Wort Stern
und das Hauptwort
und das Nebenwort

und das Nebeneinander
und das Miteinander
und
        du

XI »Einen Drachen reiten / wenn der Fuss versagt« – Leben im Wort

Im Juli 1971 reist Rose zur Kur nach Bad Pyrmont, zu einer *Roßkur*, wie sie an Jokostra schreibt.[1]

Dort liest sie *ab und zu Verse von Celan, Ungaretti – Noch seltener schreibe ich ein paar Worte – ob es Gedichte sind, weiß ich nicht, aber es ist mein Leben.*

Auch 1972 geht sie zur Kur, diesmal nach Bad Mergentheim. Sie stürzt von der Treppe und erleidet einen komplizierten Oberschenkelhalsbruch. Erst nach einem mehrmonatigen Aufenthalt in der Klinik kehrt sie nach Düsseldorf zurück. All ihre äußeren Brüche, ihre Abbrüche von Beziehungen oder, anders ausgedrückt, ihre Abkehr von Menschen, die ihr oft mit viel Liebe und Fürsorge begegnet sind, verlagern sich bei ihr auf die körperliche Ebene. Sie fühlt sich vollkommen im Recht, diese Menschen vor den Kopf zu stoßen, sie im wahrsten Sinne des Wortes ab-fahren zu lassen. Sie tritt den ihr nahestehenden Menschen oft arrogant und ungeduldig gegenüber. Diese von ihr selbst nicht wahrgenommene geistige Haltung zeigt sich nun überdeutlich durch ihren Sturz. Ein müder Knochen hat nachgegeben und zwingt sie nun »auszuruhen«. Ihre neue Adresse lautet jetzt: Nelly-Sachs-Haus, Pappelweg 5.

Das, was sie seit Czernowitz nicht mehr besessen hat, nämlich ein Zuhause, ein eigenes Heim, findet sie jetzt im wörtlichen Sinne: Rose zieht ins Altenwohnheim der jüdischen Gemeinde, da sie von nun an auf ständige Pflege angewiesen ist. Da dieser Ort natürlich kein Ersatz für eine neue Heimat ist, zieht sich Rose nun vollständig in ein *Leben im Wort* zurück – lebt fortan wirklich bewußt ihre Heimatlosigkeit und kehrt Schritt für Schritt der Welt den Rücken, um fortan nur noch in sich selbst zu wohnen.

Im Park

Glitzernde Vögel
ihr Flug
in Fontänen
gefangen

Wir führen unseren Schatten
schräg
an der Sonnenleine

Luft
leichter Geist
beschwingt
im Atem der Bäume im
Atem des Wassers

auf seinem Spiegel
Wolkensegel
vom Nordwind
zerrissen

Von ihrem Fenster aus schaut Rose auf die Pappelreihe, die den Nordpark begrenzt, er ist ihr Nachbar, unter seinen Kastanienbäumen genießt sie die Fontänen und Wasserspiele, ist froh, ihr *Zelt* nicht mehr *Im anonymen Spital aufgeschlagen* zu haben.

Im Spital

Im anonymen Zimmer
mein Zelt aufgeschlagen
Wand weiße Leinwand
ich sticke
mit der Astralnadel
ein Muster von Sonnenfäden
um geliebte Gesichter
sie steigen ins
Thermometer
schnell wie der Atem
im schwankenden Zelt
Vier Windflügel

umarmen es nehmen es mit
ich reise
reise vorbei am behinderten Bett
ins ziellose Land

ich reise / reise vorbei am behinderten Bett / ins ziellose Land – unter diesem Motto steht ihr zukünftiges Leben. Sie, die jetzt nur noch selten das Nelly-Sachs-Haus verlassen kann, reist in ihrer Phantasie weiter, reist *vorbei am behinderten Bett.*

Unmeßbar

Es läßt sich leicht feststellen, daß dies Zimmer 3 x 3 x 3 Meter groß ist. Aber wer kann ermessen, wie dehnbar es ist nach allen Seiten in einer konkreten Minute, die sich maßlos fortsetzt bis ins Herz der Vergangenheit und der Zukunft?

Und wendet sich schreibend an den Mitmenschen: *Überall immer.*

Ihr Band *Ohne Visum. Gedichte und kleine Prosa* erscheint 1974 im Düsseldorfer Sassafras-Verlag.

Sassafras ist sowohl ein Verlag als auch eine Düsseldorfer Kneipe. Dort wird Jazz gespielt, und es werden auch Lesungen veranstaltet. Meistens Sonntag morgens findet ein solches Programm statt – vier Autoren lesen aus ihren Werken, und zu den Lesungen druckt der Verlag ein kleines Bändchen, das sowohl die Texte wie Photos der Autoren enthält.

Die Lyriker Peter Jokostra, Käte Reiter, Eva Zeller und Bernd Mosblech, die alle hier Erwähnung finden, stellen ebenfalls ihre Gedichte in der Sassafras-Kneipe vor.

Auch Rose Ausländer liest an einem Sonntagmorgen – das Publikum ist so von ihr begeistert, folgt so gebannt ihren Worten, daß die Veranstalter beschließen, ihre Gedichte auch als Buch im Sassafras-Verlag zu veröffentlichen. 1974 erscheint daher der Band *Ohne Visum* in einer Auflage von 1000 Exemplaren.

Im Jahre 1975 wird das schon im Zusammenhang mit Marie-Luise Kaschnitz erwähnte Buch *Andere Zeichen* im Concept-Verlag (Düsseldorf) herausgegeben. Der Verleger Michael wird buchstäb-

Abb. 27 Rose Ausländer 1975

lich von ihr attackiert, da Rose ihn zu jeder passenden und unpassenden Zeit telefonisch an die endgültige Herausgabe dieses Bandes erinnert.

Günter Lauser, der Rose Ausländer für den Concept-Verlag betreut und selbst Schriftsteller und Publizist ist, kümmert sich von ca. 1974 bis 1977 um sie.

Das Buch verhilft ihr zu beachtlicher literarischer Aufmerksamkeit. Die darin enthaltenen Gedichte sind durchweg nach 1970 entstanden bzw. vollendet worden. Sie werden im gesamten deutschsprachigen Raum rezipiert und auch in Rumänien veröffentlicht.

In *Andere Zeichen* verdichtet sich die seit *36 Gerechte* sich abzeichnende Tendenz zu lyrischer Verknappung und Konzentration auf einige Begriffs- und Motivschwerpunkte, die ihr späteres Werk in steigendem Maße bestimmen werden.

Auch hat sie nun endgültig den Blickwinkel, nur als *»jüdisches Opfer«* wahrgenommen zu werden, überschritten. Da ihrem Band *36 Gerechte* von 1967 fast 400 Berichte, Kritiken und Würdigungen folgten, wäre ein literarischer Durchbruch zu erwarten gewesen. Doch der Trend zur Auseinandersetzung mit dem Nationalsozialismus war in den 70er Jahren stark rückläufig, so daß ihr Werk, das bis dahin unter der jüdischen Thematik betrachtet wurde, wieder aus dem Interesse der Medien fiel. Mit dem Erscheinen von *Andere Zeichen* wird diese enge, speziell auf das Jüdische gerichtete Wahrnehmung ihrer Gedichte endgültig aufgebrochen.

Andere Zeichen

Ein Windstoß fährt
in die Papierfächer
reißt einen Vers heraus
fegt ihn mit der Kirchenasche
zum rostigen Blätterhügel

Das Gedicht
wird nicht stimmen
aber am Himmel stehn
andere Zeichen

Peter Jokostra schreibt ihr: »Es sind echte Rose Ausländer-Gedichte, mit dem großen und reichen Erfahrungshintergrund Deiner gefährdeten Existenz geschrieben und vor allem erlitten.«[2]

Einen Drachen reiten

Einen Drachen reiten
wenn der Fuß versagt

Schweigen Freunde
lausche ich
dem Märchen einer Glocke

Manchmal in der Nacht
fällt ein Stern mir
in den Schoß

wenn der Fuß versagt – so wie vor ihrem Unfall in Bad Mergentheim kann Rose nicht mehr reisen. Doch in ihren Träumen, mit ihrem Geist kann sie *einen Drachen reiten*, der sie überall dorthin führt, wo ihre Sehnsucht Wurzeln geschlagen hat.

Ein Drachen ist Symbol des Herbstes, des Windes, der Freiheit. *Ein Drachen* schwebt durch die Lüfte. Sein Besitzer, der ihn von der Erde aus zu lenken versucht, hat es schwer, denn sein eigentlicher Herr ist der Wind, dessen Gesetzen er fröhlich folgt. *Einen Drachen reiten* heißt daher, sich von den inneren Gesetzen des Geistes, des Denkens leiten zu lassen, derer der Mensch nicht immer Herr ist, auch wenn er versucht, seinen Geist selber zu lenken und zu bezähmen. Denn der Geist folgt einem weiteren Herrn, nämlich der Intuition, die den Menschen in immer neue Höhen aufschwingen läßt, wenn er sich ihr wie der *Drache* dem Wind anvertraut.

Einen Drachen reiten / wenn der Fuß versagt – bezieht sich auf ihr jetziges körperliches Gebrechen, das ihre Bewegungsfreiheit stark einschränkt. Doch dabei wird nie ihre Unruhe, ihre Suche nach Höherem, nach geistiger Freiheit und Menschlichkeit unterbunden, denn ihr Reisegefährte ist jetzt *der Drachen*, der den *Fuß* ersetzt und sie in alle ihr liebgewordenen Länder, Hoffnungen und Träume reisen läßt.

Wie der *Drachen* weiß, daß er sich auf den Wind verlassen kann, weiß auch Rose, daß sie im Moment des Schreibens von der Intuition geführt wird, die ihr Leben genauso lenkt wie der Wind den *Drachen*.

Schweigen Freunde / lausche ich / dem Märchen einer Glocke – *Schweigen Freunde*, da sie tot sind, *lausche ich* durch die Stille hindurch, die sie umgibt, *dem Märchen einer Glocke*.

Auch in dem Gedicht *Glocken* lauscht sie:

Lausche dem Läuten
der großen Glocken
(...)
lausche dem Wohlklang
der erznen Münder

Die *großen Glocken* der Kirchen sind ihr Ausdruck der *erznen Münder*, der Boten Gottes. Doch in diesem Gedicht *lausch(t)* sie nur der Kunde eines *erznen* Mundes, nämlich der Botschaft, die ihr ihr eigener Engel verkündet: *Worte die zu mir kommen*.

Noch in ihrem Prosatext *Märchen* erklärt sie: *Ich habe die Märchen vergessen. Sie vergessen mich nicht*. Doch nun hört sie *das Märchen einer Glocke* in sich – hört ihre innere Stimme, die ihr ein Engel Gottes als Wortspender übermittelt.

Ende der Weisheit

›Am Ende der Weisheit‹
heißt das Wissen
daß es zu Ende geht
mit dem Wissen
daß alles anders ist
als du glaubst

Du glaubst du hast
dies und das
und weißt nicht
daß nichts dir gehört
und du machtlos bist

Du Schöpfer deiner Gedanken
in Augenblicken
wenn ein Stern sie
dir diktiert

Im nächsten Moment
weißt du nicht mehr
ob du
du bist
›Am Ende der Weisheit‹

Der Verleger Michael vom Concept-Verlag, Düsseldorf, empfiehlt Rose Ausländer an den jungen Literaturverleger Helmut Braun, der seit 1975 den »Literarischen Verlag Braun« besitzt. Rose Ausländers Werk wäre ohne diesen Verlag und den persönlichen Einsatz von Helmut Braun weit über ihren Tod hinaus mit Sicherheit nicht dem großen Leserkreis zugänglich geworden, den es heute hat. In ihrer Begegnung entsteht eine ideale Beziehung zwischen Verleger und Autorin, die ein Glücksfall für beide ist.

Für die Autorin, weil sie durch ihn aufs engagierteste betreut wird, für den Verleger, weil er eine großartige Lyrikerin veröffentlichen kann. Helmut Braun besucht 1975 Rose Ausländer im Nelly-Sachs-Haus. Beide sind sich ohne viel Worte von der ersten Minute an sympathisch.

Schon ein Jahr später, 1976, kommen in seinem Verlag die *Gesammelten Gedichte* heraus, die alle von 1965 bis 1974 erschienenen Bände vereinen. *Der Regenbogen* findet keine Aufnahme, da Rose diesen Band als verschollen bezeichnet. Hinzu kommen unveröffentlichte Gedichte mit dem Titel *Es bleibt noch viel zu sagen.*

Diese Gesamtausgabe verhilft zu ihrem endgültigen Durchbruch. Das Buch erhält neben den erwähnten Gedichten ein Nachwort von Walter Helmut Fritz, Graphiken von HAP Grieshaber und eine von ihr selbst besprochene Platte. In dieser Ausgabe, die ihr Werk erstmalig in seiner Gesamtheit vorstellt, sind zudem eine Dokumentation mit Texten von Marie-Luise Kaschnitz, Jürgen P. Wallmann u.a. sowie eine Biographie und eine Bibliographie enthalten.

Die *Gesammelten Gedichte* steigern sowohl den Bekanntheitsgrad Rose Ausländers in der Öffentlichkeit als auch die Bedeutung, die ihr von seiten der Kritik für die deutsche Nachkriegslyrik zugemessen wird. Vergleiche mit Else Lasker-Schüler, Hilde Domin und vor allem mit Nelly Sachs häufen sich, was Rose jedoch für sich selbst strikt ablehnt.

Zum ersten Mal ist auch das Kaufinteresse an ihrem Buch rege: Bereits 1977 erscheint die zweite, erweiterte und veränderte Auflage, 1978 die dritte.

Wieder erntet sie das Lob ihres alten Freundes Peter Jokostra: »Der Geist weht, wohin er will. Der Geist ist unzerstörbar. Das ist ein großes und beständiges Werk, das bleiben wird (es zeigt chronologisch die ganze Breite und Tiefe Deines Wesens, Deiner poetischen Natur! (...) Nun weiß ich auch mehr Biographisches von Dir. (...) Die Farbvariationen von HAP passen gut zum Text und sind wunderschön. (...) Dieser Band ist eine Enthüllung im besten Sinne.«[3]

Lichtkraft

Aus dem Himmel
eine Erde machen
aus der Erde
einen Himmel

wo jeder
aus seiner Lichtkraft
einen Stern ziehen kann

Dieses Gedicht beschreibt für mich das Verhältnis Rose Ausländers zum »Literarischen Verlag Helmut Braun« und umgekehrt, aus dem beide ihren *Stern ziehen.*

Rose antwortet ihm:

Dein Lob meiner Gesamten Gedichte, so schön formuliert, ehrt und freut mich sehr. Auch von anderen Seiten erhielt ich die wunderbarsten Briefe über diesen Band.[4]

Vertrag

Einen Vertrag machen
zusammenzuhalten

bis ins Wurzelwerk
bis zu den strengsten Sternen
im letzten Himmel

du und du und du

1976 erscheinen nicht nur die *Gesammelten Gedichte*, sondern auch der kleine Gedichtband *Noch ist Raum* mit einem Nachwort von

Hans Bender im Gilles & Francke Verlag. Peter Jokostra schreibt ihr dazu: »Danke für den Band ›Noch ist Raum‹. Der Raum ist ja Deine magische Größe. Von dort her verstehe ich Deine Lyrik, auch diese Gedichte, gehe sie an, setze bei ihnen an – in Deinen magischen Raum.«[5]

Rose antwortet ihm am 24.12.1976:

Ich liege leidend und mutterseelenallein im Reisebett und fahre in Gedanken zu Euch. Ich freue mich, daß mein ›Raum‹ Dir »magisch« erscheint – Du triffst die Schlagader meiner Dichtung.

Handwerk

Gedichteschreiben
ein Handwerk

Die Hand das Werk
des Schöpfers

Er schreibt
deine Finger

freut sich
an ihrem Zusammenspiel

spielt dir seine Freude
in die Hand

Das *Gedichteschreiben* ist für Rose ein *Handwerk*, eine Tätigkeit, die im wörtlichen Sinne mit der Hand ausgeführt wird. Das Überraschende dabei ist, daß die *Hand* ein *Werk / des Schöpfers* ist, der die schreibende *Hand* führt. Der Schöpfergott *schreibt* die Finger der Dichterin, die eigentlich das Gedicht schreiben, und freut sich über die erschriebenen Finger. Schöpfergott und Dichter *spielen* zusammen, und dieses Spiel erfüllt beide mit *Freude*. Die Intuition, die der *Schöpfer* dem Dichter *in die Hand spielt*, formuliert das Gedicht und zusätzlich noch die Freude an der Kreativität überhaupt.

In diesem Sinne ist die *Schlagader (ihrer) Dichtung* zu verstehen.

Musik I

Aus welchem Instrument
tönt ihr Takt
an unser Ohr

Musik sind wir
ihre Stimme schwingt
in uns

Hör die Erde tönen
im Atemwort

In der Folgezeit kommt pro Jahr mindestens ein Gedichtband von Rose Ausländer heraus, häufig erscheinen sogar mehrere.

Das Jahr 1977 wird für sie ein sehr erfolgreiches. Am 20. Mai wird ihr von der Gedok in Freiburg der Ida-Dehmel-Preis verliehen. Die Schriftstellerin Eva Zeller hält die Laudatio dazu.

»Rose Ausländer gehört zu denen, die durch Leiden ihre Sinne gesammelt haben, daß nun die Seele nicht zerrinnt an den Bildern dieser Welt, sondern dazu führt, daß die Seele arbeiten lernt, gründlich arbeiten lernt. Was für eine Schwerarbeit, was für ein unerhörter Vorgang!«[6] Rose selbst ist aus gesundheitlichen Gründen bei der Preisverleihung nicht anwesend.

Im Gerhart-Hauptmann-Haus, dem damaligen Haus des Deutschen Ostens, findet die Verleihung des Andreas-Gryphius-Preises statt. Rose Ausländer wird zusammen mit Reiner Kunze ausgezeichnet, dessen Lyrikband *»Zimmerlautstärke«* erschienen ist.

Reiner Kunze, der kurze Zeit zuvor aus der ehemaligen DDR geflüchtet ist, wird noch nachträglich auf die Preisträgerliste gesetzt – dies soll ein politisches Zeichen setzen.

Er zeigt gegenüber Rose Ausländer ein sehr nobles Verhalten, indem er selbst auf die Lesung seiner Gedichte verzichtet und statt dessen junge DDR-Lyriker vorstellt. Durch sein Verhalten erfährt Rose Ausländers Werk eine zusätzliche Ehrung – zum einen, weil Kunze durch seinen Verzicht, eigene Gedichte vorzutragen, die nach literarischen Kriterien erfolgte Entscheidung des Preises für das Werk Rose Ausländers unterstreicht, und zum anderen, weil

Rose durch ihre Lesung aus den *Gesammelten Gedichten* das Publikum in ihren Bann zieht. Mit ihrer rauhen, melodischen Stimme verleiht sie ihren Gedichten einen beeindruckenden Klang. Vera Hacken, die 1959 Rose lesen hörte, beschreibt ihre Stimme: »Deine Stimme war herrlich, tief unruhig – ruhig, etwas rauh, von jener schönen warmen Rauhheit, die gewöhnlich so innig von Seele und Tiefe spricht.«[7]

Das Publikum dankt ihr mit einem langanhaltenden, stehenden Beifall. Diese redegewaltige Lesung ist die letzte öffentlich gehaltene der Dichterin.

Im Heinrich-Heine-Institut in Düsseldorf findet vom 3.5. bis 5.6.1977 eine Rose-Ausländer-Ausstellung statt, in deren Rahmen auch zwei Lesungen ihrer Gedichte stattfinden, die jedoch nicht mehr von ihr gehalten werden. Anläßlich der Ausstellungseröffnung verläßt Rose Ausländer zum letzten Mal das Nelly-Sachs-Haus.

Ihr Gesundheitszustand verschlechtert sich zunehmend. Sie kann das Bett nicht mehr verlassen. Ihre Kreativität bleibt jedoch ungebrochen, verstärkt sich im Kampf gegen die körperliche Schwäche sogar. Sie wird nämlich gespeist von der »nicht gelebten Liebe, die in ihrem Körper diese Katakomben hinterließ«, wie Peter Jokostra gegenüber Helmut Braun am 8.9.1993 in einem Gespräch formulierte. Ihre Kreativität lebt von der ungestillten Sehnsucht, der ungestillten Liebe zu Helios Hecht, die wohl ihren Körper »zerstören« konnte, jedoch nicht ihren Geist – »Der Geist weht wohin er will« – er läßt sich auch nicht durch eine äußerliche Trennung wegwischen – er liebt weiter!

Ob Rose das Bett wirklich nicht mehr verlassen kann oder ob sie es nicht mehr verlassen will, um all ihre Kraft auf ihr Schreiben zu konzentrieren, bleibt offen. Tatsache jedoch ist, daß viele ihrer alten Freunde ihr ihre krankheitsbedingte Entscheidung, im Bett zu bleiben, nicht wirklich abnehmen. Dr. Emanuel Hacken, der ja selbst Arzt ist, erzählte mir, daß er Rose in ihrer »Matratzengruft« besuchte und eine »hysterische Lähmung« an ihr bemerkte. Er glaubt, daß sie nicht mehr aufstehen wollte, weil sie auf Kälte empfindlich reagierte. Schon in den letzten Amerika-Jahren hat er immer zu ihr ge-

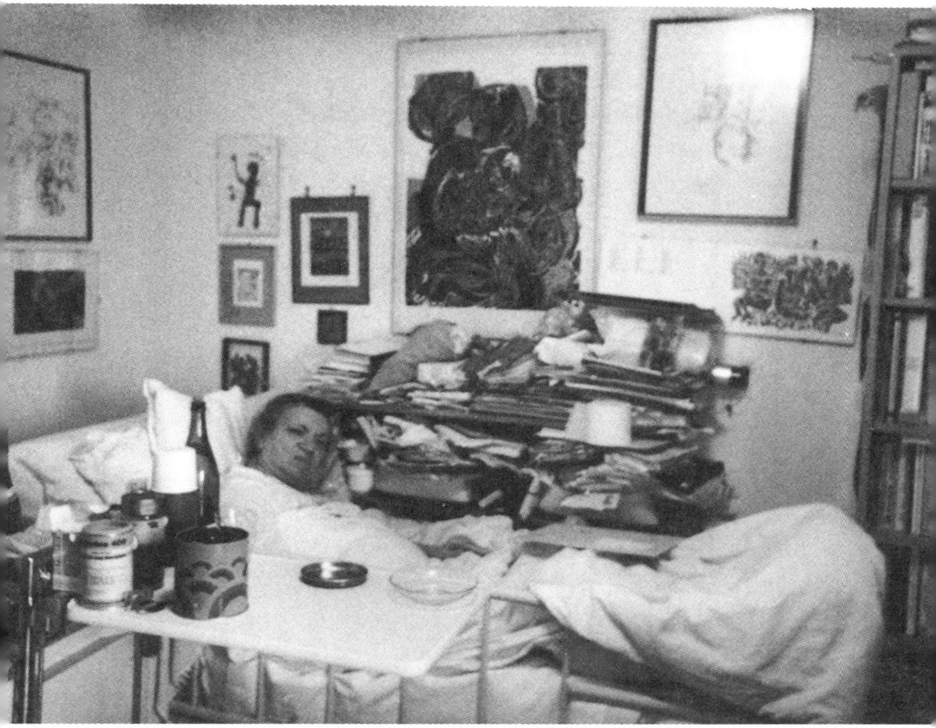

Abb. 28 Rose Ausländer 1981 im Nelly-Sachs-Haus, Düsseldorf

sagt: »Jetzt gehst Du ins Bett und ziehst Dich an!«, da sie sich immer warm eingemummelt ins Bett legte.

Rose, die sich unter den übrigen Heimbewohnern nicht sehr wohl fühlt, könnte sich durchaus durch ihre Entscheidung – Ich bleibe ab jetzt im Bett – einer lästigen Verpflichtung entzogen haben: Sie will sich nicht mehr dem Diktat der täglichen Verrichtungen, z.B. der gemeinsam eingenommenen Mahlzeiten, beugen.

Auch ist sie immer wieder ins Gerede gekommen, weil sie die jüdischen Feiertage nicht so heiligte, wie es von einer Jüdin erwartet wurde. Sogar ein Hetzgedicht eines Heimmitbewohners wird am Schwarzen Brett angebracht. All dies stützt diese Vermutung.

Auch ihr Jugendfreund Dr. Heitner, der ebenfalls Arzt ist, nimmt ihr die zahllosen Leiden nicht einfach ab.

Am 25.2.1977 schreibt ihm Rose: *Mein lieber Adolf, wenn Du wüßtest, wie schlecht ich mich fühle, wie wenig Zeit und noch weniger Geduld ich habe und wie sehr das Briefeschreiben mich anstrengt – ja, mir geradezu verhaßt ist! – würdest Du verstehen, warum ich Dir erst jetzt antworte. (...) Jeden Monat gehe ich zur Blut- und Harnuntersuchung zu meiner Ärztin. – Diesmal waren die Blutwerte und die Nierenwerte verschlimmert. Gegen das Blut (viel zu hohe weiße Blutkörperchen, etc.) läßt sich nichts machen – ich nehme ein Eisenpräparat, für die Nieren nehme ich ebenfalls verschiedene Medikamente, auch für die Leber, fürs Herz, für den Magen – täglich 23–25 Pillen! (Schlafmittel für die absolute Schlaflosigkeit habe ich abgeschafft – wegen der Leber) – Ein bißchen Gehirnsklerose dürfte ich haben, denn mein Gedächtnis hat sehr nachgelassen, Namen, Daten, Ziffern merke ich mir überhaupt nicht. Die Diagnose ›schlaganfallähnliche Anfälle‹ habe ich selbst gestellt, als ich 5 Mal (die letzten 3 Male alle 10–70 Minuten hintereinander) heftige Schwindelanfälle bekam, ein wilder Wirbel in meinem Kopf rotierte und mich zu Boden riß.*

Dr. Heitner antwortet ihr: »Meine liebe Osia! Sehr beeindruckt von den Laborziffern, will ich nur an einen Laborirrtum glauben, denn zu diesen Resultaten gehört hohe Temperatur gewöhnlich, worüber Du nicht geklagt hast. (...) Die Tatsache, daß Du flüssig und angestrengt arbeitest, spricht gegen ein ernstes Leiden, auch gegen Gehirnsklerose, welche zu apoplektischen Anfällen führen kann. Im Gespräche (heute) mit Kittner, hat auch er heftig gegen eine Gehirnsklerose Einwand erhoben, angesichts Deiner Kopfleistungen, die im Gegenteil, von einem nichtsklerosierten Kopf zeugen.

Wie Du siehst stellen wir, Arzt und Nichtarzt, aus der Ferne bessere Diagnosen als Deine Ärzte aus greifbarer Nähe – jedenfalls optimistischere.« [8]

Er schlägt ihr daraufhin scherzhaft die »Absprechung« ihrer Leiden durch ihn vor:

»Nun gut, es ist Zeit, Heiteres zu besprechen. Also denke ich,

Deine Gesundheit kann wohl durch die 23–25 Pillen, die du täglich schluckst, gebessert werden, aber geheilt – nur durch die Besprechung. Und da ich die wichtigen Daten (Namen) bereits besitze, so kann ich mich an die Arbeit machen. Wenn ich die Erdgeister beschwören kann, werden mir doch die vielen kleinen Störer in Deinem Organismus nicht trotzen!«[9]

Am 1. September 1977 erfolgt eine Beschwörungsformeländerung: »Chronologisch vorgehend gratuliere ich Dir zum erhaltenen Andreas-Gryphius-Preis, bei dessen Verleihung Kittner anwesend gewesen und der mir davon erzählte. (...) Was Deine Appetitlosigkeit und Kopfdruck betrifft, muß ich Dir sagen, daß auch ich sehr erstaunt bin über die Nichtwirkung meines Besprechens. Ich muß die Formel ändern. Andererseits frage ich mich, wann Du noch Zeit hast, krank zu sein, da ich Dich so beschäftigt sehe. Denn abgesehen von der Arbeit, die die Veröffentlichung eines Buches, zweier Bücher, in Anspruch nimmt, außerdem von der immer größer werdenden Korrespondenz, hast du noch Zeit, neue Gedichte zu schreiben. Für Kranksein sollte kein Raum mehr sein! Ein Kohlensäure enthaltendes Mineralwasser könntest Du versuchen – wenn Du es noch nicht getan hast.«

Aus dieser Korrespondenz erscheint ihr Kranksein doch in einem etwas freundlicheren Licht – vielleicht gewährt es ihr den Freiraum, den sie zum Schreiben benötigt.

Warum schreibe ich?

Weil Wörter mir diktieren: schreib uns. (...) Eine Wortphalanx für, die andere gegen mich. Ins Papierfeld einrücken wollen sie, da soll der Kampf ausgefochten werden. Ich verhalte mich oft skeptisch, will mich ihrem Diktat nicht unterwerfen, werfe sie in den Wind. Sind sie stärker als er, kommen sie zu mir zurück, rütteln und quälen mich, bis ich nachgebe. (...) Wir sehen uns an, wir lieben uns. Meine Bäume, meine Sterne, meine Brüder: in diesem Stil rede ich zu ihnen. Sie drehen den Stil um, greifen mich an, zwingen mich, sie hin- und herzuschieben, bis sie glauben, den ihnen gebührenden Platz zu haben.

Lore Schaumann gegenüber erklärt Rose 1975: *Ich schreibe nicht, weil ich schreiben will (ich bin träge und wehre mich oft dagegen), sondern weil jenes Unerklärliche in mir geschrieben werden will und mir keine Ruhe läßt.*[10]

Ihr Kranksein verschafft Rose den Schonraum und die gebührende Zeit, um wie *Don Quichotte tapfer / um ein Wort* kämpfen zu können.

Ich
fühl es

Ich bin
Don Quichotte

kämpfe tapfer
um ein Wort

Sancho Pansa
wie
mein Schatten

Der
Zweifel kommt

Stech
ihn tot

mein Schatten, ihre nichtgelebte Liebe, begleitet sie, und immer, wenn *Der / Zweifel kommt*, ob es wirklich richtig war, sich von Helios zu trennen, befiehlt sie *Stech / ihn tot*. Das Tragische daran ist, er kommt zurück, dringt, nachdem sie ihn aus ihrem Bewußtsein verbannt hat, in ihren Körper ein und »sticht« dort seinerseits zurück.

Ihr Prosatext *Privacy* liefert ein zusätzliches Mosaiksteinchen zum Verstehen der Gründe, warum sie beschloß, das Bett nicht mehr zu verlassen.

Manchmal möchte ich allein und ungestört sein. Das ist unmöglich: die Stimmen der Nachbarn, die Geräusche der Straße wohnen in meinem Zimmer. Öffne ich das Fenster, kommen Mücken, Fliegen, Falter, Spatzen hereingeflogen, ab und zu auch ein Kobold oder ein Engel. Jeder will etwas von mir: ein bißchen Blut, ein bißchen

Hautduft, ein bißchen Futter, ein bißchen Schadenfreude, ein bißchen Hallelujah. Man möchte ja gern allen gerecht werden, aber man möchte auch gern sich selber gerecht werden, seine eigene Stimme hören, keine frommen Wünsche haben, einmal alles verwünschen dürfen. Dieses Glück ist einem selten vergönnt.

Privacy – Zutritt verboten – Bitte nicht stören! Dieses Schild hätte auch an ihrer Tür hängen können. Die jetzt 76jährige Frau will in Ruhe gelassen werden, um ihr Werk mit der ihr verbleibenden Kraft zu Ende schreiben zu können. Sie benötigt jetzt den Raum der Stille, des Insichseins, um die Gedichte, die sie zum *unsterblichen Dichter* werden lassen, zu schöpfen.

Pablo Neruda

(...)
Man sagt er starb
glaubt es nicht

kennt ihr den unsterblichen Dichter
Pablo Neruda

Doch dazu muß sie auch Menschen abwehren, muß sich erneut »Nicht zugehörig« fühlen, denn *Jeder will etwas von mir* – die *Mücken, Fliegen ein bißchen Blut*, der *Falter ein bißchen Hautduft*, die *Spatzen ein bißchen Schadenfreude* und selbst die *Engel* geben ihr nichts, sondern nehmen nur *ein bißchen Hallelujah.*

Ein alter Mensch, so glaube ich, hat das Recht, sich entziehen zu dürfen, sich zu verweigern, um in Ruhe *sich selber gerecht werden* zu können, da *Dieses Glück (...) einem selten vergönnt* ist.

Helmut Braun, der sie von 1975 bis zu ihrem Tode 1988 einmal wöchentlich besucht bzw. besuchen darf, erzählt: »Sie war mir von Anfang an ungemein sympathisch, aber sie war eines nicht: die optimistische, liebenswerte Person, die aus ihren Gedichten spricht. Sie war sehr selbstbewußt und besessen von ihrer Aufgabe, ihr Werk zu Ende führen zu müssen. Und dabei ließ sie sich von niemandem und von nichts ablenken. Sie stieß sogar alte Freunde vor den Kopf, indem sie sie nicht mehr empfing. Sie las keine Zeitungen, hörte kein

Radio, sah nicht fern. Keine Zeitströmung konnte sie beeinflussen, konsequent und unbeirrt schrieb sie an ihrem Werk fort, sichtete, verbesserte, schrieb Neues.«[11]

Sie schreibt »unbeirrt« – zumeist sind es Varianten ihrer alten Themen, Grundfragen des Menschen, doch beschäftigt sie sich auch mit dem eigenen Leben, mit ihren Erinnerungen:

Ich
bin
eine Koralle
im Meer der
Erinnerungen
und warte
auf den Wind

Prinzessin
fisch mich auf
leg mich
um deinen Hals

Das wär
mein Glück

Die Antriebs- und Lebensfunktion des Schreibens bleibt der alternden Schriftstellerin erhalten:

Im Gedicht finde ich mich und die Welt, mich in der Welt (...). Meine Gedichte sind Selbstdarstellungen meines Erlebens und Lebens und des Lebens in allen seinen Gestaltungen, Verzweigungen und Möglichkeiten.[12]

1977 erscheint, wie schon erwähnt, die zweite, erweiterte und veränderte Auflage der *Gesammelten Gedichte* sowie der Band *Doppelspiel* im »Literarischen Verlag Braun«. Die Pfaffenweiler Presse gibt die Gedichte *Es ist alles anders* zusammen mit Graphiken von Paul Breinig heraus. In England werden die von Ewald Osers übersetzten *Selected Poems* veröffentlicht – in diesem für Rose so erfolgreichen Jahr 1977 feiert die 76jährige Frau zudem am 11. Mai ihren 70. Geburtstag.

Auch in einer Rezension zu *Doppelspiel* wird das von ihr angegebene Geburtsdatum 1907 aufgegriffen: »(...) die am 11. Mai 1977 siebzig Jahre gewordene, aus Czernowitz stammende Lyrikerin Rose Ausländer (...)«.[13]

Rose hält also noch elf Jahre vor ihrem Tod an dieser selbsterfundenen Legende fest! – macht sich sechs Jahre jünger, als sie ist, und läßt sich dazu sogar öffentlich gratulieren.

Oder I

Bist du mit den Hexen
im Bund
wenn sie auf einem Besen reiten
zum Höllenberg

oder mit den Feen
die nachts den Mondmann
besuchen
um mit ihm
Licht zu tanzen

oder
steigt der Mondmann
in dein Fenster
um dich mitzunehmen
in seinen Traum?

Die *Hexen, Feen* und *der Mondmann* zeichnen sich durch ihre Zauberkraft aus – mit deren Hilfe sie in eine andere Welt gelangen kann: *zum Höllenberg*, zum Mond und *Traum*. Mit ihrer Unterstützung vermag Rose die Grenzen ihres realen Lebensraums zu erweitern bzw. zu überwinden – welch untergeordnete Rolle spielen da schon sechs verschwiegene Jahre!

Lore Schaumann, ihre Freundin aus den frühen Düsseldorfer Jahren, erzählt von einem Besuch bei ihr: »Ihr Zimmer im vierten Stock hat ein Hospitalbett mit Nachtisch, im Kleiderschrank und auf der Kommode häufen sich die Papiere – ein dauerndes Provisorium, Krankenzimmer, Empfangsraum, Schreibwerkstatt. An der Wand ein paar leuchtende Bild-Akzente von HAP Grieshaber.

Rose Ausländer kann sich nur mühsam bewegen, meist liegt sie, von schwerer Schlaflosigkeit so sehr gequält, daß sie manchmal nicht weiß, wie sie durchhalten soll. Wer würde denken, daß in dieser Situation Gedichte entstehen? Aber sie wachsen aus dem Innenort verborgener Kämpfe, übersteigen ihn ins Zeitlose, sprechen aus einem existentiellen Kern unmittelbar in die Existenz anderer Menschen hinein. Da gibt es keine Spur von Wehleidigkeit, beschworen wird nicht nur das Paradies Erinnerung, sondern die gegenwärtige Kraft, sich zu erneuern, in verständlichen, leicht zu deutenden Worten und Bildern. (...) Und sie wundert sich über die eigenen unerklärlichen Reserven: ›Alles ist ein Geheimnis‹. Zu ihrer Arbeitsweise befragt, sagt sie: ›Ich schreibe fast nur nachts. Die erste Fassung steht in Gabelsberger Stenogrammschrift auf Zettelchen. Sie kristallisiert sich um einen Gedanken, einen Einfall. Manchmal steht der erste und der letzte Satz fest. Nach Tagen, wenn ich Distanz gewonnen habe, nehme ich die Zettelchen wieder vor. Dann kann es sein, das Gedicht ist fertig, so wie es ist. Oder ich vertausche die erste und die letzte Strophe, schreibe um, verbessere. Ob es bleibt oder ob ich es wegwerfe, entscheide ich später.‹

Rose Ausländer mischt in ihren Bänden Altes und Neues. Sie datiert ihre Gedichte nicht (...). Für den Auftrieb durch Preise ist sie ein lebendiges Beispiel. Die Äußerungen ihrer Leser haben ihr neue Kräfte gegeben: ›Es ist wert, zu leben und zu schreiben.‹«[14]

Noch bist du da

Wirf deine Angst
in die Luft

Bald
ist deine Zeit um
bald
wächst der Himmel
unter dem Gras
fallen deine Träume
ins Nirgends

Noch
duftet die Nelke
singt die Drossel
noch darfst du lieben
Worte verschenken
noch bist du da

Sei was du bist
Gib was du hast

Obwohl Rose sich rein äußerlich von den Menschen und Landschaften zurückzieht, leben sie weiter in ihr, reist sie auf dem *Papier* im *Reisebett* zu ihnen:

Papier

Papier ist Papier
aber es ist auch
ein Weg
zu den Sternen
zu Sinnbild und Sinn
blinden Geheimnissen
und
zu den Menschen

Noch einmal besucht sie in ihrer Phantasie ihr geliebtes Italien – bereist es in ihren Träumen, *der wahren Wirklichkeit.*

Immer träume ich zurück
zu deinen Städten
Venedig Rom Florenz
Siena Neapel

Rose träumt sich zurück in ihr *Venedig*, das nicht versinkt:

Mein Venedig

Venedig
meine Stadt

Ich fühle sie
von Welle zu Welle
von Brücke zu Brücke

Ich wohne
in jedem Palast
am großen Kanal

Meine Glocken
läuten Gedichte

Mein Venedig
versinkt nicht

Ihr *Venedig* ist für sie jetzt, nachdem sie es nicht mehr besuchen kann, eine fiktive Stadt, die in ihren Vorstellungen, Erinnerungen und Träumen entstanden ist: eine Stadt, die das Wohnen *in jedem Palast* ermöglicht, in der *Gedichte* entstehen und die für sie nie untergehen wird.

Venedig in seinem Zerfall wird so zum Sinnbild der von ihr erschaffenen unsterblichen Welt, die in ihren Träumen auch gegen Krankheit und Tod bestehen kann. Ihre proklamierte Unsterblichkeit ist ein Beweis dafür, daß sie nicht aus der realen Welt stammt, sondern aus einer Traumwelt, die sich von der im Gedicht dargestellten Wirklichkeit noch einmal abhebt. In dem Gedicht *Venedig II* stellt sie diesen Unterschied deutlich heraus:

Venedig II

Venedig sehen
und leben
um Venedig wiederzusehen

Zahllose Brücken
über enge Kanäle

Das Wunder:
St. Markus-Platz im Taubenschaum
Diese Dome
Kranz der Paläste
Stimmen aus Glocken

Sie wecken dich
aus dem Traum
dies sei ein Märchen

Träum weiter
das Märchen Venedig

Einerseits erscheint die dichterische Realität von Venedig mit ihren *Wundern* als ein *Märchen*, so unwirklich sehen diese architektonischen Schönheiten aus: *St. Markus-Platz im Taubenschaum / Diese Dome / Kranz der Paläste / Stimmen aus Glocken*, andererseits muß es doch ein *Märchen Venedig* geben, das nicht mit dem Traum, *dies sei ein Märchen*, identisch ist, denn das Ich wird aufgefordert: *Träum weiter / das Märchen Venedig*, dessen Existenz damit nicht bezweifelt wird.

Dieses *Märchen Venedig* ist für Rose das unsterbliche Venedig, das mit seinen *Glocken* die gleiche poetische Botschaft wie ihre Gedichte verkündet, ganz im Sinne des Dichters als Mitschöpfers der Welt gesehen.

Auch reist sie noch einmal zurück zu den *Niagara Falls*, wo sie sich einst endgültig für ihren Wohnort in der *Mutter Sprache* entschied.

Niagara Falls III

Betäubender Tag

Drei
bunte Himmelssäbel
schneiden ins Fleisch
der stürzenden Flut

Schnaubend
in weißer Gischt
fällt ins Wasser
die Zeit

die Zeit fällt ins Wasser – die Zeit, die sie selbst ist, da *die Zeit (...) nicht* ist, *fällt* sie in die Bewegung, in die Verwandlung und erlaubt ihr damit, selbst unsterblich zu werden:

> Die Sterne
>
> *(...)*
> *Sie nehmen teil*
> *an der Zeit*
> *die ein Märchen ist*
> *aus Bewegung*

Rose besucht in ihren Traumworten noch einmal all die Städte und Landschaften, die sie liebt: Paris, Barcelona, wo *das Volk tanzt,* die Küste Israels und die Ufer des Rheins. Auch die Akropolis und die Riviera, *es lacht der Harlekin / hinter der Sonne,* stehen auf ihrem Programm. Reisenderweise hält Rose die Welt in den Händen, und ihre Wege *führen ins Wunder.* Doch zuweilen flüstert ihr angsterfüllt ihre innere Stimme zu: *Spute dich / es ist spät.* Deshalb durchwandert sie auch Städte, für die es real gesehen zu *spät* ist. Endlich besucht sie in ihren Träumen *Prag*:

> *Immer träumte ich nach Prag*
> *immer kam etwas dazwischen*
> *Zeitnot Krankheit Krieg*
>
> *Kafka stand*
> *vor dem Hradschin*
> *verirrter Himmelsbote*
>
> *Ich schwöre*
> *beim heiligen Franz*
> *ich kann die Mauern*
> *nicht durchbrechen*
> *die Zauberkünste schlafen*
>
> *Dort träumen Dichter*
> *ihre Wunder*
> *Gut mit ihnen*
> *Kirschen essen*

Trauert Prag
um meinen Traum?
Mein Traum
trauert um Prag

Bei diesen Traumreisen, die sie auf dem *Papier* unternimmt, erscheint die Frage nach der Langeweile absurd:

Langeweile

Langeweile
was ist das

Du siehst
Menschen
Bäume Himmel
hörst Worte Lieder
du bewunderst
ein Bild ein Gedicht
erkennst
daß alles sich bewegt
und du bewegt wirst
ein Fünkchen Leben
aus der Lebensflamme

Wie
kann es
langweilig sein

Du merkst nicht

Du spürst nicht
daß der Schnee der Jahre
in dein Haar fällt
und merkst nicht
wie die Sonne
deinen Weg verbrennt

Im Licht
schwimmst du hinaus ins Meer
verstehst dich mit Delphinen
und merkst nicht
daß das Wasser finster wird

Kommst zurück zur Erde
die du liebst
und merkst nicht daß sie
weggewandert ist
und du an ihrem Rand stehst

Du steigst hinauf
zum schneebestirnten Gipfel
bewunderst das Panorama
unten das grüne Tal
und merkst nicht
daß ein Grab geschaufelt wird

Rose, die das reale Gespräch mit ihren Freunden oder auch mit den Lesern immer stärker einschränkt, lebt trotzdem im *endlosen Dialog* mit dem *Du*, der unaufhörlich fortgeführt und ausgeweitet wird:

Wunsch I

Wenn ich bedenke
wie viele Wörter verlorengehn
wie wenige bleiben im Erdohr
an dem mein Hören teilhat

Wenn ich bedenke
es gibt diese wenigen
Worte es gibt
diese Luft für ihren
und meinen Atem

Wenn ich bedenke
es gibt die Worte
wir
schön
zusammen

Ich möchte sie mit dir
teilen

Das Du hat in ihrem Spätwerk eine Vielzahl von Bedeutungen. Es ist das Gegenüber und Mitgeschöpf als Blume, als Vogel, als Erde und als Mensch, Bruder und unbekannter Freund.

Aber es ist auch das Ich der Dichterin selbst:

Du

Kennst du
das Märchen
vom Du

Du
bist es

Denn durch das *Du* erfährt sich das Ich sogar *doppelt*, wie Rose empfindet:

Vergiß II

Vergiß
daß dein Zimmer
Wände hat
leg seinen Raum
an dein Herz

Die Luft hat
eine duftige Melodie
Sing sie

Kommt ein Freund
bist du doppelt da
Er geht
und bleibt zurück

Auch als sie die Menschen, von wenigen Ausnahmen abgesehen, nicht mehr zu sich läßt, leben sie in ihrem *kleinen* Zimmer, das *ein Riesenreich* ist.

Mein Reich

Auf meinen Wänden
blühen Bilder

Poeten dichten
im Regal

Ich schaue lese
spreche mit den
schaffenden Gefährten

Mein kleines Zimmer
ist ein Riesenreich

Nicht herrschen will ich –
Dienen

Bis zu ihrem Lebensende gilt ihr tiefstes Interesse den Menschen: Die Menschen sind *Rätsel / die ich lösen möchte.* Nachdem ihr *Fuß versagt*, reitet sie auf dem *Drachen* und lenkt seinen Flug *zu meinen Menschen.*

Zurück IV

Immer komm ich
zurück
zu den Gefährten

den entrissenen
den verbliebenen
den noch nicht erworbenen

Als Rose ihr Zimmer nicht mehr verläßt, holt sie einfach die Welt in ihr *kleines Zimmer* herein – sie schmeckt auch dort den gelben Honig der Sonnenfedern, hört den Gesang der Vögel, die traurige Melodie des Regens, freut sich am Duft der Blumen, begleitet die Wolken auf ihrer Reise oder zieht selbst in ihren Träumen wie die Vögel gen Süden. Auch die Schönheiten und Eigenarten der verschiedenen Jahreszeiten nimmt sie wahr: Ein fremder Vogel bringt ihr April auf

Flügeln. Wenn *der Flieder erwacht*, ist der Mai da. Der Sommer sprießt *rosenhäutig*, und im Herbst fallen *Rostblätter (...) / aufgehoben vom Wind / der alles ins Nebeltuch / wickelt.* Im Winter vereinen sich dann alle Farben *zu einem weißen / Regenbogen*, und *es schneit / in mein Herz.*

Rose erfindet in diesem *kleinen Zimmer* stetig *Neue Verse / und Wunder.*

Zirkuskind

Ich bin ein Zirkuskind
spiele mit Einfällen
Bälle auf – ab

Ich geh auf dem Seil
über die Arena
der Erde

reite auf einem Flügelpferd
über ein Mohnfeld
wo der Traum
wächst

Werfe dir Traumbälle zu
fang sie auf

1978 werden ihre *Traumbälle* erneut »aufgefangen«: Sie erhält die Ehrengabe des Kulturkreises im BDI. Außer dem Gedichtband *Mutterland* und der Kassette *Es bleibt noch viel zu sagen*, die im »Literarischen Verlag Braun« erscheinen, wird ihr erstes Taschenbuch *Aschensommer* im dtv-Verlag herausgegeben, das von Bernd Mosblech ausgewählte Gedichte enthält. Mit dieser Ausgabe werden breitere Leserschichten, vor allem auch ein jüngeres Publikum angesprochen. Roses Bekanntheitsgrad steigt unaufhörlich: Es bilden sich sogar in einigen Städten feste Lesergemeinden. Die Zuschriften, die sie von Lesern erhält, sind nach Helmut Brauns Schätzung »mehr als 5000 Briefe seit 1965«.

Briefe I

Ich bin eine Weltreise
aus Briefen
fliege zu euch
mit meinem Wort

schenke euch
Länder Wälder Vögel
nur der Atem
bleibt noch bei mir

Eure Briefe denken mich
bis in den Traum
der aus ihnen
Märchen macht

1979 wird im »Literarischen Verlag Braun« eine Zusammenstellung überarbeiteter und neuer Gedichte unter dem Titel *Ein Stück weiter* veröffentlicht.

Im folgenden Jahr erscheint *Einverständnis* und ein weiterer bibliophiler Band der Pfaffenweiler Presse.

1980 wird der »Literarische Verlag Braun« aufgelöst. Doch ihre Zusammenarbeit mit Helmut Braun verliert dadurch nicht an Intensität. Er setzt sich dafür ein, daß der S.-Fischer-Verlag die Herausgabe des Gesamtwerkes übernimmt, als deren Herausgeber er weiterhin arbeitet. Auch alle weiteren Originalausgaben erscheinen zukünftig im S.-Fischer-Verlag.

Rose erweist sich bei der Vertragsaushandlung als sehr geschäftstüchtige Frau: Die 6%, die ihr der Verlag als Honorar anbietet, akzeptiert sie nicht und besteht auf 10%.

Zur Vertragsunterzeichnung kommen Ivo Frenzel und Dr. Thomas Beckermann als Vertragsunterzeichnende des S.-Fischer-Verlages zu ihr ins Nelly-Sachs-Haus. Anläßlich dieses Ereignisses weist Ivo Frenzel darauf hin, daß sie die erste lyrische Autorin des Verlages sei, die bei Neuaufnahme 10% Honorar erhält. Schlagkräftig kontert sie: *Und für mich ist es das erste Mal in meinem Leben, daß mir ein Verlag weniger als 10% Honorar anzubieten wagt!*

Im selben Jahr erlebt Rose auch eine neue Ehrung: Die Stadt Bad Gandersheim verleiht ihr während der Buchmesse die Roswitha-Medaille. Die Laudatio auf Rose, die selbst nicht anwesend ist, hält im Frankfurter Römer Gisela Lindemann: »Eine Feierstunde abzuhalten, in deren Mittelpunkt die Übergabe eines Preises steht, ohne daß die Preisträgerin anwesend sein kann, ist eine heikle Angelegenheit, denn sie entbehrt ihres Kerns. Rose Ausländer, achte Trägerin des Literaturpreises der Stadt Gandersheim, ist durch ihre schwere Krankheit daran gehindert, heute hier zugegen zu sein. So wird die Veranstaltung zu einem Akt der Stellvertretung, und der leere Platz wäre allenfalls zu besetzen durch das, wofür die Autorin ausgezeichnet wird: ihr literarisches Werk, im wesentlichen ein lyrisches.«[15]

– das jedoch im eigentlichen Sinn ihr Dasein ersetzt.

Jetzt, wo sie sich *Im Spalt zwischen Grab und Grün* befindet, hat Rose sich endgültig in Worte verwandelt, um so *das Leben lernen* und ihm die *unwiderstehliche Wahrheit* abringen zu können.

Die immer drängender werdenden Gedanken an den Tod rufen in Rose eine um so heftigere Liebe zum Leben hervor. Manchmal, wenn ein *schwarzer Engel* sie am Schreiben hindert und ihr somit das Vorgefühl des ewigen Schweigens vermittelt, erwacht in ihr neue Kraft, kann sie ihre Ängste beherrschen und durch Hoffnung überleben.

Denn sie fühlt deutlich, daß der Tod jetzt zu früh käme, da noch nicht alles geschrieben ist.

Da sie jedoch stets mit dem Gedanken an den Tod spielt, läßt sie bei jedem neuen Vertragsabschluß für ein Buch die Klausel einfügen, daß es auch erscheinen muß, falls sie zwischenzeitlich sterben sollte.

Hoffnung II

Wer hofft
ist jung

Wer könnte atmen
ohne Hoffnung
daß auch in Zukunft
Rosen sich öffnen

ein Liebeswort
die Angst überlebt

Seit 1978 ist sie endgültig bettlägrig – was zu Anfang eine willentliche Entscheidung ist, erzwingt jetzt der geschwächte Körper. Und trotzdem liebt sie das Leben nach wie vor.

Als Lore Schaumann 1981 ihr wirkliches Geburtsdatum aufdeckt, ist Rose darüber so verärgert, daß sie den Kontakt zu ihr vollkommen abbricht. Lore Schaumann veröffentlicht am 9.5.1981 in der Rheinischen Post den Artikel »Ihr Geist hat Flügel« und gratuliert darin Rose zum 80. Geburtstag. Da Rose nach wie vor öffentlich an ihrem Geburtsdatum 1907 festhält, empfindet sie die von Lore Schaumann spitzbübisch formulierte Gratulation wie einen Verrat.

Helmut Braun weiß zu diesem Zeitpunkt bereits das wirkliche Geburtsdatum, da Rose ihm seit Ende 1980 erlaubte, ihre Unterlagen und Manuskripte zu sichten, die sich in einem vollgestopften Schrank befanden.

Dort fand er eine Kopie der Geburtsurkunde sowie einen Paß, respektierte jedoch ihre Entscheidung, an dem falschen Datum festzuhalten.

Viele Zeitungen stürzen sich natürlich auf diese Meldung von Lore Schaumann, die das Datum weiß, da sie seit Mitte der 60er Jahre mit ihr befreundet ist. Wie empört Rose darüber ist, können wir daraus schließen, daß jeglicher Versöhnungsversuch von seiten der Schaumann rigoros von ihr abgelehnt wird.

Rose fällt es schwer, ihr Alter zu akzeptieren. Sie will wohl alt werden, aber nicht alt sein. Erhebliche Verdrängungskünste sind nötig, um diese Tatsache und die natürliche Rhythmik des Lebens so konsequent zu übersehen. Deshalb ist sie natürlich entsetzt und tief enttäuscht, daß Lore Schaumann ihr öffentliches Blindekuhspiel aufdeckt. Sie, die Lore Schaumann dankbar sein könnte, da sie jetzt nicht mehr an ihrer Lebenslüge festzuhalten braucht, ist im Gegenteil empört, weil sie ihr nicht beim »Weiterlügen« hilft. Doch diese Projektion vermag Rose nicht aufzulösen, und vielleicht sind deshalb ihre Nieren dazu gezwungen, es für sie zu tun.

Wegen einer Nierenfunktionsstörung muß Rose ab 1981 bis zum Frühjahr 1983 starke Medikamente einnehmen. Diese haben als Nebenwirkung eine Betablockerfunktion, d.h., Rose dämmert diese zwei Jahre dahin, ist apathisch, kaum ansprechbar, schläft meistens, kann nicht mehr schreiben. Die Freitagsbesuche von Helmut Braun, die seit ihrer Bettlägrigkeit ein fester Bestandteil ihrer Woche sind, nimmt sie kaum mehr wahr. Helmut Braun erzählt: »Entweder schlief sie, wenn ich kam, oder sie konnte nur wenige Minuten dem Gespräch folgen und schlief dann ein, ohne meinen Abschied zu bemerken.«

Vor dieser Zeit sind ihr seine Besuche so wichtig, daß sie schon bei wenigen Minuten Verspätung, die bei einer Autofahrt von Köln nach Düsseldorf im Feierabendverkehr nicht zu vermeiden sind, sofort bei ihm zu Hause anruft und ins Telefon sagt: *Wo bleibt er?* und ohne Gruß wieder auflegt. Auch seine Urlaubsfahrten, die ihn ja automatisch von ihr fernhalten, akzeptiert sie nur sehr widerwillig.

Doch in dieser Zeit nimmt sie keinen Anteil mehr. Selbst die jährlichen Besuche ihres Bruders aus Amerika, auf die sie sich immer besonders freut, verlaufen fast wahrnehmungslos.

Max Scherzer besucht von 1975 bis 1987 regelmäßig pro Jahr seine Schwester für 4 bis 6 Wochen. Er wohnt dann im Nelly-Sachs-Haus in einem Gästezimmer. Während seines Aufenthaltes muß er sich voll und ganz seiner Schwester widmen.

Ansonsten erwartet Rose, daß er an ihrem Bett sitzt, ihr vorliest, sie reden, und er soll ihr die Hände halten.

Als im Frühjahr 1983 die Wirksamkeit des Medikamentes nachläßt und deshalb auf ein anderes Präparat gewechselt wird, hören diese Symptome schlagartig auf. Jetzt erst erkennt man die wahre Ursache ihrer Schreibpause – das verabreichte Medikament war schuld gewesen.

Keine Gedichte
im Augenblick
ich will leben

Morgen
vielleicht
glückt das Wort
weißes Blatt
Wald voller Vögel

Ich
spitze die Ohren
sehe mit den
Eulenaugen der Nacht

keine Gedichte
Morgen
vielleicht

Keine Gedichte / im Augenblick – eine angstvolle Feststellung, da Nicht-schreiben-Können soviel wie Nicht-leben-Können bedeutet, weil der *Raum* fehlt, *wo man atmen kann.*

Diesen *Raum* hat sie in jenen zwei Jahren von 1981 bis 83 verloren – sie konnte nicht schreiben, die Worte blieben aus.

Diese angstvolle Erfahrung mobilisiert ihre ganze Lebensenergie, mobilisiert alle Kraftreserven ihres geschwächten Körpers, denn sie *will leben*, um ihr Werk zu Ende schreiben zu können. Langsam erholt sie sich wieder »und begann fortzusetzen, was sie ein Leben lang getan hatte: Gedichte zu schreiben.«[16]

Diese Erfahrung des Nicht-mehr-schreiben-Könnens, die sie ja jetzt zum zweiten Mal erlebt – gibt ihr in den verbleibenden Jahren die Kraft, sich auf das ihr Wesentlichste zu konzentrieren: Die Angst im Nacken, *keine Gedichte* mehr schreiben zu können, ehe ihr *Traum* erfüllt ist, wird zum Motor ihres erneuten Schaffens. Sie *will* ihren Weg zu Ende gehen, will erst ruhen, wenn sie wirklich bei sich selbst angelangt ist:

Warum schreibe ich? Weil ich, meine Identität suchend, mit mir deutlicher spreche auf dem wortlosen Bogen.

Im Augenblick keine Gedichte schreiben zu können heißt soviel wie, *im Augenblick* sich selbst nicht wahrzunehmen, sich selbst nicht zu verstehen, heißt, sich *im Augenblick* verloren zu haben.

Morgen, so hofft sie zu Beginn der zweiten Strophe, *glückt das Wort. Morgen – vielleicht* – die Hoffnung, daß sich das *weiße (...) Blatt* füllt, wird von der Angst des *vielleicht* begleitet.

Doch Rose füllt es wieder, füllt es mit *Worte(n) / aus Buchen und Fichten / vom ›Buchenland‹ / von den Wogen / des Atlantischen Ozeans / von Brücken und Palästen / Venedigs / von Israels / horatanzender Jugend / aus meinem Traum / vom Frieden.*

Morgen vielleicht – wird sie wieder das Glück, sich selbst zu finden, verspüren, darf auf dem heute noch *weiße(n) Blatt* wieder ihren *Wald voller Vögel* erkennen. Dieser *Wald voller Vögel* liegt in ihr selbst begraben, ist ihr noch unbearbeitetes Bewußtsein, das wie die *Vögel* nach oben fliegen will, um das *weiße (...) Blatt* zu füllen. *Ich /spitze die Ohren* – Rose lauscht angespannt nach innen, um ja auch die leisesten Töne zu vernehmen –, *sehe mit den / Eulenaugen der*

Nacht, um selbst in der tiefsten Dunkelheit jede geringste Bewegung erspähen zu können.

Ab 1983 siegt wieder *das Morgen* – zuerst tastet sie sich zaghaft an ihre noch verbliebenen Möglichkeiten heran, doch immer deutlicher fühlt sie: *Du schreibst und schreibst / du wirst / dich nie / zu Ende schreiben // Deine Jenseitssilben / wirst du / dem Gras diktieren.*

Jetzt ist sie sich sicher:

Wenn ich vergehe
wird die Sonne weiter brennen

Die Weltkörper werden sich
bewegen nach ihren Gesetzen
um einen Mittelpunkt
den keiner kennt

Süß duften wird immer
der Flieder
weiße Blitze ausstrahlen der Schnee

Wenn ich fortgehe
von unsrer unvergeßlichen Erde
wirst du mein Wort
ein Weilchen
für mich sprechen?

Mit der Gewißheit, *ein worterwähltes Wesen* zu sein, das sich *eigene Sterne* schaffen kann, die leuchten, verliert Rose ihre Angst vor dem Tod.

Vollkommen

(...)
Der Mensch
ein worterwähltes Wesen
mit komplizierten Zeichen
umarmt die Erde und
schafft eigene Sterne

Rose, die jetzt den Atemhauch des Todes im Nacken spürt, *Schatten /machen dich bang*, schreibt erneut, denn sie hat für sich erfahren, *Aber vergiß nicht / es gibt ja / das Licht.*

Mit hartnäckigem Schreibmut ausgestattet, versucht sie das Unmögliche: *Mit meinem Haar / näh ich / die zerrissene Welt / Loch an Loch / zusammen*, wohlwissend, daß *(...) die Welt / platzt an allen Nähten*. Trotzdem oder gerade deshalb *Vergiß das Grab / das sich nach dir sehnt / und spiele mit / im harten Lebensspiel.*

Färben II

Ich schneide grün die Bäume
schaffe rosa Mädchen
blaue Verse

Ich färbe hell den Schnee
die Sonne gelb
finster die Nacht

Ich breche Silberflüsse
aus dem Weltenwasser
und goldne Berge
aus dem Himmelsglanz

Ich ruhe nimmer
färbe braun die Erde
das Brot

Da während jener Schreibpause viele neue Bücher von ihr erscheinen, nimmt das Lesepublikum ihr durch Medikamente bedingtes Verstummen gar nicht wahr.

1981 erscheinen zwei weitere Bände der Pfaffenweiler Presse, *Nacht*, in einer nur 225 Exemplare umfassenden Auflage, und *Einen Drachen reiten*, von dem 1000 Bände gedruckt werden.

Im Fischer-Verlag erscheint *Mein Atem heißt jetzt* und im Fischer-Taschenbuch-Verlag *Im Atemhaus wohnen.*

Ihr Band *Andere Zeichen* wird von O.F. Babler ins Tschechische übersetzt.

1982 kommt der Band heraus, den ich als ersten von ihr kennenlernte: *Mein Venedig versinkt nicht.* Im Fischer-Taschenbuch-Verlag erscheint mit einem Nachwort von Helmut Braun *Mutterland / Einverständnis* und in der Pfaffenweiler Presse *Südlich wartet ein wärmeres Land.*

Der letzte Band von Rose in der Pfaffenweiler Presse *So sicher atmet nur Tod* erscheint 1983.

Nachdem Rose, durch das Medikament bedingt, aus ihrer Kreativität herausfiel, ist ihr erneutes Schreiben ein Herantasten und ein Sich-wieder-Zurechtfinden in ihren Schreibmöglichkeiten und ein erneutes Einleben in ihre Kreativität.

Dieser Prozeß, der zwischen ihrem Schreiben vor 1981 und ihrem Schreiben nach 1983 angesiedelt ist, dokumentiert sich in dem Band *Ich zähle die Sterne meiner Worte*, der 1985 im Fischer-Taschenbuch-Verlag veröffentlicht wird.

Diese Gedichte schreibt sie im Jahre 1983 innerhalb weniger Monate – sie bilden das Bindeglied zwischen *Keine Gedichte* und *Innengeburt.*

Innengeburt

Unser tägliches Brot
Honig und Milch
Wein und Gebet

Wir Erdenkinder
lieben
alles Leibliche

und die
innengeborene
Sprache

Jetzt, wo sie nicht mehr aus dem Fenster schauen kann, blickt sie in ihren *Spiegel* und findet auch dort *Wolkenwangen / Sonnenaugen / Luftlippen / Windohren*, der diese *in alle Winde* strahlt.

Heller

Nur der Schatten
blieb
als das Licht
verloren ging

Im Dunkel
träumt es sich
heller

Dort *im Dunkel* erscheint die *innengeborene Sprache* in hellerem Licht, wird sie klarer, weil alles Nebensächliche abfällt und nur noch der *Kern der Wahrheit*, der *eine Welt / erschafft*, übrigbleibt.

Du bist
unwiderstehlich
Wahrheit

Ich erkenne dich
und nenne dich
Glück

Diese jetzt anderen Gedichte sind ihre Fingerübungen für das erneute Schreiben.

Jetzt, da ihre Finger deutlich von ihrer Arthritiserkrankung gezeichnet sind, kann sie ihren Stift nur noch zwischen Zeige- und Mittelfinger klemmen, da die Finger fast vollständig unbeweglich sind. In einer Kürzelschrift notiert sie ihre Einfälle in ein kleines Büchlein, die sie dann freitags Helmut Braun diktiert. Er schreibt die Gedichte mit, bringt ihr in der darauffolgenden Woche die getippte Fassung, die sie dann im Anschluß so lange korrigiert, bis sie damit zufrieden ist.

Die endgültige Fassung versieht er dann mit dem Datum. Erst seit dieser Zeit wissen wir wirklich das Entstehungsdatum, da sie zuvor ihre Gedichte nie datierte.

In dieser erneuten Schreibphase knüpft Rose noch einmal Kontakt zur Außenwelt. Ohne Helmut Braun davon zu erzählen, der ja ansonsten alle Korrespondenz sowie persönliche als auch verlagsmäßige Termine für sie vereinbart, ruft sie Raimund Hoghe an, der als freier Mitarbeiter für die »Zeit« arbeitet, und bittet ihn zu einem Gespräch:

»(...) Nach einiger Zeit fragt die Lyrikerin: ›Soll ich Ihnen Gedichte vorlesen? Ich weiß nicht, ob ich sie Gedichte nennen darf, es sind ganz kurze Sachen.‹ Titel habe sie für diese Arbeiten nicht, erklärt sie, dreht sich zur Seite und greift nach einem kleinen farbigen Block auf dem Rollwagen neben dem Bett, schlägt ihn auf und nimmt ein Vergrößerungsglas zur Hand. Ich sehe auf mein Notizbuch. Rose Ausländer diktiert: Ich bin ein Baum / und atme mein / flüsterndes Laub / Vom Himmel kommt ein Engel / und küßt / meine Wurzeln

(...)

Die meisten Gedichte habe sie in zwei Nächten geschrieben, berichtet die Lyrikern. ›Ich arbeite immer in der Nacht – ich kann tagsüber nicht schreiben.‹ Und wie immer seien die Verse zu ihr gekommen, nicht umgekehrt. ›Ich komme nicht zu den Gedichten, die Gedichte kommen zu mir.‹ Erzwingen könne sie das nicht – ›ich kann jetzt vielleicht ein Jahr warten, bis wieder etwas kommt‹, sagt Rose Ausländer, die Worte nicht erzwingen kann – und am Ende doch immer wieder findet. ›Im Himmel / wo die Welten / blühn / hab ich / mein Wort / entdeckt / Es sagt / ja und nein‹

(...)

Ob sie noch weiterlesen solle, fragt Rose Ausländer. Ja, antworte ich und werfe ein, daß ich manchmal nicht wisse, wo eine neue Zeile im Gedicht beginne. Das solle ich nur nach meinem Gefühl machen, meint sie und diktiert weiter Gedichte: kostbare Miniaturen, bestechend in ihrer Einfachheit, Klarheit und Knappheit, weder moralisierend noch abgeklärt, sondern immer voller Lebenshunger, Offenheit, Wunden. ›Meine Ahnen waren unbescholten / Ich habe den Tau ihrer Tränen geerbt‹, schreibt die Lyrikerin, sieht die Blindheit der Welt noch immer ›mit nackten Augen‹ und spürt auch noch im Alter ›die große Fremdheit in der eigenen Haut‹ – ohne aufzugeben, zu resignieren, zu kapitulieren. 82 Jahre, hält sie fest an ihren Träumen, Wünschen, Erwartungen.

›Immer warte ich / auf Wunder / die kommen müssen / wenn sich / Musik erfüllt / zur Zeit / der nackten Blüte‹

Nein, noch hat Rose Ausländer nicht abgeschlossen. Sie, die seit Jahren mit der Krankheit, dem Schmerz, dem Tod lebt, kämpft: auch gegen alle medizinischen Prognosen, Wahrscheinlichkeiten, Realität – ohne die alltägliche Härte zu verbergen. ›Es ist ein Unglück, ans Bett gefesselt zu sein‹, stellt sie fest, berichtet von den Nächten, in denen sie keinen Schlaf findet, und weiß: ›An der Hüfte rührt der Tod mich an.‹ Sie sagt das ohne Pathos und Wehleidigkeit, eher beiläufig und selbstverständlich, richtet sich in ihrem Bett auf und liest:

›Ich habe / dich geliebt / bis ins letzte / Jahrhundert / sagt / das Maiglöckchen / und gibt mir / sein Gift / Ich sterbe nicht

(…)

Der Tod habe sich auf sie eingestellt, aber sie habe sich noch nicht auf ihn eingestellt, erklärte Rose Ausländer bei einem Besuch vor zwei Jahren. Ihre Neugier und Lust auf die Welt, das Leben, Menschen erinnert an die eines Kindes. Und an ein Kind erinnert sie manchmal auch dann, wenn sie in ihrem Bett liegt und den Kopf wiegt, zugleich sehr alt und sehr jung erscheint, müde und hellwach.

Als ich sie frage, ob ich sie noch photographieren dürfe, sagt sie sofort ja und spielt mit der Kamera, lächelt wie ein junges Mädchen ins Objektiv und erklärt nachher: ›Frauen sind eitel.‹ Sie sei es auch jetzt noch, bekennt die 82jährige, und alt zu sein, sei nicht schön. Die Erfahrung, daß ›die Kraft meiner vielen Jahre‹ wächst, verändert daran nichts. In Sicherheit bringt sie sich mit dieser Kraft ohnehin nicht. Sie hält sich verwundbar und verteidigt ihre Ansprüche und Sehnsucht.

›Laß mich / dir entgegenblühn / Schönheit / Es heißt / blühn und / sterben‹

›Diese Blume ist augenschön‹, beginnt Rose Ausländer eines ihrer neuen Gedichte. Einer der Blumensträuße neben dem Bett steht ein wenig abseits von den anderen in einer weißen Vase. Blumen des Bruders. Eine Woche seien sie alt und noch immer frisch, stellt sie mit Blick auf die Nelken neben sich fest, und erzählt von dem in New York lebenden jüngeren Bruder Max, der sie wie in den vergangenen Jahren auch in diesem Sommer wieder für sechs Wochen besuchte. ›Ich vermisse ihn‹, bekennt sie zwei Tage nach seiner Abreise. Wie kein anderer habe er sich um sie gekümmert, ihr vorgelesen am Abend und in der Hitze des Tags Luft zugefächelt, berichtet sie und sagt ganz einfach:

›Er fehlt mir sehr.‹

›Komm / einen Atemzug näher / ans Licht / Schwester / sei kühn / und unnahbar‹«.[17]

Raimund Hoghe besuchte auch schon 1980 die Dichterin und schrieb damals: »Der Tod habe sich auf sie eingestellt, sagt sie im Gespräch – ›aber ich habe mich noch nicht auf ihn eingestellt‹. Sie sei noch nicht bereit zu sterben. In einem ihrer Gedichte schreibt die Neunundsiebzigjährige: ›Vom Tod umworben / ich sehne mich / nach vollerem Leben / nach Gesprächen / mit nahen Menschen‹.

Daß sie noch nicht abgeschlossen hat mit dem Leben, nicht resigniert, nicht kapituliert, dokumentieren eindrucksvoll ihre beiden Bände: ›Ein Stück weiter‹ und ›Einverständnis‹. Zu lesen sind sie auch als Zeichen des Widerstands: des Widerstands gegen das Sterben, gegen die Selbstaufgabe angesichts einer bedrängenden Wirklichkeit.«[18]

Im selben Jahr noch erhält sie den Literaturpreis der Bayerischen Akademie der Schönen Künste. Die Verleihungsurkunde übergibt der Präsident der Akademie, Heinz Friedrich, an Frau Schöller vom Fischer-Verlag, die diese für Rose Ausländer in Empfang nimmt.

Der Text des Literaturpreises lautet:

»Die Bayerische Akademie der schönen Künste verleiht Rose Ausländer den Literaturpreis 1984.

Rose Ausländer feiert in Gedichten von gedanklicher Präzision und sprachlicher Schönheit die verzweifelte Hoffnung auf das menschliche Wort.

Ungebrochen von der in jungen Jahren erlittenen Verfolgung, vom Schicksal der Wanderschaft durch die Alte und die Neue Welt, ist ihre Lyrik ein Lobpreis des Lebens, des Vertrauens in die Natur des Menschen, in das friedenstiftende Wort des Dichters. Dem mythischen Ursprung des Wortes, als dem Erkennungszeichen der Liebe zwischen den Menschen, ist sie zutiefst verbunden. Ihre Lyrik berichtet mit jedem Atemzug von jenem Adam, der erst begonnen hat ›da zu sein‹, als Eva aus seiner Seite sprang, ›um ihn zu lieben und sterblich zu machen‹. In den kurzen Zeilen der reimlosen Spätgedichte lebt nicht nur die amerikanische Moderne fort, in ihnen ist auch die Geschichte deutsch-jüdischer Literatur zwischen Traditionsanbindung und sprachlichem Experiment bewahrt, wie sie durch die Namen Else Lasker-Schüler, Nelly Sachs und Paul Celan repräsentiert ist.

Das Vaterland wurde Rose Ausländer früh genommen, sie aber lebt in ihrem ›Mutterland‹, dem Welten erschaffenden Wort.«

Rose läßt ihre Dankesrede durch Helmut Braun vorlesen:

Sehr geehrte Damen und Herren,

liebe Mitglieder der Akademie,

*Als ich mein erstes Gedicht schrieb, war ich siebzehn, ich lebte in Czernowitz, gedruckt wurde ein Gedicht von mir erstmals 1922, ich war 21 Jahre alt, in Minneapolis/St. Paul, ich war 38 und wieder in die Heimat zurückgekehrt, als mein erstes Buch erschien: ›Der Regenbogen‹. Die erste Kritik zu diesem Buch erschien 1940 in einer Zeitung in Genf, meinen ersten Literaturpreis erhielt ich mit 56 in New York – meinen bisher letzten mit 83, bettlägrig im Nelly-*Sachs-*Haus in Düsseldorf – es muß nicht unbedingt die letzte bleiben, ich bin jetzt leicht zu finden, meinen Aufenthaltsort kann ich lebend nicht mehr ändern.*

Zwischen 17 und 83 liegen die Meilensteine meines Dichterlebens: Gedichte, Bücher, Lesungen, Kritiken und Preise. Wieviele Gedichte? Der Herausgeber sagt circa 2500, Bücher wurden es bisher fast dreißig.

Die Zuschriften der Leser stapeln sich zu Tausenden, Antwort ist mir nicht mehr möglich, fast wöchentlich schickt der Verlag Kopien von Kritiken und da das Gedächtnis nachläßt – sehen Sie es einer vergeßlichen Frau nach – bekomme ich die Literaturpreise gar nicht mehr alle zusammen. Und was das Leben, die Jahre, die Gedichte, die Bücher, die Leser und die Kritiker nicht geschafft haben, das schaffen die Literaturpreise: Sie machen alt! Als die Preisvergabe durch die Medien bekannt wurde, habe ich mir die Kritiken und die Würdigungen vorlesen lassen – Rose Ausländer ist die große alte Dame der deutschen Lyrik, habe ich erfahren. Nun, ich habe viel erlebt, manches ertragen, werde auch dies überstehen. Heute, am 27. Juni, haben Sie sich in München versammelt, ein Quartett wird hoffentlich nicht ausgerechnet Brahms spielen, es ist warm und die steife Gesellschaft schwitzt vor sich hin, noch eine Festrede, noch eine Laudatio, noch ein Dank, mürrische Gesichter, höflicher Beifall – wahrscheinlich wird es nicht so sein, und wäre es doch so, glauben Sie mir, ich wäre heute gerne bei Ihnen und ließe mich ehren.

Ihre Auszeichnung hat mich spät erreicht, nicht zu spät – ich danke ihnen!«

Doch schon kurze Zeit später schwindet die erneut erwachte Lebenskraft von Rose merklich. Sie reagiert durch Rückzug in eine fast totale Isolation. Nur noch die Pflegeschwester Claudia, die Rose seit 1977 täglich von 16 bis 18.45 Uhr betreut, ihren Bruder und Helmut Braun, der freitags im Anschluß an Claudias Dienst kommt, duldet sie.

Da sie ihre Arbeit an den Gedichten vollenden will, konzentriert sie den Rest der Kraft, der ihr geblieben ist, auf ihr Werk.

Da ist kein Platz mehr für die Medien, kein Platz für Besuche, Briefe, Anrufe. Selbst auf alte Freundschaften verzichtet sie.

Ein junger Verehrer ihrer Lyrik, der sie, aus Freiburg kommend, besuchen will, steht Mitte der 80er Jahre mit einem Blumenstrauß beim Pförtner. Zunächst lehnt sie den Besuch ab, doch auf Claudias Drängen läßt sie ihn in ihr Zimmer kommen.

Als er im Zimmer ist, fragt sie: Was wollen sie? – Er: »Ich will Sie sehen!« – Rose: *Gut. Sie haben mich gesehen, jetzt können Sie wieder gehen!*

Dieses Beispiel zeigt, daß sie keine Besuche mehr wünscht. Sie will keine Ablenkung von ihrer dichterischen Arbeit, alles, was sie jetzt noch will, ist schreiben – ihren *Traum* zu Ende schreiben: *Genug / Herz verschleudert*

Aus einem heißen Schlaf
bin ich erwacht

Ich zähl die Sterne
meiner Worte
und widme mich
der Nacht

der Nacht – die Rose überwiegend zum Schreiben benützt:

Ich bin
die Königin der Nacht

Am Tag schlafe ich
und singe meinen Traum

Den Buchpreis der Evangelischen Gemeindebüchereien 1986, die Herausgabe ihres Gesamtwerkes im S.-Fischer-Verlag ab 1984 oder die Veröffentlichungen von bibliophilen Ausgaben und Taschenbüchern berühren sie nur noch kurz. Rose arbeitet 1985 und 1986 intensiv an ihrer Lyriksammlung *Ich spiele noch*, die im März 1987 erscheint und 120 Gedichte enthält. Ihre Gedichte sind knapp und eindringlich – es sind bewegende Texte, die die Urmotive und Urworte der Poesie aufgreifen: »Wieder spricht sie von der Erde, der Mutter, dem Atem, von Geburt und Tod, von Zauber und Traum. Und sie gewinnt diesem Ursprünglichen neue, überraschende Facetten ab, die diese Gedichte bestehen lassen als große, unvergängliche Poesie« – schreibt Helmut Braun zu diesem Band.[19]

Als ich
aus der
Kindheit floh
erstickte
mein Glück
in der Fremde

Als ich
im Ghetto
erstarrte
erfror
mein Herz
im Kellerversteck

Ich Überlebende
des Grauens
schreibe aus Worten
Leben

Das Lebensspiel ist kein neues Thema in ihrem Schaffen. Schon in einem 1977 veröffentlichten Gedicht schreibt sie: *Das Leben / spielt mich* – bis heute, gesteht sie. In ihrem *Spiel* können *alle Gesetze / gebrochen* werden, denn sie hat gelernt, *Durch / Wände zu gehen / Wolken zu / durchqueren / jenseits der / Himmel.* Sie, die sich heute als *ein törichtes Kind* bezeichnet, das mit Wörtern spielt, hat sich gefunden.

Der alte Mensch, der die Chance hat, wieder ein kindlich gewordener Mensch zu sein, ist der besinnliche Mensch – d.h., er ist der Mensch, der zur Be-sinn-ung kam, der jetzt durch sein Sehen und Hören nach innen den Sinn des Lebens, seinen Lebenssinn gefunden hat, ihn wahr-nimmt.

(...)
Wir werden
uns finden
wenn wir
Kinder
geblieben sind

und nur wenige Seiten später schreibt sie: *Ich bin / wieder Kind / mische Farben / für / einen Ball.*

Rose hat in ihren letzten neuen Gedichten den Mensch Rose Ausländer voll und ganz herausgeschrieben, hat ihn zu dem herausgeschöpft, der in ihr lag und zu dem sie werden sollte – »Werde, der du bist«.

Alle Botschaften, die in ihrer Tiefe lagen, hat sie durch ihre Worte herausgeholt.

Das
Traumkrokodil
kommt wieder
wie der April
wir spielen
am Ufer des Herzsees
zwei Kinder
ohne Arg

Alles *kommt wieder*: – *das Krokodil*, das *weint*, weil Rose ihm keine *Menschen kochte*, und das alles verschlang, außer *Gedichte – Lyrik* findet es unverdaulich – und der April, der auferstandene (…) Sohn / *der Zeit*. Einst im *April* erkannte sie: *nein eine selbständige Person / von sicherer Färbung / und Eigenheit* will sie sein, *nicht ein Chamäleon*. Heute *mischt* sie die *Farben / für / einen Ball*. Was vorher passiv erlebt wurde, *Das Leben / spielt mich*, wird jetzt aktiv gestaltet: *Ich spiele noch*, und die *Farben* für dieses Spiel *mischt* sie selbst.

Doch noch mehr *kommt wieder*, schließt sich *kreisend / im Kreis* – jedesmal, wenn Rose ein *Zauberzeichen* aus der Sternenwelt empfängt, weint sie *vor Freude*, weint, weil sie noch singen darf. Ansingen und *Aufatmen / wenn die Gefahr sich verbirgt / in einer Furche Hoffnung / und die Stirnwunde vernarbt*.

Alles *kommt wieder*, ihre ganze Kindheit steht im Alter als Bild wieder vor ihr: *ich sause im Karussell / den Rareu hinab*, so wie einst: *Ich brachte dich zum Rareu / Rübezahl / weißt du noch?* – *Winterkälte / wie einst in Czernowitz*.

Auch *das tote Hündchen / meiner Kindheit* spielt wieder eine Bedeutung, denn es *liebt mich*. Ihren ganzen *Traum / einer Kindheit* erlebt Rose im Alter auf einer höheren, da bewußten Ebene noch einmal – sie ist zurückgekehrt an ihren Anfang, der zugleich ein Ende ist, der in eine *Wiedergeburt* übergeht.

Kreislauf III

Wo bin ich
Wo bist du
Wo seid ihr

Hier
ist auch
dort

Wir kreisen ja

Wo bin ich – Rose selbst ist erneut bei ihrer reinen, kindlichen Seele angekommen, ist zurückgekehrt zu ihrem *Mond*.

Viele Gedichte Roses aus diesem Band thematisieren ihre Beziehung zum Mond – wobei auffallend ist, daß sie ihn sowohl männlich als auch weiblich erlebt:

Freundschaft / mit dem Mondmann und *Freundschaft / mit der Mondin*. Seine Polarität hebt sie in dieser Einheit der an sich männlichen und weiblichen Gegensätze auf: *Mit seidensanftem Licht / grüßt mich der Mond / wir sind Freunde.* Rose eint die polaren Kräfte im Bild des Freundes, der für sie sowohl männlich als auch weiblich ist. D.h., es gibt für sie kein Entweder–Oder mehr, sondern beides bildet eine Einheit. Die Einheit ist der Kreis ohne Anfang und Ende, der von Ewigkeit zu Ewigkeit fließt. In der Einheit gibt es keine Erkenntnis, nur Sein, da Erkenntnis ohne Polarität, ohne die Spaltung in Subjekt und Objekt, in Erkennenden und Erkanntes nicht möglich ist. In der Einheit hört alle Sehnsucht, alles Wollen und Streben auf – es gibt kein Außen mehr, nachdem man sich sehnen könnte, da alles im Kreis selbst fließt.

Rose, die in ihren letzten, neuen Gedichten die ursprüngliche Polarität des Mondes aufhebt, ist selbst ganz innen und in ihrer eigenen Seele angelangt, hat jetzt dort all das gefunden, was sie einst im Außen suchte. Der Kreis, der die Aufhebung der Polarität symbolisiert, steht für dieses allumfassende Bewußtsein, das auch das Unterbewußtsein miteinschließt und daher grenzenlos und ewig ist.

Ab dem Tag, wo das Kind Ich sagt, steht ihm ein bewußtes Du gegenüber, das als Außen erlebt wird. Rose, die jetzt dieses Ich und Du bzw. das Innen und Außen wieder aufhebt, hat sich selbst gefunden, da das Selbst alles umfaßt. Das Ich dagegen verhindert durch seine Abgrenzung gerade das Erkennen des Selbst, des Ganzen.

Ihre Rückkehr zur alten Freundschaft bedeutet daher die Rückkehr in ihre Kinderseele, und nur dieser bewußt gegangene Weg ebnet seinerseits den Weg in den Himmel: *Ich liege / mit der Mondsichel / im Atem / so lädt / der Himmel mich ein* – jetzt kann sie ganz ruhig und gelassen auf ihren Tod warten, da sie ihre Aufgabe als Mensch gelöst hat: Rose hat sich selbst gefunden.

Da es im Selbst weder Ich noch Du gibt, muß sie, um ihr Ich loslassen zu können, das Du erneut in sich aufnehmen: *Wo bist du* – das ihr wichtigste Du ist mit Sicherheit der ehemalige Geliebte Helios.

Sein
Sonnenname
sein
Wunderwort

Er
hat mich
verraten

Liebe und Haß

Er ist tot

Ich
vergesse ihn immer
und
bleibe ihm treu

Helios Hecht – *er ist tot*, doch noch immer ist sie *ihm treu. Liebe und Haß* haben Rose seit 1935 begleitet, haben sie nie mehr von ihm gelöst – Peter Jokostra hat recht: »Eine nicht gelebte Liebe hinterläßt Katakomben im Körper.«

Nach ihrer Trennung von Hecht hatte sie wohl noch einige Liaisons, ging jedoch nie mehr eine dauerhafte, feste Bindung zu einem Mann ein, öffnete sich nie mehr so tief einem Menschen.

Wie hätte Rose auch gekonnt, sie blieb ihm doch fünfzig Jahre *treu*:

Freund
du warst
ein Irrtum
tausend Briefe
ohne Wahrheit
das Mohnspiel
deiner Lippen
deine Ohnmacht
setzt mich
matt

Weiter wandern

der Tod
wird den Verlust
verstehn

Traurig stimmt es – fünfzig nicht gelebte Liebesjahre holen sie ein mit *Liebe und Haß* –, und sie spürt, wie wichtig es wird, davon Abschied nehmen zu können:

Mich trösten
kindliche
Träume
und manchmal
ein bißchen Musik

das Walzerblut ist
schon geronnen

die Mutter sagt
Liebling
vergiß

denn nur, wenn ihr das *vergiß* gelingt, kann sie ihn und ihre Liebe zu ihm loslassen.
Dazu muß sie sie erneut in sich zurückholen, um wirklich frei zu sein für den Tod.

Doch noch mehr *du(s) komm(en) wieder, komm(en) wieder*, damit auch sie in der Einheit ihrer Seele Platz finden.

Wo seid ihr – Mutter und *Vater*?

Die weise / tote Mutter ist / wieder aufgewacht, um gemeinsam mit ihrer Tochter *Osterbrot* zu backen, um mit ihr die Nahrung für das Sterben in ein neues Leben zuzubereiten.

Ich möchte noch einmal den Prosatext *Stilleben II* zurückrufen – bei Brunner fand die Dichterin einst diese Gewißheit: die Form verschwindet in der Formlosigkeit wie der Fluß im Ozean, ohne daß damit ihre Existenz beendet wäre.

Die ewig fließende psychische Energie kann nicht verlorengehen, sie verwandelt sich nur, so wie sich unser Erdenleben in *ein anderes Leben einlebt.*

Mutter / vergiß daß wir uns / verloren haben / du findest dich jede Nacht / in meiner Traumgüte / und / ich werde / wieder jung – *die Mutter*, bei der sie einst Kind war, wird zurückgeholt, damit Rose *wieder jung* werden kann. Ihre *Traumgüte* erlaubt ihr heute, der Mutter all die Schmerzen zu verzeihen, die sie ihr zufügte, als sie Rose 1920 wegschickte.

Rose verzeiht und läßt damit los, um das Du zu integrieren. All die Dinge, die wir nicht verzeihen können, fesseln uns an das Außen, an ein Du – im Verzeihen lösen wir diese negative Bindung auf.

Auch der *Vater*, der so geliebte, gewinnt erneut Bedeutung: *Ich spanne / seine Seufzerbrücke / Schwermut Erinnerung / führt mich / an das Grab / meines Vaters / in meiner Vaterstadt* – durch ihr heutiges Weinen um seinen Verlust, der zugleich den Verlust ihrer *Vaterstadt* beinhaltet, da Rose ja aufgrund seines Todes Czernowitz verlassen mußte, heilt diese Wunde und erlaubt ihr auch hier, sich von ihm zu lösen – die alten Schmerzen werden weggeweint.

Sadagora / Hof des Wunderrabbi, wo der Vater als junger Mann studiert, steigt als Bild auf, um die *erzählten Wunder* als *bedeutende Märchen* festzuhalten, an die sie glaubt – die ihr Kraft für den neuen Weg schenken.

Auch zwei Orte, *Venedig* und *Israel*, müssen aufgearbeitet werden – beide Orte stehen mit ihrer lebenslangen Heimatsuche in Verbindung.

In ihrem *Venedig* fand Rose nach dem Verlust der *Vaterstadt* zum ersten Mal wieder das Gefühl von Heimat, da dort Menschen leben, die sich verstehen und einander anlächeln: *Auf der Sichel / reite ich / ströme / durch Venedigs Paläste* – Rose, die fühlt, daß sie diese Heimat bald verlassen muß, um sich in eine neue Heimat einzuleben, nimmt Abschied von ihrem Erdenheim *Venedig*.

Mit *Israel* verhält es sich anders und trotzdem gleich.

Israel bereiste sie 1963, um dort eventuell für ihren Bruder und sich eine reale, neue Heimat zu finden. Doch Rose entschied sich gegen diesen Ort – auch heute würde sie erneut so entscheiden: *Gebannt doch fremd* empfindet sie den *Strand Israel* am Rande des

Wüstensands – auch von diesem Ort, dem Ort ihrer jüdischen Wurzel, nimmt sie Abschied, aber in der Gewißheit, daß es richtig war, sich für ihre *Mutter Sprache* zu entscheiden.

Menschen und Orte *komm(en) wieder* – steigen aus ihrem *Kindertraum* empor, werden noch einmal wichtig, um sie für immer loslassen zu können – sie loslassen zu können in der Sicherheit, sie nicht verloren zu haben, sondern im Gegenteil ganz in sich aufgenommen zu haben: Alle reihen sich ins *Kreisen*, in die Einheit des Selbst ein.

Auch das *Grün*, ihre *Muttersprache*, mit dessen Hilfe sie sich ihr Zeichensystem erbaute, darf in diesem Kreis nicht fehlen.

Grüner Glückstern / wache – wache über meinen Worten und beschütze sie – Worte, die sie einst beim *baden im Grünpruth* lernte – Worte, die Rose dann bei Brunner formuliert fand und in ihren Gedichten ausdrückte: Worte, die ihre Sprache der ewigen Bewegung und Verwandlung leben.

Jetzt, da alles erneut *wieder kommt* und sie es in ihre Seele integriert hat, kann sie getrost sagen: *Ich bin / bereit*, da sie die ihr wichtigen Menschen, Orte, Landschaften und Dinge in ihrem eigenen Selbst trägt.

Trage mich
in den
Sternenkranz

Gib mir
ein Schiff
aus weißen
Wolken
am Tiefmeer
meiner
Einsamkeit

Ich werde
hundert Jahre
sterben

Ich bin
bereit

Ich bin / bereit – weil *ich* alles das gefunden und geschrieben habe, was mich träumt.

Ich suche Gott
und finde ihn
in einer Blume
die nicht welkt

Sie sagt
die Zeit hat mir befohlen
dir gut zu sein
ich sage
Amen

1986, kurz bevor Rose bewußt und gewollt aufhört zu schreiben, arbeitet sie innerhalb eines Monates 120 ältere Gedichte durch, die zwischen 1965 und 1978 geschrieben wurden, aber unveröffentlicht blieben. Die Pflichtarbeit, so weiß sie, will sie noch schaffen – es ist ein letztes Aufbäumen vor dem endgültigen *Schweigen.*

Diese älteren Texte unterzieht sie zum Teil drastischen Veränderungen – sie kürzt, um auch hier den *Kern der Wahrheit* herauszuschälen. 1987 erscheinen diese Gedichte unter dem Titel *Der Traum hat offene Augen* – wie ihr eigener *Traum*, der sie zum Sehen und Hören befähigte.

Nach Abschluß dieses Buches beendet Rose Ausländer ihre dichterische Arbeit. Sie gibt Anweisungen, was zukünftig noch publiziert werden darf, und sagt: *Es ist genug* – genug besungen das *Losungswort:*

Ich schwöre es
das Losungswort
heißt
Liebe

Rose schließt ihr Werk in dem Bewußtsein ab, daß ihr *Ball*, ihre Gedichte, ihr *Wunderwort* nicht vergessen werden.

Ich schmücke
einen Osterbaum
mit Versen
von vergangnen Meistern

ich habe keinen
je vergessen

Vielleicht
vergessen auch sie
mich nicht

Nach folgendem Gedicht schreibt Rose Ausländer keine Zeile mehr.

Gib auf

Der Traum
lebt
mein Leben
zu Ende

Sie wartet jetzt gelassen auf den Tod. Als ihr Bruder sie 1987 besucht, beschwört er sie, doch wieder zu schreiben – er will nicht akzeptieren, daß er den so geliebten Menschen verlieren wird.

Aber Rose schreibt nicht – es ist ihr kein Bedürfnis mehr.

Helmut Braun besucht Rose nach wie vor jeden Freitag um 18.45 Uhr – sonntags telefoniert Rose mit ihrem Bruder in New York – eine Woche ruft er an, die andere sie.

Als Schwester Claudia über Weihnachten 1987 in ihren Urlaub geht, verläßt sie eine körperlich sehr geschwächte Frau, als sie anschließend zurückkommt, liegt Rose in einem komaähnlichen Zustand.

Da in dieser Zeit der telefonische Kontakt zum Bruder unterbrochen ist, kann er nicht beim Sterben seiner Schwester dabeisein – bis zur letzten Minute wartet sie auf ihn.

In der Nacht vom 2. auf den 3. Januar 1988 stirbt Rose Ausländer.

Max Scherzer folgt ihr Anfang Dezember 1993 nach.

In einem Nachruf schreibt Martin Koch:

»Wunder aus Verlust. Zum Tod der Lyrikerin Rose Ausländer. Ein Requiem in Raten. ›Durch die Hintertür / schleicht der Tod / umarmt den Atem / des Brüllenden‹. Der Sensemann braucht weiter nicht zu umarmen, die Brüllende, die stets sehr leise Töne angeschlagen hat, ist tot. Zum Schluß war es nur mehr eine Frage der Zeit: Wer die sechsundachtzigjährige Rose Ausländer in letzter Zeit im Düsseldorfer Nelly-Sachs-Heim hat besuchen dürfen, gewahrte eine von Krankheit gezeichnete Frau, hohlwangig, eingefallen, seit Jahren gehalten, seit Jahren schon ans Bett gefesselt. ›Ich rufe um Hilfe / die schneeweiße Schwester sagt / trinken Sie Tee‹.

Die Energie und die Kraft, die Rose Ausländer bei alledem ausstrahlt, war (wortwörtlich) packend. Ein Zeichen dafür der feste, dauernde Händedruck – so als wollte sie, die eigene Misanthropie parierend, nicht mehr allein gelassen werden. ›Mein Vaterland ist tot / sie haben es begraben / im Feuer‹. Ihr Zuhause war ›hinter der Heimat‹; ›doppelt allein‹ wurde sie zum ›Untermieter in der Hölle‹. (…)

Obhut hat Rose Ausländer allein in der Sprache gefunden, die ihr zur Magie und Legitimation der eigenen Existenz geriet. ›Wer bin ich / wenn ich nicht schreibe‹, fragt sie und weiß doch schon die einzig mögliche Antwort: ›Ich gehöre meinen Worten‹. Indem ihre Dichtung Lebenswandel sichtbar macht, verwandelt sich auch die Autorin mit: Rose Ausländer hat sich im Schreibakt stets selbst geschaffen«.[19]

Rose wird auf dem jüdischen Friedhof in Düsseldorf, im Nordfriedhof der Stadt, nach der mosaischen Tradition beigesetzt.

Im März 1990 erscheint der abschließende achte Band des Gesamtwerkes, *Jeder Tropfen ein Tag* – ein beispielloses lyrisches Werk liegt damit vollständig vor.

Paul Konrad Kurz schreibt in seiner Rezension zu diesem Band: »Die letzten achtzehn Jahre hatte sie im Nelly-Sachs-Altersheim in Düsseldorf verbracht.

Anregungen von außen, Reiseeindrücke, neue Begegnungen, die Aktualitäten des Tages, traten nicht mehr in den Raum ihres Gedichts. Sie lebte aus den Erinnerungen, aus dem Erlittenen, dem Er-

Abb. 29 Das Grab von Rose Ausländer auf dem jüdischen Friedhof im Nordfriedhof in Düsseldorf

sehnten. Sie konzentrierte ihr Bewußtsein in die Gedanken des Herzens. Die Gedichte entspringen ihrem meditativen Wach- und Traumbewußtsein. Niemand, nicht einmal Nelly Sachs, gründete Heimat so sehr in ›ihr verwundetes Wort‹.

Auf die sieben Bände ›Gesammelte Werke‹ (1984–88) folgt ein Nachtragband mit mehr als zweihundert bisher unpublizierten Gedichten aus den siebziger Jahren und einem umfänglichen Gesamtregister. Zu danken ist diese Edition Helmut Braun, der die ›Gesammelten Gedichte‹ der damals fast Unbekannten 1976 in seinem eigenen Verlag publizierte. Er hat die Drucke, Manuskripte, Textbände, die mehrfachen Fassungen, Überschriften, die größtenteils undatierten Blätter gesammelt, verglichen, geordnet und damit (…) das vermutlich letzte lyrische Großwerk von Frauen jüdisch-deutscher Zunge in diesem Jahrhundert ediert. (…) Was Kafka wollte, das ›Unzerstörbare‹ in uns befreien, ihr ist es gelungen im Wort. Viele ihrer Gedichte visieren einen ewigen Frieden. (…) Eine ostjüdische Frau aus dem Volk spricht beschwörend ihre Herzsprache gegen eine herzlos kalte Welt. (…) Goethe wollte die Urworte des Johannesprologs in sein ›geliebtes Deutsch‹ übertragen. Rose Ausländer glaubt, bekennt und will: ›Nach der Nullstunde / tauten / die gefrorenen Worte / Unser Atem / wurde tiefer / Die alte Sprache / kehrte jung zurück / unser verwundetes geheiltes / Deutsche.‹ (…) Niemand unter den lyrisch Sprechenden dieser zweiten Jahrhunderthälfte hat so anhaltend ›wir‹, so von Herzen werbend ›du‹ gesagt wie die Jüdin Rose Ausländer. Ein lyrisches Werk ist abgeschlossen und publiziert. Jetzt suchen die fremden Herzworte Leser.«[20]

Ihre *Lichtblumen und Trauerblätter*, die sie dem Leser als Erbe hinterließ, leben weiter und finden *Weise / Sterndeuter*, die ihren Traum weiterträumen.

Abb. 30 Rose Ausländer 1983

Anmerkungen

1. Kapitel

1 Brief von Rose Ausländer an Jerry Glenn, Universitätsprofessor in Cincinnati/Ohio vom 19.3.1977.

2. Kapitel

1 Celan, Paul: Bremer Literaturpreisrede (1958). In: Celan, Paul: Gesammelte Werke. Frankfurt 1986, Band III, S. 185.
2 Chalfen, Israel: Paul Celan. Eine Biographie seiner Jugend. Frankfurt 1983, S. 8.
3 Franzos, Karl Emil: Aus Halb-Asien. Culturbilder aus Galizien, der Bukowina, Südrußland und Rumänien. Leipzig 1876.
4 Ausländer, Rose: Ich spiele noch. Gedichte. Frankfurt 1987, S. 25.
5 Ausländer, Rose: Erinnerungen an eine Stadt. In: Braun, Helmut (Hrsg.): Rose Ausländer. Materialien zum Leben und Werk. Frankfurt 1991, S. 10.
6 Celan, Paul: Der Meridian. In: Celan, Paul: Gesammelte Werke, ebenda, S. 187ff.
7 Vgl.: Kaindel, Raimund Friedrich: Das Ansiedlungswesen in der Bukowina seit der Besitzergreifung durch Österreich. Innsbruck 1902.
8 Herlitz, Georg, u.a. (Hrsg.): Jüdisches Lexikon. Ein enzyklopädisches Handbuch des jüdischen Wissens in vier Bänden. Königstein/Taunus 1982, Band I, S. 1223.
9 Chalfen, Israel: Paul Celan, ebenda, S. 11.
10 Herlitz, Georg, u.a. (Hrsg.): Jüdisches Lexikon, ebenda, S. 1224.
11 Aus: Czernowitzer Allgemeine Zeitung vom 15.4.1928.
12 Aus: Czernowitzer Allgemeine Zeitung vom 5.2.1928.
13 Kern, Martha: Durch die Brille. In: Czernowitzer Morgenblatt vom 22.3.1928.
14 Rein, Kurt: Politische und kulturgeschichtliche Grundlagen der »deutschsprachigen Literatur der Bukowina«. In: Goltschnigg, Dietmar und Anton Schwab (Hrsg.): Die Bukowina. Studien einer versunkenen Literaturlandschaft, Tübingen 1990, S. 38.
15 Rein, Kurt: ebenda, S. 28.
16 Rein, Kurt: ebenda, S. 32.
17 Herlitz, Georg: ebenda, S. 1224.
18 Sperber, Manès: Der Wasserträger Gottes, Wien 1974, S. 58f.
19 Merkt, Hartmut: Poesie als inneres Exil. In: Goltschnigg, Dietmar und Anton Schwab (Hrsg.): ebenda, S. 358.

20 Groschupf, Johannes: Ferner Glanz in Czernowitz. In: Die Zeit vom 25.10.1991, S. 89.
21 Groschupf, Johannes: ebenda.
22 Pollack, Martin: Nach Galizien. Wien 1984, S. 144ff.
23 Vgl.: Porubski, Franz: Heiteres und Ernstes aus der Bukowina. Czernowitzer Studien. Wien 1910.
24 Merkt, Hartmut: ebenda, S. 356.
25 Chalfen, Israel: Paul Celan, ebenda, S. 18.
26 Celan, Paul: Bremer Literaturpreisrede, ebenda, S. 185.
27 Pollack, Martin: ebenda, S. 144.
28 Stiehler, Heinrich: Czernowitz. Zur kulturgeschichtlichen Physiognomie einer Stadt. In: Goltschnigg, Dietmar und Anton Schwab (Hrsg.): ebenda, S. 21.
29 Alfred Margul-Sperber, Lyriker – 1898–1967. Redakteur und Förderer junger Künstler.
30 Ausländer, Rose: Aus dem Zyklus »New York«. In: Der Tag vom 12. Juni 1932. Die Zeitung befindet sich auf Mikrofilm im Institut für Auslandsbeziehungen in Stuttgart.
31 Pollack, Martin: ebenda, S. 152.
32 Vgl.: Dubnow, Simon: Die Geschichte des Chassidismus in der täglich neu herzustellenden Welt. Königstein 1982.
33 Buber, Martin: Die Legende des BA'ALSCHEM TOW. Frankfurt 1916, S. 15.
34 Herlitz, Georg: ebenda, Band III, S. 70.
35 Buber, Martin: ebenda, S. 8f.
36 Herlitz, Georg: ebenda, S. 1341.
37 Buber, Martin: Mein Weg zum Chassidismus. In: Der Jude und sein Judentum. Köln 1963, S. 273.
38 Celan, Paul: Eine Gauner- und Ganovenweise (...). In: Gesammelte Werke. ebenda, Band I, S. 229.
39 Chalfen, Israel: Paul Celan: ebenda, S. 24.
40 Pollack, Martin: ebenda, S. 154.
41 Benjamin, Walter: Ursprung des deutschen Trauerspiels. In: Gesammelte Schriften. Frankfurt 1974, Band I, S. 358ff.
42 Chalfen, Israel: Paul Celan, ebenda, S. 24.

3. Kapitel

1 Wallmann, Jürgen P.: Unter innerem Zwang schreiben. Ein Gespräch mit Rose Ausländer über ihr neues Buch »Mein Atem heißt jetzt«. In: Darmstädter Echo vom 10.4.1981.
2 Brief von Rose Ausländer an Peter Jokostra vom 6.5.1965.

3 Elias, Norbert: Mozart. Zur Soziologie eines Genies. Frankfurt 1991, S. 69.
4 Wallmann, Jürgen P.: Rose Ausländer. In: Puknus, Heinz (Hrsg.): Neue Literatur der Frauen. Deutschsprachige Autorinnen der Gegenwart. München 1980, S. 25.
5 Braun, Helmut: »Es bleibt noch viel zu sagen.« Zur Biographie von Rose Ausländer. In: Braun, Helmut (Hrsg.): Materialien, ebenda, S. 11.
6 Manuskript für die Rundfunksendung »Altern als Problem für Schriftsteller«. Südwestfunk Baden-Baden vom 29.3.1973. In: Braun, Helmut (Hrsg.): Materialien, ebenda, S. 68.
7 Ausländer, Rose: Autobiographische Notizen. Mitte 1966. Befindet sich im Nachlaß.
8 Nicolae Grigorescu (1838–1907). Er ist Maler und gehört zur rumänischen Klassik.
9 Karte von Dr. Adolf Heitner an Rose Ausländer vom 10.12.1974.
10 Brief von Dr. Adolf Heitner an Rose Ausländer aus Bukarest vom 27.6.1975.
11 Braun, Helmut: »Es gibt noch viel zu sagen«. In: Braun, Helmut (Hrsg.): Materialien, ebenda, S. 12.
12 Wallmann, Jürgen P.: Unter innerem Zwang schreiben. ebenda.

4. Kapitel

1 Hilarion G. Petzold und Ilse Orth: Poesie und Bibliotherapie. In: Hilarion G. Petzold und Ilse Orth (Hrsg.): Poesie und Therapie. Paderborn 1985, S. 32ff.
2 Rottner, Eli: Das Ethische Seminar in Czernowitz. Die Wiege des Internationalen Constantin Brunner Kreises. Dortmund 1973, Anlage 17A.
3 Stolte, Heinz: Vom Feuer der Wahrheit. Der Philosoph Constantin Brunner. Hamburg 1968, S. 5.
4 Brunner, Lotte: Es gibt kein Ende. In: Sonntag, Leo und Heinz Stolte (Hrsg.): Lotte Brunner. Die Tagebücher. Hamburg 1970, S. 389.
5 Vorwort von Heinz Stolte. In: Sonntag, Leo und Heinz Stolte (Hrsg.): ebenda, S. 12.
6 Ebenda, S. 12.
7 Ebenda, S. 19.
8 Ebenda, S. 450.
9 Ebenda, S. 11.
10 Ebenda, S. 28.
11 Reiter, Gerhard: Das Eine und das Einzelne. Zur philosophischen Struktur der Lyrik Rose Ausländers. In: Braun, Helmut (Hrsg.): Materialien, ebenda, S. 154ff.

12 Sonntag, Leo und Heinz Stolte (Hrsg.): Spinoza in neuer Sicht. Im Auftrag der Constantin Brunner-Stiftung. Meisenheim (Hain) 1977. S. 1.
13 Ebenda, S. 10.
14 Ebenda, S. 10.
15 Brunner, Constantin: Die Lehre vom Geistigen und vom Volk. Stuttgart 1962, S. 468.
16 Brunner: Die Lehre, ebenda, S. 214.
17 Ebenda, S. 213.
18 Eisenstein, Israel: Spinozas Attributenlehre in der Interpretation Constantin Brunners. In: Sonntag, Leo und Heinz Stolte (Hrsg.): Spinoza in neuer Sicht, ebenda, S. 82.
19 Brunner: Die Lehre I. ebenda. S. 252.
20 Ebenda, S. 250.
21 Ebenda, S. 183.
22 Ebenda, S. 147.
23 Ebenda, S. 318.
24 Ebenda, S. 315.
25 Ebenda, S. 975.
26 Blumenstock, Konrad (Hrsg.): Spinozas Ethik. Anhang zum ersten Teil. Darmstadt 1980, S. 92.
27 Ebenda, S. 119.
28 Ebenda, S. 118.
29 Ebenda, S. 119.
30 Brunner: Die Lehre I, ebenda, S. 360.
31 Ebenda, S. 975.
32 Ebenda, S. 259.
33 Brunner: Die Lehre II, ebenda, S. 891f.
34 Ebenda, S. 975.
35 Mit Hermann Hesse durch das Jahr. Frankfurt 1976.
36 Vorwort von Heinz Stolte. In: Sonntag, Leo und Heinz Stolte (Hrsg.): Lotte Brunner, ebenda, S. 23.
37 Brief von Rose Ausländer an Peter Jokostra vom 20.1.1966.
38 Rottner, Eli: Das Ethische Seminar, ebenda, S. 39.
39 Postkarte von Lothar Bickel an Rose Ausländer vom 1.12.1942.
40 Reiter, Gerhard: Das Eine und das Einzelne, ebenda, S. 154ff.
41 Brunner, Lotte: Es gibt kein Ende, ebenda, S. 159.
42 Reiter, Gerhard: ebenda. S. 156f.
43 Rottner, Eli: ebenda, S. 49.
44 Dr. Eisenstein, Israel: Gedächtnisrede vor dem Brunner-Kreis in Israel. Zitiert nach einer Fotokopie des Magdalena-Kasch-Manuskriptes: »E.L. Bickel«, o.J.

45 Ausländer, Rose: Phaidros. In: Braun, Helmut (Hrsg.): Materialien, ebenda, S. 37ff.
46 Ausländer, Rose: Zur Spinoza-Festschrift. In: Czernowitzer Morgenblatt vom 6.2.1934.
47 Brunner, Lotte: Es gibt kein Ende, ebenda, S. 370.
48 Ebenda, S. 321.
49 Ebenda, S. 351f.
50 Rottner, Eli: ebenda, S. 44f.
51 Reiter, Gerhard: ebenda, S. 162.
52 Brunner, Lotte: ebenda, S. 359.
53 Rottner, Eli: ebenda, S. 138.
54 Ebenda, S. 366.
55 Ebenda, S. 366.
56 Ebenda, S. 368ff..
57 Ebenda, S. 371.
58 Ebenda, S. 361.
59 Brief von Constantin Brunner an Kettner vom 8.5.1923. Zitiert nach: Rottner, Eli: ebenda, S. 89.

5. Kapitel

1 Celan, Paul: Bremer Literaturpreisrede, ebenda, S. 185.
2 Ausländer, Rose: Dankesrede für den Literaturpreis der Bayerischen Akademie der Schönen Künste (1984). Zitiert nach: Braun, Helmut (Hrsg.): Materialien, ebenda, S. 31.
3 Brief von Dr. Walter Bernard an Gerhard Reiter. Zitiert nach: Braun, Helmut (Hrsg.): Materialien, ebenda, S. 164.
4 Rottner, Eli: ebenda, S. 59.
5 Die Heiratsurkunde befindet sich im Nachlaß.
6 Dr. Emanuel Hacken, Arzt und Psychotherapeut, lebt in den USA. Bei meinem Besuch im November 1992 erzählte er mir dies.
7 Brief von Dr. Walter Bernard an Gerhard Reiter. Zitiert nach: Braun, Helmut (Hrsg.): Materialien, ebenda, S. 164f.
8 Postkarte von Ignaz Ausländer an Rose, mit einem Gruß von Constantin Brunner. (Fotokopie befindet sich im Nachlaß.)
9 Rottner, Eli: ebenda, S. 62f.
10 Brief von Dr. Walter Bernard an Gerhard Reiter. Zitiert nach: Braun, Helmut (Hrsg.): Materialien, ebenda, S. 165.
11 Ebenda, S. 165.
12 Postkarte von Eli Rottner an den Brunner-Kreis in New York.
13 Rottner, Eli: ebenda. S. 64.
14 Postkarte von Constantin Brunner an Rose Ausländer. Überreicht durch Kettner, als dieser nach New York kommt.

15 Brunner, Lotte: ebenda, S. 148.
16 Brief von Constantin Brunner an Ignaz Ausländer vom 24.3.1924. Zitiert nach: Rottner, Eli: ebenda, S. 95ff.
17 Vorwort von Alexandru Philippide. In: Margul-Sperber, Alfred: Geheimnis und Verzicht. Bukarest 1975, S. 6.
18 Margul-Sperber, Alfred: Gleichnisse der Landschaft. Czernowitz 1934.
19 Vgl.: Biographieteil. In: Margul-Sperber, Alfred: Ausgewählte Gedichte. Bukarest 1968.
20 Ebenda,
21 Wiedemann-Wolf, Barbara: Antschel Paul – Paul Celan. Studien zum Frühwerk. Tübingen 1985, S. 43.
22 Zitiert nach: Schönemann, Friedrich, u.a.: Kultur in den USA. Die Wirklichkeit eines Massenwahns. Berlin 1943, S. 8.
23 Witte, Bernd: Beitrag über Rose Ausländer, S. 3. In: KLK.

6. Kapitel

1 Die Brunner-Briefe an Rose Ausländer befinden sich im Nachlaß.
2 Brief von Constantin Brunner an Rose Ausländer aus dem Jahre 1927.
3 Hecht, Helios: Zur Physiognomie des Wortes. In: Der Tag vom 24.7.1932.
4 Hecht, Helios: Sommerreife und Wiesenschmuck. In: Der Tag vom 24.7.1932.
5 Scheidungsurkunde vom 8. Mai 1930 liegt in einer Abschrift vor.
6 Hecht, Helios: Der Geliebtesten. 19.XI.28. Liebesgedicht an Rose Ausländer.
7 Brief von Lotte Brunner an Rose Ausländer in Cernauti. Karfreitag 1927.
8 Kolf, Bernd: Eine Gegend, in der Menschen und Bücher lebten. Die Bukowina als lyrische Landschaft. In: Akzente. August 1982, Nr. 29. S. 343.
9 Photos von Rose Ausländer. In: Braun, Helmut (Hrsg.): Materialien, ebenda, S. 114ff.
10 Brief von Karl Kraus. Zitiert in: Braun, Helmut (Hrsg.): Materialien, ebenda, S. 15.
11 »Czernowitz – im Augenblicksbilde«. In: Czernowitzer Morgenblatt vom 25.12.1931.
12 »Helios Hecht frei!«. In: Der Tag vom 23.12.1932.
13 Hecht, Helios: Eindrücke und Erlebnisse im Czernowitzer und Jassyer Polizeigefängnis. In: Der Tag vom 8.1.1933.
14 Helios Hechts Anzeige. In: Der Tag vom 3.1.1933.
15 Hecht, Helios: Elieser Steinbarg. In: Czernowitzer Morgenblatt vom 3.4.1932.
16 ebenda.

17 Dohrn, Verena: Reise nach Galizien. Frankfurt 1991, S. 176f.
18 Bickel, Lothar: »Zur Weltanschauung Elieser Steinbargs«. Er schickt das Original am 3.3.1966 an Rose Ausländer, S. 3. Es befindet sich im Nachlaß.
19 ebenda.
20 Dohrn, Verena: ebenda, S. 176f.
21 Brief von Rose Ausländer an Alfred Margul-Sperber vom 2.11.1933. Aus: Rose Ausländers Briefe an Margul-Sperber (1931–39). In: Manuscriptum. Neue Literatur 39. Jg. 1988. H. 8. S. 59.
22 Werner, Klaus: Czernowitz. Zur deutschen Lyrik der Bukowina im 20. Jahrhundert. In: Corbea, Andrei und Michael Asher (Hrsg.): Kulturlandschaft Bukowina. Jasi 1990, S. 51.
23 Brief von Rose Ausländer an Alfred Margul-Sperber vom 2.11.1933, ebenda, S. 60.
24 Brief von Rose Ausländer an Alfred Margul-Sperber vom 22.12.1933. Zitiert nach: Manuscriptum. Neue Literatur, ebenda, S. 60.
25 Ebenda, 61.
26 Abschiedsbrief von Helios Hecht an Rose Ausländer vom 22.1.1935.
27 Brief von Rose Ausländer an Alfred Margul-Sperber vom 6.3.1935. ebenda, S. 61.
28 Brief von E. R. Scherzer an Alfred Margul-Sperber. Ohne Datum. Er ist im Original im Nachlaß enthalten.
29 Brief von Helios Hecht an Rose Ausländer. Ohne Datum. Er ist im Original im Nachlaß enthalten.
30 Frisch, Max: Der andorranische Jude. In: Frisch, Max: Tagebuch 1946–1949. Frankfurt 1950, S. 35–37.

7. Kapitel

1 Brief von Rose Ausländer an Margul-Sperber vom 16.3.1935, ebenda, S. 53.
2 Brief von Arnold Zweig an Rose Ausländer. Zitiert nach: Wallmann, Jürgen: Ein denkendes Herz, das singt. Materialien zu Leben und Werk Rose Ausländers. In: Ausländer, Rose: Gesammelte Gedichte. Köln 1977, S. 532.
3 Brief von Rose Ausländer an Margul-Sperber vom 17.5.1939. In: Manuscriptum, ebenda, S. 59.
4 Die Einladung liegt im Original vor.
5 Brief von Rose Ausländer an Margul-Sperber vom 14.7.1939. In: Manuscriptum, ebenda, S. 62.
6 Brief von Rose Ausländer an Margul-Sperber vom 3.8.1939. In: Manuscriptum, ebenda, S. 64.
7 Braun, Helmut: Gesprächsprotokoll mit Alfred Kittner, April 1991.

8 Celan, Paul: Todesfuge. In: Celan, Paul: Gesammelte Werke, ebenda, Band 1, S. 39.
9 Weissglas, Immanuel: Er. Zitiert nach Wiedemann-Wolf, Barbara: ebenda, S. 79f.
10 Chalfen, Israel: Paul Celan, ebenda, S. 133.
11 Ebenda, S. 115.
12 Zitiert nach: Martiruil eveilor din Româania 1940-1944. Dokumente si mârtuiicc (Das Martyrium der Juden Rumäniens 1940–1944. Dokumente und Zeugnisse). Bukarest 1991, S. 140–141.
13 Arendt, Hannah: ›Eichmann in Jerusalem. Ein Bericht von der Banalität des Bösen.‹ München/Zürich 1982, S. 233–234.
14 Zitiert nach: Dohrn, Verena: ebenda, S. 170.
15 Notiz von Rose Ausländer vom Dezember 1962. Befindet sich im Nachlaß.
16 Stanescu, Heinz: Der Dichter des Nobiskruges, Immanuel Weissglass. In: »German Life and Letters 39« (1 October 1985), S. 27
17 Hilsenrath, Edgar: Nacht. Köln 1978, S. 448.
18 Ebenda, S. 78.
19 Ebenda, S. 339.
20 Ebenda, S. 425f.
21 Domin, Hilde: Das Gedicht als Begegnung. Zitiert nach: Hilarion G. Petzold: ebenda, S. 11.
22 Brief von Rose Ausländer an Ewald Ruprecht Korn vom 13.3.1943. In: Manuscriptum (XXX VI). Neue Literatur, April 1981, Jg. 32, Heft 4.
23 Ebenda, S. 84.
24 Jeder Tag ein neuer Anfang. Meditationsbuch. München 1988. Unter dem Datum vom 28. Dezember.
25 Edvardson, Cordelia: Die Welt zusammenfügen. München 1991, S. 49f.
26 Ebenda, S. 57f.
27 Koch, Gertrud: Todesnähe und Todeswünsche: Geschichtsprozesse mit tödlichem Ausgang. In: Brumlik, Micha, u.a. (Hrsg.): Jüdisches Leben in Deutschland seit 1945. Frankfurt 1988.
28 Edvardson, Cordelia: Gebranntes Kind sucht das Feuer. München 1986.
29 Ebenda, S. 28f.
30 Edvardson: Die Welt zusammenfügen, ebenda, S. 27f.
31 Weiss, Peter: Rede in englischer Sprache. In: Canaris, Volker (Hrsg.): Über Peter Weiss. Frankfurt 1970, S, 12.
32 Mayer, Peter: Paul Celan als jüdischer Dichter. Diss. Heidelberg 1969, S. 62.
33 Celan, Paul: Eine Gauner- und Ganovenweise (…). In: Celan, Paul: Gesammelte Werke, ebenda, Band I. S. 229.

34 Celan, Paul: La Contrescarpe. In: Celan, Paul: ebenda, S. 283.
35 Chalfen, Israel: ebenda, S. 120.
36 Celan, Paul: Winter. In: Neue Literatur. Bukarest 170, S. 99.
37 Brief von Rose Ausländer an Hans Bender vom 20.3.1972. Eine Durchschrift befindet sich im Nachlaß.
38 Brief von Rose Ausländer an Dr. Jerry Glenn vom 11.1.1972. Durchschrift befindet sich im Nachlaß.
39 Rinser, Luise: Winterfrühling 1979–1982. Frankfurt 1988, S. 204.
40 Brief von Rose Ausländer an Dr. Jerry Glenn vom 7.12.1971.
41 Zitiert nach dem Redemanuskript von Alfred Margul-Sperber, das sich im Original im Nachlaß befindet.

8. Kapitel

1 Brief von Bernhard Reder an Freed-Weininger vom 4.10.1946.
2 Rinser, Luise: »Hitler in uns selbst?« In: Schwab, Hans-Rüdiger: Luise Rinser. An den Frieden glauben. Frankfurt 1990, S. 236.
3 Brief von Mimi Grossberg an Helmut Braun vom 24. Juli 1982.
4 Brief von Rose Ausländer an Freed-Weininger vom 22.6.1978. Nachlaß.
5 Arendt, Hannah: Zur Zeit. Politische Essays. Berlin 1986, S. 1ff.
6 Zitiert nach: Baumgart, Reinhard: Unmenschlichkeit beschreiben. In: Literatur für Zeitgenossen. Essays. Frankfurt 1966, S. 35.
7 Adorno, Theodor W.: Kulturkritik und Gesellschaft. Frankfurt 1972.
8 Celan, Paul: Bremer Literaturpreisrede, ebenda, S. 186.
9 Adorno, Theodor W.: Negative Dialektik. Frankfurt 1973.
10 Schnurre, Wolfdietrich: Dichten nach Auschwitz? In: Mosler, Peter (Hrsg.): Schreiben nach Auschwitz. Nördlingen 1988, S. 11ff.
11 Celan, Paul: Bremer Literaturpreisrede, ebenda, S. 186.
12 Dischner, Gisela: Das verlorene und wiedergewonnene Alphabet. In: Nelly Sachs zu Ehren. Frankfurt 1966, S. 120.
13 Postkarte von Marianne Moore an Rose Ausländer vom 8.10.1956.
14 Brief von Marianne Moore an Rose Ausländer vom 11.9.1956.
15 Brief von Rose Ausländer an Marianne Moore vom 18.5.1956.

9. Kapitel

1 Brief von Mimi Grossberg an Helmut Braun vom 24.7.1982.
2 Die Photos von 1957 in Wien befinden sich im Nachlaß.
3 Brief von Mimi Grossberg an Helmut Braun vom 24.7.1982.
4 Brief von Rose Ausländer an Dr. Jerry Glenn vom 7.12.1971.
5 Brief von Rose Ausländer an Paul Celan vom 18.5.1958.
6 Besprechung des literarischen Abends von Rose Ausländer durch Stef-

fie Kiesler am 7. Juni 1962. Zitiert nach dem Brief von Mimi Grossberg an Helmut Braun vom 2.8.1982.

7 Gong, Alfred: Manifest Alpha. Wien 1961. Das Buch befindet sich im Nachlaß.

8 Grossberg, Mimi: Über den Lyriker Rudolf Felmayer. In: Aufbau. New York vom 22.10.1971.

9 Ausländer, Rose: Autobiographische Notiz, ebenda.

10 Safrian, Hans: Die Eichmann-Männer. Wien/Zürich 1993.

11 Ausländer, Rose: Autobiographische Notiz, ebenda.

10. Kapitel

1 Vollmacht von Rose Ausländer an Käte Reiter, Düsseldorf. Befindet sich im Nachlaß.

2 Maor, Harry: Der Wiederaufbau der jüdischen Gemeinde in Deutschland. Dissertation. Mainz 1961, S. 34.

3 Brief von Alfred Gong an Rose Ausländer vom 21.9.1965.

4 Wallmann, Jürgen P.: Rezension zu »36 Gerechte«. In: Die Tat. Zürich. 2.12.1967.

5 Text der Verleihungsurkunde des Droste-Preises (1967). Befindet sich im Nachlaß.

6 Ausländer, Rose: Notizen. Ohne Datum. Das Original befindet sich im Nachlaß.

7 Brief vom Verlag J. Pfeiffer an Rose Ausländer. München. 28.10.1969.

8 Jokostra, Peter: Liebesgedicht. In: Jokostra, Peter: An der besonnten Mauer. Berlin 1958, S. 136f.

9 Brief von Peter Jokostra an Rose Ausländer vom 2.5.1966.

10 Brief von Peter Jokostra an Cilly Helfrich vom 6. Winowc (Okt.) 1994.

11 Celan, Paul: Edgar Jene. In: Celan, Paul: Gesammelte Werke, ebenda, Band III, S. 155.

12 Brief von Rose Ausländer an Peter Jokostra vom 27.8.1967.

13 Zitiert nach: Jens, Walter: Nachdenken über Heimat, Fremde und Zuhause im Spiegel deutscher Poesie. In: Bienek, Horst (Hrsg.): Heimat. Neue Erkundungen eines alten Themas. Stuttgart 1985, S. 17.

14 Brief von Rose Ausländer an Peter Jokostra vom 12.12.1965.

15 Ebenda vom 20.1.1966.

16 Ebenda vom 6.7.1966.

17 Ebenda vom 15.7.1967.

18 Ebenda vom 15.7.1967.

19 Brief von Peter Jokostra an Rose Ausländer vom 7.12.1967.

20 Ebenda vom 13.12.1969.

21 Brief von Rose Ausländer an Peter Jokostra vom 18.1.1970.

22 Ebenda vom 25.4.1970.
22 Einladungskarte von Lore Schaumann und Käte Reiter zu einer Lesung von Rose Ausländer am 14.3.1970. Befindet sich im Nachlaß.
24 Brief von Rose Ausländer an Marie-Luise Kaschnitz vom 29.1.1971.
25 Brief von Marie-Luise Kaschnitz vom 29.1.1971.
26 Brief von Marie-Luise Kaschnitz an Rose Ausländer vom 9.3.1973.
27 Ebenda vom Juni 1973.
28 Ebenda.
29 Brief von Rose Ausländer an Marie-Luise Kaschnitz. Ohne Datum.
30 Brief von Marie-Luise Kaschnitz an Rose Ausländer. Ohne Datum, (vermutlich nach deren 70. Geburtstag).
31 Ebenda vom Juni 1973.

11. Kapitel

1 Brief von Rose Ausländer an Peter Jokostra vom 24.7.1971.
2 Brief von Peter Jokostra an Rose Ausländer vom 16.1.1975.
3 Brief von Peter Jokostra an Rose Ausländer vom 20.7.1976.
4 Brief von Rose Ausländer an Peter Jokostra vom 25.7.1976.
5 Brief von Peter Jokostra an Rose Ausländer vom 18.12.1976.
6 Zeller, Eva: Laudatio zur Verleihung des Ida-Dehmel-Preises. Zitiert nach: Braun, Helmut (Hrsg.): Materialien, ebenda, S. 74.
7 Brief von Vera Hacken an Rose Ausländer vom 29.11.1959.
8 Brief von Dr. Adolf Heitner an Rose Ausländer. 1977 ohne Datum.
9 Ebenda vom 30.3.1977.
10 Rose Ausländer. In: Schaumann, Lore: »Windzeit tropft aufs Papier«. In: Rheinische Post vom 20.9.1975.
11 Äußerung von Helmut Braun. Zitiert nach Kip, Erika: »Sprache halte mich in deinem Dienst«. Die Dichterin Rose Ausländer. Südwestfunksendung vom 21.11.1990.
12 Rose Ausländer zu Jürgen P. Wallmann. In: Wallmann, Jürgen P.: »Rose Ausländers Gedichte«. Die Tat. Zürich, 1.10.1976.
13 Wernshauser, Richard: Rezension zu Rose Ausländer: »Doppelspiel«. In: Neue Deutsche Hefte 156, 1977, Jg. 24, H. 4, S. 794f.
14 Schaumann, Lore: Besuch bei Rose Ausländer. Zitiert nach: Braun, Helmut (Hrsg.): Materialien, ebenda, S. 84ff.
15 Lindemann, Gisela: Verse aus der Galgenzeit. Zur Verleihung der Roswitha-Gedenkmedaille an Rose Ausländer. In: Die Zeit vom 17.10.1980.
16 Braun, Helmut: Es bleibt noch viel zu sagen. ebenda. S. 32.
17 Hoghe, Raimund: Sie hält fest an ihren Träumen. In: Die Zeit. 7.10.1983. Und in Zeitporträts: Weinheim/Berlin 1993.

18 Hoghe, Raimund: Schreiben gegen Sterben. In: Materialienband, ebenda, S. 87ff.
19 Braun, Helmut: Es bleibt noch viel zu sagen. ebenda. S. 33.
20 Koch, Martin: Wunder aus Verlust. Zum Tod der Lyrikerin Rose Ausländer. In: Stuttgarter Zeitung vom 5.1.1988.
21 Kurz, Paul Konrad: Unser verwundetes Deutsch. Rose Ausländers Gedichte. In: Süddeutsche Zeitung vom 31. Mai 1990.

Zeittafel

1901	Rosalie Beatrice »Ruth« Scherzer, wird am 11. Mai in Czernowitz/Bukowina (Österreich) geboren.
1907–1919	Schulbesuch Volksschule, Lyzeum Czernowitz und Wien.
1916–1918	Kriegsbedingter Aufenthalt in Wien.
1919	Matura in Czernowitz. Seit 1919 intensive Beschäftigung mit der Philosophie (Platon, Spinoza, Constantin Brunner). Mitglied im Ethischen Seminar in Czernowitz.
1919/1920	Studium der Literatur und der Philosophie an der Universität Czernowitz.
1920	Der Vater stirbt.
1921	Im April Auswanderung in die USA zusammen mit Ignaz Ausländer.
1921/1922	Aufenthalt in Minneapolis/St. Paul und Winona. Hilfsredakteurin bei der Zeitschrift *Westlicher Herold* und Redakteurin der Kalenderanthologie *America Herold* (bis 1927). Hier publiziert sie ihre ersten Gedichte.
1922	Ende des Jahres Übersiedlung nach New York.
ab 1923	Bankangestellte.
1923	Am 19. Oktober Heirat mit Ignaz Ausländer.
1926	Erhalt der Staatsbürgerschaft der USA. Gründungsmitglied des Constantin-Brunner-Kreises in New York.
Ende 1926	Trennung von Ignaz Ausländer.
1927	Einmonatiger Besuch bei Constantin Brunner in Berlin. Acht Monate in Czernowitz zur Pflege der erkrankten Mutter. Danach Rückreise nach New York.
1930	Am 8. Mai Scheidung von Ignaz Ausländer.

1931	Anfang des Jahres Rückkehr nach Czernowitz (Rumänien) zusammen mit dem Graphologen Helios Hecht, mit dem sie in den Folgejahren zusammenlebt.
1931–1936	Gedichtpublikationen in Zeitungen, Zeitschriften, Anthologien, journalistische Tätigkeit, Übersetzungen, gibt Englischunterricht.
1934	Aberkennung der amerikanischen Staatsbürgerschaft wegen dreijähriger Abwesenheit aus den USA.
1936	Trennung von Helios Hecht. In den Folgejahren überwiegender Aufenthalt in Bukarest. Arbeitet in einer Chemischen Fabrik.
1939	Reisen nach Paris und New York. *Der Regenbogen*, Rose Ausländers erste Buchpublikation, erscheint in Czernowitz.
1941–1944	SS-Truppen besetzen Czernowitz. Rose Ausländer wird im Getto der Stadt gefangengesetzt und darf nach Auflösung des Gettos die Stadt nicht verlassen. Zwangsarbeit, Todesnot, Kellerversteck. Sie lernt Paul Celan (Paul Antschel) kennen.
Frühjahr 1944	Im Frühjahr besetzen russische Truppen die Bukowina. Die jüdische Bevölkerung wird befreit. Rose Ausländer arbeitet in der Stadtbibliothek.
1945	Im Dezember Ausreiseantrag nach Rumänien.
1946	Im August Ankunft in Bukarest. Im September über Marseille Ausreise nach New York.
1947	Die Mutter stirbt in Satu Mare, Rumänien.
1950–1961	Arbeit als Fremdsprachenkorrespondentin bei der Spedition Freedman & Slater, New York.
1949–1956	Rose Ausländer schreibt ihre Gedichte ausschließlich in englischer Sprache.
1957	Von Mai bis November Europareise, zeitweise mit Miriam Grossberg. Drei Treffen mit Paul Celan. Reisestationen: Rotterdam, Paris (und Frankreich),

Italien, Griechenland, Spanien, Norwegen, Wien (und Österreich), Schweiz, Paris, Amsterdam.

1961 Am 8. Dezember endet krankheitsbedingt die Tätigkeit bei Freedman & Slater.

1963 Im Mai Reise nach Wien, wo der Bruder und dessen Familie, aus Rumänien kommend, im Flüchtlingslager eingetroffen sind.
Vierwöchiger Aufenthalt in Israel.

1964 Kurze Rückkehr nach New York zur Vorbereitung der endgültigen Übersiedlung nach Wien.

1965 Übersiedlung in die BRD, nach Düsseldorf.
Blinder Sommer, Rose Ausländers erste Buchpublikation seit 1939 erscheint in Wien.

1966 Rente und Entschädigung als Verfolgte des Naziregimes.

bis 1971 Zeit des Reisens in Europa.
1968 letztmalig für sechs Monate in den USA.

1966 Silberner Heine-Taler des Verlages Hoffmann und Campe, Hamburg.

1967 Droste-Preis der Stadt Meersburg.
36 Gerechte

1972 Endgültiger Einzug ins Nelly-Sachs-Haus, das Altenheim der jüdischen Gemeinde in Düsseldorf.
Inventar

1974 *Ohne Visum*

1975 *Andere Zeichen*

1976 *Gesammelte Gedichte*
Mit diesem Band beginnt die Zusammenarbeit mit dem Literarischen Verlag Braun, Köln.
Noch ist Raum

1977 Ida-Dehmel-Preis der GEDOK
Gryphius-Preis
Letzte öffentliche Lesung anläßlich der Preisverleihung. Zur Eröffnung der Ausstellung »Rose Ausländer« im Heinrich-Heine-Institut, Düsseldorf,

verläßt die Autorin letztmalig das Nelly-Sachs-Haus.
Doppelspiel
Aschensommer (erstes Taschenbuch)
Selected Poems (London, erste Auslandsausgabe)

1978–1988 Bettlägerig.

1978 Ehrengabe des BDI
Mutterland
Es bleibt noch viel zu sagen

1979 *Ein Stück weiter*

1980 Roswitha-Medaille der Stadt Bad Gandersheim. Die Zusammenarbeit mit dem S. Fischer Verlag, Frankfurt beginnt.
Einverständnis

1981 *Mein Atem heißt jetzt*
Im Atemhaus wohnen
Einen Drachen reiten

1982 *Mein Venedig versinkt nicht*
Südlich wartet ein wärmeres Land

1983 *So sicher atmet nur Tod*

1984 Literaturpreis der Bayerischen Akademie der schönen Künste.
Die Herausgabe der *Gesammelten Werke* (GW) im S. Fischer Verlag beginnt.
Hügel / aus Äther /unwiderruflich (GW Band 3)
Im Aschenregen / die Spur deines Namens (GW Band 4)
Ich höre das Herz / des Oleanders (GW Band 5)

1985 *Die Sichel mäht die / Zeit zu Heu* (GW Band 2)
Die Erde war ein atlasweißes Feld (GW Band 1)
Ich zähl / die Sterne meiner Worte

1986 Literaturpreis des Verbandes der Evangelischen Büchereien für *Mein Atem heißt jetzt.*
Wieder ein Tag / aus Glut und Wind (GW Band 6)

1987 *Ich spiele noch*
Der Traum / hat offene Augen

1988 Am 3. Januar stirbt Rose Ausländer in Düsseldorf im Nelly-Sachs-Haus. Sie wird auf dem jüdischen Friedhof im Nordfriedhof in Düsseldorf beerdigt. *Und preise die kühlende / Liebe der Luft* (GW Band 7)

1990 *Jeder Tropfen / ein Tag* (GW Band 8)

Personenregister

Quellenhinweis

Die folgenden Angaben beziehen sich auf die „Gesammelten Werke“ von Rose Ausländer, erschienen in acht Bänden beim S. Fischer Verlag, Frankfurt/Main. An erster Stelle wird die jeweilige Seite in *diesem* Buch genannt, es folgt die Angabe des Bandes der „Gesammelten Werke“ und schließlich die Seite, auf der sich das Gedicht befindet.

Seite	Band/Seite	Seite	Band/Seite	Seite	Band/Seite	Seite	Band/Seite
7	6/140	*56*	5/49	*99*	6/222	*141*	1/104
7	6/152	*57*	5/114	*99*	2/64	*144*	5/45
8	8/183	*58*	2/321	*100*	2/245	*145*	3/73
10	4/221	*58*	4/130	*101*	1/27	*150*	1/123
11	4/143	*61*	2/16, 17	*108*	4/146	*150*	7/312
12	7/215	*61*	6/347	*108*	1/75	*152*	2/114
12	7/380	*62*	2/16	*110*	1/22	*157*	1/78
13	4/72	*62*	2/316	*112*	1/32	*159*	1/66
16	4/130	*63*	5/203	*112*	1/21	*169*	2/332
17	6/342	*63*	2/178	*114*	1/23	*170*	8/128
17	4/130	*64*	5/98	*114*	1/24	*174*	5/148
23	5/98	*65*	2/317	*115*	1/26	*175*	1/163
24	4/21	*65*	2/321	*116*	1/26	*176*	1/152
25	6/348	*67*	3/15	*116*	1/31	*177*	1/160
33	2/16,17	*68*	4/196	*117*	siehe Kapitel II, Anmerkung 31	*178*	1/158
34	2/318	*73*	5/263			*181*	1/92
35	5/41	*74*	1/191			*184*	1/155
35	2/318	*76*	8/113	*118*	1/201	*186*	1/154
36	5/306	*78*	4/146	*122*	6/54	*186*	1/169
37	2/319	*79*	3/186	*123*	1/47	*187*	1/180
39	3/153	*79*	4/83	*126*	5/121	*187*	1/181
41	2/330	*80*	6/191	*128*	1/39	*188*	1/156
42	4/162	*81*	2/306	*128*	1/41	*190*	1/179
43	6/48	*83*	1/197	*129*	1/38	*191*	4/141
45	5/292	*86*	2/338	*130*	1/302	*191*	4/212
47	2/318	*87*	3/175	*131*	5/245	*192*	3/221
48	5/172	*90*	1/300	*132*	5/253	*192*	4/182
49	4/152	*92*	2/317	*134*	5/201	*197*	1/291
50	6/140	*95*	6/339	*135*	1/40	*200*	3/43
51	1/104	*96*	2/174	*139*	1/52	*203*	6/244
53	3/15	*97*	6/93	*140*	2/178	*204*	4/93
54	3/258	*98*	2/316	*141*	8/175	*205*	1/295

Seite	Band/Seite
206	1/298
206	1/299
207	2/28
208	6/143
210	6/314
210	1/301
211	2/70
212	2/163
215	3/41
216	2/246
219	2/88
220	3/104
223	3/14
224	2/334
224	5/110
225	5/45
226	5/23
228	2/58
230	7/221
230	2/57
231	2/42
233	2/195
234	2/206
236	4/39
238	6/239
238	6/336
239	2/291
240	7/67
243	2/40
244	2/41
245	2/96
246	2/223
247	2/176
247	3/179
248	2/265
249	6/129
249	5/156
250	2/338
254	2/210
256	5/282
262	3/57
265	5/247
266	5/168
267	3/170
270	6/92
270	4/80
272	5/41
273	6/50
273	7/152
274	5/78
274	4/212
277	6/350
278	4/82
278	2/316
279	4/110
280	6/99
282	3/221
282	3/233
283	3/138
286	3/262
288	3/199
288	3/259
289	3/177
291	3/208
292	6/195
293	6/233
293	6/299
295	4/185
295	4/117
296	5/50
297	5/82
302	7/319
303	6/149
304	7/344
305	5/90
306	5/86
307	5/231
307	6/239
308	6/336
308	6/92
309	6/253
310	5/71
310	5/55
311	5/57
311	5/61
312	6/127
313	5/279
313	6/165
314	6/205
314	6/188
315	5/260
316	5/273
317	5/24
319	7/267
321	6/19
321	6/128
322	6/14
323	7/43
324	7/36
324	7/83
329	7/127
330	7/113
330	7/287
331	7/272
331	7/337
332	7/55
334	7/326
334	7/312
335	7/304
336	7/335
336	7/330
337	7/357
338	7/120
338	7/362
339	7/292
339	7/380
356-359	Rose *Ausländer.* Materialien zu Leben und Werk. Fischer Taschenbuch Verlag, 1992.

DIE FISCHMANNS • SCHLOSSGASSE 21

„Es ist seine Geschichte, die 'Tragödie der Heimatlosigkeit', wie er es nannte, in zwei Bänden schließlich als Fortsetzungsroman vorgelegt ... In kurzen, knappen Kapiteln entfaltet Katz seine Welt. Lakonisch, altertümlich, nüchtern, ironisch, märchenhaft, distanziert. Wie im Traum erzählt er, wie in Trance holt er den Stoff aus der Vergangenheit ... Stefan Berkholz, DIE ZEIT

H. W. Katz
Die Fischmanns. Roman
2. Auflage. 264 Seiten. Gebunden mit Schutzumschlag.
ISBN 3-88679-705-8
Schloßgasse 21
In einer kleinen deutschen Stadt. Roman
588 Seiten. Gebunden mit Schutzumschlag. ISBN 3-88679-706-6

VEREHRT VERFOLGT VERGESSSEN

Schauspieler als Naziopfer

„Hier schreibt einer, den die Geschichte verletzt hat und der die 'Gnade der späten Geburt' nicht als Entschuldigung benutzt. Sie ist ihm Verpflichtung anzuschreiben gegen das Verdrängen, gegen das neue Unrecht, da in Deutschland wieder 'deutschgetümelt', mitunter sogar gehetzt und geschlagen wird.“ Süddeutsche Zeitung

Ulrich Liebe
verehrt verfolgt vergessen. Schauspieler als Naziopfer
280 Seiten mit 140 Abbildungen
Gebunden mit Schutzumschlag. ISBN 3-88679-197-1
Broschierte Sonderausgabe. ISBN 3-88679-247-1

BELTZ
Quadriga

43522

€ 30.—